Ken Davis

Energy-Kick für die Seele

Wie der Glaube Flügel verleiht

Ken Davis

Energy-Kick für die Seele

Wie der Glaube Flügel verleiht

Schulte & Gerth

Die amerikanische Originalausgabe erschien
im Verlag Zondervan Publishing, Grand Rapids, Michigan,
unter dem Titel „Fire Up Your Life".
© 1995 by Ken Davis
© der deutschen Ausgabe 2000 Gerth Medien, Asslar
Aus dem Amerikanischen übersetzt von Roland Renz.

Namen und Einzelheiten der hier wiedergegebenen Geschichten
wurden gelegentlich verändert. Meistens geschah das,
um die Privatsphäre der Beteiligten zu schützen.
In anderen Fällen habe ich mich zwar an die Geschichten,
aber nicht an die Namen erinnern können!

Best.-Nr. 815 639
ISBN 3-89437-639-2
1. Auflage 2000
Umschlaggestaltung: Hanni Plato
Satz: Die Feder GmbH, Wetzlar
Druck und Verarbeitung: Ebner, Ulm
Printed in Germany

Dieses Buch ist den Männern und Frauen gewidmet,
die durch ihren Glauben ein Vorbild
für das erfüllte Leben bieten,
das Gott uns allen zugedacht hat –
und meiner Frau Diane,
die auch zu diesen Menschen gehört.

Inhalt

Einleitung

Dave Veerman, Vizepräsident der Livingstone-Gruppe in Chicago, hatte hart für einen Marathonlauf trainiert, der über eine der längsten Brücken der Welt gehen sollte, direkt über den Pontchartrain-See. Als der Tag des Wettkampfs kam, meinte Dave, ganz gut in Form zu sein. Aber der starke Wind, der den Läufern direkt ins Gesicht blies, stellte seine Ausdauer auf die Probe.

Nach 24 von insgesamt 42 Kilometern war Dave erschöpft. Jedes Glied am Körper tat ihm weh. Seine Moral war ziemlich auf dem Nullpunkt und sank noch tiefer, als ihn die ersten Frauen mit Kinderwagen überholten. Bewegte er sich noch? Beide Turnschuhe fühlten sich so an, als hätten sie einen Platten, doch er stolperte weiter. Jeder Schritt war ein Willensakt. Dave verlor jedes Gefühl für Zeit und Raum, bis er schließlich hörte, wie die Menge an der Ziellinie ihn anfeuerte. Da wusste er, wie nah das Ziel war.

Dann sah er seine Frau und die Kinder. Sie standen auf der Straße und nahmen mit der Videokamera seinen großen Endspurt auf. „Plötzlich", sagte Dave, „bekam ich einen Adrenalinschub. Auf keinen Fall sollte meine Familie einen schildkrötenartigen Endspurt erleben. Auf den letzten hundert Metern rappelte ich mich auf, schüttelte die Erschöpfung ab und sprintete den Rest der Strecke bis ins Ziel!"

Nachdem Dave sich von diesem Lauf erholt hatte, setzte er sich zu Hause im Kreis der Familie vor den Videorecorder. Er sah, wie er taumelnd ins Bild kam, ein bisschen wie ein Sterbender, der sich mit letzten Kräften durch den Wüstensand schleppt. Er sah sich aufblicken und bemerkte das kurze Aufleuchten in den

Augen: da hatte er die Kamera entdeckt – doch dann musste er feststellen, dass er auch danach mit dem gleichen schlurfenden Gang auf die Ziellinie zukroch. Ein 94 Jahre alter Mann, der sich um Mitternacht in Pantoffeln auf die Toilette schleppt! Obwohl Dave gedacht hatte, dass er im feurigen Sprint auf die Ziellinie zuraste, hatte sich in Wirklichkeit nichts an seinem erbarmungswürdigen Geschlurfe geändert.

Ich habe mich schlapp gelacht, als Dave mir die Geschichte erzählte. Aber Tag für Tag wiederholt sich diese Szene in unzähligen Variationen bei Millionen Männern und Frauen – und was da im wahren Leben passiert, ist nicht mehr komisch. Die Welt ist voller Männer und Frauen, die schon jahrelang das Rennen ihres Lebens laufen und sich ausgelaugt und frustriert fühlen. Sie sind in ihrem Körper gefangen, ihr Herz schafft die Leistung schon lange nicht mehr. Gelegentlich kommt ein kleiner Motivationsschub, vielleicht eine Neuanschaffung oder Beförderung, so dass sie vermeintlich wieder ein Stück sprinten können. Nur merken sie später leider, dass sich gar nichts geändert hat. Sie möchten weiterkommen, sie versuchen zu laufen, ein oder zwei Tage lang glauben sie sogar, dass sie wirkliche Fortschritte machen, aber in Wirklichkeit schlurfen sie immer noch im qualvollen Zeitlupentempo eines Alptraums dahin. Die Zeit hat sie überholt.

So sollte es nicht sein. Auch wenn es nicht einfach ist, war das Rennen, das Gott uns zugedacht hat, als erfüllendes und spannendes Erlebnis geplant. Unterwegs ist allerdings etwas schief gegangen.

Ken und Barbara (nein, nicht Ken und Barbie) sind lebenslustig und engagiert. Bei ihnen zu Hause herrscht eine liebevolle, aber nicht aufdringliche Atmosphäre. Ihr Haus ist ein Treffpunkt, den Leute gern aufsuchen, weil es bei ihnen immer Spaß und Gemeinschaft gibt. Auf den ersten Blick würde man sie als das ultimative Paar mit dem ultimativen Lebensstil einschätzen. Doch in einem kleinen Bibelkreis gestehen beide, dass ihnen irgendetwas fehlt. Eines Abends stellte Ken der Gruppe eine Frage, die wochenlange Diskussionen in Gang setzte: „Wie schöpft man das Leben wirklich aus?"

Ken hat die richtige Frage gestellt. Es ist eine der wichtigsten Fragen des Lebens. Millionen Menschen stellen sie sich.

Als Reaktion darauf habe ich eine Predigt vorbereitet und gehalten. Der Titel lautete: „Du hast nur diese eine Runde!" Mit dieser Predigt habe ich versucht, Männern und Frauen wieder etwas von dem Genuss zu vermitteln, den Gott sich eigentlich für ihr Leben gedacht hat. Die Reaktion meines Publikums hat mich sehr verblüfft. Diese Predigt hat die Zuhörer so berührt wie keine andere, die ich je gehalten habe. Viele Menschen, die mit ihrer Lebensqualität zutiefst unzufrieden waren, haben aus den einfachen Wahrheiten, die ich vermittelte, neue Hoffnung geschöpft.

Es schafft allerdings Probleme, wenn man von Gott als Überbringer einer lebensverändernden Botschaft gebraucht wird. Während des Vortrags musste ich mir wohl oder übel selbst zuhören. Man fühlt sich nicht wohl in seiner Haut, wenn man von der Wahrheit überführt wird, die man anderen vermitteln will. Ich habe einen großen Teil meines Lebens darauf verwendet, mir selbst meinen Wert zu beweisen, und zwar mittels Erfolg und Anerkennung. Dabei versuchte ich mir den unangenehmen Gedanken vom Leibe zu halten, in Wirklichkeit doch nicht viel wert zu sein. Ich musste mir meine versteckten Zweifel, Sünden und Ängste eingestehen. Mir wurde klar, dass ich mich verzweifelt an die falsche Sicherheit klammerte, die materielle Dinge gewähren – Dinge, die ich nicht verlieren wollte, obwohl mir tief innen dämmerte, dass ich auf diese Weise nie das volle Potenzial des Lebens ausschöpfen würde.

Angesichts dieser unleugbaren Wahrheiten über mich selbst fing ich an, die Predigt auf mein eigenes Leben anzuwenden. Ich hatte anderen gesagt, dass die Bibel uns ein Leben lehrt, in dem wir nichts zu beweisen, nichts zu verbergen und nichts zu verlieren haben. Indem ich lernte, so zu leben, als glaube ich tatsächlich an die Wahrheit meiner Worte, wurden mir die Augen dafür geöffnet, wie unglaublich liebevoll Gott ist. Seine Gnade befreit mich von dem quälenden Zwang, meinen Wert zu beweisen, vom schamhaften Verbergen meiner Fehler und von der vergeblichen Mühe, mich an Dinge zu klammern, die ohnehin irgendwann zu Staub zerfallen werden.

Es hat mein Leben revolutioniert, diese einfachen biblischen Grundsätze zu beherzigen. Klar, ich habe noch einen weiten Weg vor mir. Gott hat aber diese Wahrheiten genutzt, mich in die richtige Richtung loszuschicken, in der ich Erfüllung und Sinn finden kann.

Es geht hier nicht darum, dass man auf diesem Weg reich und gesund wird oder bleibt. Ich verspreche keine oberflächliche Fröhlichkeit, Annehmlichkeiten oder großen materielle Erfolge. Was würde das schon bringen? Es gibt Millionen Menschen, die das alles haben und trotzdem ein oberflächliches, unerfülltes Leben führen. Dagegen gibt es Millionen andere, die nichts haben und trotzdem intensiv, sinnvoll und beneidenswert glücklich leben.

Ich glaube, das ist es, worauf es uns letzten Endes wirklich ankommt: Wir wollen das Leben voll ausschöpfen und uns auffällig positiv von der Norm abheben. Menschen mit wirklicher Freude am Leben sind nicht auf irgendwelche sozialen Klassen oder Einkommensschichten beschränkt. Man kann diese lebenslustigen Gemüter in allen Lebensbereichen ausfindig machen. Manche leben im Ghetto, andere tummeln sich in Bürotürmen. Manche sind noch Teenager, andere befinden sich schon in der Herbstzeit ihres Lebens. Eins aber haben sie gemeinsam: sie halten enge Freundschaft mit einem Gott, der die Quelle ihrer Selbstachtung ist und ihnen ihre Fehler und Unzulänglichkeiten großzügig vergibt. Auf ihn setzen sie letzten Endes ihre Hoffnung auf Sicherheit. Ein solches Leben ist wie eine helle Flamme. Hier gibt es nichts zu beweisen, nichts zu verbergen und nichts zu verlieren.

Vielleicht sagen Sie sich jetzt: „Eigentlich bin ich ganz zufrieden mit meinem Leben. Ich kann mir nicht vorstellen, was mir dieses Buch bringen soll." Dann nehmen Sie sich die Zeit für folgende Fragen:

- Stellen Sie manchmal Ihren Selbstwert in Frage?
- Sind Sie sich nicht im Klaren, ob Ihr Beitrag zum Leben irgendeinen Wert hat?
- Gründen Sie Ihre Selbstachtung auf Ihre Leistungen oder Ihr Aussehen?
- Lassen Sie sich schnell von äußeren Umständen beeinflussen?
- Vergleichen Sie sich häufig mit anderen?
- Verbergen Sie manchmal Ihre wahren Gefühle?
- Geben Sie vor, jemand zu sein, der Sie in Wirklichkeit nicht sind?
- Sehnen Sie sich nach einem einfacheren Leben, haben aber gesellschaftliche Verpflichtungen, die das verhindern?
- Haben Sie das Gefühl, in einer Tretmühle zu stecken, aus der Sie unbedingt einen Ausweg finden möchten?
- Klammern Sie sich an Dinge, die schon lange ihre Wichtigkeit und Bedeutung verloren haben?
- Haben Sie Angst vor dem Risiko?
- Suchen Sie in verbotenen Beziehungen den großen Kick?
- Fragen Sie sich manchmal, ob das Leben wirklich nicht mehr zu bieten hat?
- Ist Ihr eigentliches Motiv im Tiefsten oft Angst?
- Klammern Sie sich an die Sicherheit familiärer Beziehungen?
- Versuchen Sie Ihre Umgebung mit Beweisen Ihres Wertes zu beeindrucken?
- Vermissen Sie den eigentlichen Reiz am Leben?
- Verspüren Sie die Versuchung, sich lieber in einer Phantasiewelt als im realen Leben aufzuhalten?
- Werden Ihre Entscheidungen und Handlungen davon diktiert, was andere von Ihnen denken?
- Halten Sie sich an Drogen oder Alkohol, um den Alltag bewältigen zu können?
- Haben Sie das Gefühl, dass Sie all Ihre Kreativität verlieren?
- Ist Ihnen die Vorfreude auf den kommenden Tag abhanden gekommen?

Wenn Sie auf irgendeine dieser Fragen mit Ja antworten muss-ten, dann haben Sie möglicherweise Einstellungen, die Ihnen Ihre Lebensenergie absaugen. So etwas verhindert ein erfülltes, kraftvolles Leben, wie Gott es im Sinn hatte. Wenn Sie gleich mehrere Fragen bejaht haben, dann sollten Sie unbedingt wei-ter lesen!

Ich habe diese Fragen einem befreundeten Psychologen gezeigt, der sie durchlas und dann fragte: „Ob das wirklich ein guter Test ist? Ich bin sicher, die meisten Menschen würden auf mindestens fünf dieser Fragen mit Ja antworten." Er machte eine nachdenkliche Pause und fuhr dann fort: „Natürlich steht fest, dass die meisten Menschen bei weitem nicht ihre Möglich-keiten ausschöpfen. Sie genießen nicht gerade ein überspru-delndes Leben – und sie wissen es auch!"

Er hatte recht. Die meisten von uns verschwenden unge-heuer viel Zeit darauf, sich aus Leistungen, Anerkennung, Wohlstand und unzähligen anderen Quellen eine stümperhafte, kleine Erfüllung zu basteln, die die ersehnte tiefe Zufriedenheit niemals bringen kann. Moment mal – warum stecken wir so viel Energie in die Jagd nach nie erlebten Gefühlen, wenn unser Leben so sinnlos und leer ist? Woher kommt die Vorstellung, dass diese Erfüllung und dieser Sinn überhaupt möglich sind? Tatsache ist, dass wir uns alle an diesem einen Strohhalm fest-halten – an der Hoffnung, dass das Leben mehr zu bieten haben muss, als wir zur Zeit erfahren. Ich glaube, dass uns diese Hoff-nung und diese Sehnsucht von Gott gegeben ist. Deshalb habe ich mich bei diesem Buch stark auf die Quelle gestützt, die uns Gottes Gedanken zu diesen Fragen näher bringen kann: die Bibel.

Weil wir uns in einer gefallenen Welt befinden, wird uns das Leben immer wieder Enttäuschungen und Leid bringen. Erst wenn Gott uns wieder zu dem macht, was er ursprünglich mit uns im Sinn hatte, dann stellt sich Vollkommenheit ein. Doch für einen Menschen, der nichts zu beweisen, nichts zu verbergen und nichts zu verlieren hat, werden selbst Enttäuschungen zu Bestandteilen einer spannenden Lebensaufgabe.

Was hat diese Lebenseinstellung bei mir verändert? Sie hat mich davon befreit, die Umstände immer im Griff haben zu müssen. Ich freue mich beim Aufwachen darauf, die Chancen dieses neuen Tages voll nutzen zu können. Ich fühle mich frei von der Verpflichtung, mich an den gesellschaftlichen Maßstäben für Erfolg messen zu lassen.

Die Freiheit und Produktivität, die sich aus solch einem Leben ergibt, lässt sich nicht in Titeln, sozialer Anerkennung oder am Bankkonto ablesen. Stattdessen wird der Freudepegel in unserem Herzen zum Maßstab. Ein Leben ohne Beweiszwang, Heimlichkeiten und Verlustängste verändert unseren Alltag explosionsartig und macht es möglich, auch bei anderen positive Veränderungen zu bewirken.

Klingt gut? Willkommen am Beginn einer Reise, die Hoffnung bietet, wenn man die Hoffnung verloren hat, Chancen aufzeigt, wenn man es satt hat, nur dahinzuvegetieren – und jedem Leben verheißt, der das Gefühl hat, es sei schon alles vorbei.

Teil 1

Nichts
zu
beweisen

Du hast nur diese eine Runde!

Komisch, wie sich Werbespots über Jahre einprägen können. Man denke nur an den uralten Waschmittel-Slogan „Nicht nur sauber, sondern rein". Oder die neue Kampagne von Sprite: „Image ist nichts; Durst ist alles". Oder den Spot, der den Titel dieses Buches geprägt hat: „Red Bull verleiht Flüüüüügel!"

Ein Werbespot verfolgt mich, obwohl er schon seit Jahren nicht mehr gesendet wird. Die Aufnahme beginnt mit einer Szene, in der ein paar junge Leute einen Katamaran segeln. (Das ist ein Segelboot, bei dem zwei Kanus mit einer Art Trampolin zusammengespannt sind.) Diese Kids, außer Atem und athletisch, hatten das Segel so gesetzt, dass das Boot gefährlich auf nur einer Kufe durch die Wellen glitt. Nur die Gischt der Wellen auf der Kameralinse verzerrte die strahlenden Gesichter ein bisschen, und ihr Lachen lieferte den Hintergrund für die Stimme mit Befehlston: „Du hast nur diese eine Runde – hol dir den ganzen Genuss, den du kriegen kannst!" Dann ließ der Sprecher durchblicken, dass eine Dose Bier den ganzen Genuss gewähren könne, den das Leben zu bieten habe. Der Werbespot schloss mit dem Appell: „Her mit dem Genuss!"

Eine starke Botschaft. Tausende ließen sich davon anregen, das Bier zu kaufen. Unbewusst (vielleicht sogar bewusst) hoffte man wohl tatsächlich, sich damit den vollen Genuss ins Haus zu holen.

Tut mir Leid, Biertrinker. Lebensgenuss gibt's nicht aus der Dose. Ich erinnere mich noch ganz gut an den „Genuss", den ein Schulfreund von mir nach dem Vernichten eines ganzen Sechserpacks hatte. Er musste sich übergeben, und zwar nicht nur einmal. Er würgte und heulte und schrie nach seiner Mama. Es ging ihm so schlecht, dass ich mir echte Sorgen machte.

Zwei Tage danach gab er im Umkleideraum mit dem „tollen Besäufnis" an. Tolles Besäufnis? Sogar als Teenager wusste ich, was für ein Unsinn das war. Wenn Kotzen und Würgen so toll sein soll, wozu dann erst groß Bier kaufen? Dann braucht man sich doch nur noch ins stille Örtchen zu begeben und sich den Finger in den Hals zu stecken.

Trotzdem faszinieren mich die Zusammenhänge, die sich aus diesem Werbespot ergeben. Die Werbeleutchen sind (in der Regel) intelligente Menschen, die sich damit auskennen, was dich und mich motivieren kann. Als der Spot mit dem Waschmittel gedreht wurde, hatten Millionen von Hausfrauen die Enttäuschung erlebt, dass ihre Wäsche nicht wirklich porentief rein wurde. Daraus wurde ein Spot geschaffen, der sich mit Enttäuschten solidarisch erklärte. Der Waschmittelumsatz stieg um mehrere Millionen.

Den Werbefachleuten ist außerdem klar, dass man bei hundert existierenden Limonadesorten anfällig für einen Ohrwurm ist, der zeigt, wo es langgeht: „Image ist nichts, Durst ist alles" – genau!

Der Bierwerbespot mit dem Katamaran war besonders wirksam, weil er an die vielleicht stärkste Sehnsucht des Menschen rührte: das Leben genießen zu wollen. Erst wurde die Aufmerksamkeit des Zuschauers geweckt: „Du hast nur diese eine Runde." Wenn man keine Hoffnung auf das ewige Leben hat, ist es ausgesprochen unangenehm, an die Kürze des Lebens und die Unausweichlichkeit des Todes erinnert zu werden. Viele New-Age-Philosophien und Sekten geben sich große Mühe, diese einfachen Tatsachen zu umschiffen – vergebliche Liebesmüh. Trotz philosophischer Gymnastik und metaphysischer Magie bleibt die Wahrheit bestehen. Shirley MacLaine kommt leider nicht als indianische Prinzessin oder heiliger Vogel wieder auf die Erde. Nicht mal als Ziegelstein! Wie wir alle hat sie nur diese eine Runde.

Die Werbeleute wussten, dass der Hinweis auf unsere Sterblichkeit Aufmerksamkeit weckt. Das ist schon immer so gewesen. Diese Masche wird wirkungsvoll genutzt, um Lebensversicherungen loszuwerden und uns zum Sammeln irdischer Güter anzuregen – kaufen, kaufen, kaufen. Frei nach dem Sprichwort: „Fahr die Ernte ein, solange die Sonne scheint." Die in der Werbung wussten aber auch, dass damit spontan die Sehnsucht angefacht wird, so viel wie möglich aus diesem Leben zu machen. Nun hatten sie uns da, wo sie uns hin haben wollten: scharf auf die Botschaft „Her mit dem Genuss".

Am falschen Ort gesucht

Leider kann die Sehnsucht nach dem Genuss ohne Verständnis für Sinn und Ziel des Lebens auf ziemlich dumme Irrwege führen. „Du hast nur diese eine Runde. Hol dir so viel Genuss wie möglich", heißt es im Werbespot.

Insgeheim fragt der Zuschauer: „Wie soll ich mir den Genuss holen?"

Laut versucht ihn der Werbespot zu überreden: „Trink einfach unser Bier." Kein vernünftiger Mensch würde so etwas als brauchbare Antwort durchgehen lassen. Aber sind denn unsere Antworten eigentlich brauchbarer? Tatsache ist, dass wir angesichts der Erinnerung an unsere Sterblichkeit unbedingt versuchen, die Lücke mit irgendeiner Art „Bier" zu füllen: hektische Aktivitäten, Höchstleistungen, Besitztümer, Anerkennung, persönliche Macht, Vergnügen und Pseudo-Abenteuer, um nur einige zu nennen. Diese Ablenkungen lassen uns kurz vergessen, wie vergänglich das Leben ist. Sie verleihen unserer Existenz für den Augenblick etwas Spannung. Letzten Endes aber halten sie uns davon ab, das wahre Leben zu kosten.

Am anderen Ende des Spektrums derjenigen, die nach Ersatz für ein erfülltes Leben streben, gibt es Menschen, die es schlicht aufgegeben haben. Sie finden Trost in einem Meer der Apathie. „Was soll's?", ist ihr Motto. Sie denken nicht mehr über sich und ihr Leben nach und verweigern sich jeder Herausforderung. Mir sind viele von diesen deprimierten, traurigen Gestalten begegnet. Sie erinnern mich an Vögel mit gebrochenen Flügeln, die auf das unvermeidliche Ende warten. In vieler Hinsicht sind sie schon gestorben.

Interessanterweise findet der „Genuss"-Werbespot Anklang bei beiden Gruppen. Alkohol kann kurzfristig die Illusion von Abenteuer und Spannung erzeugen, aber auch für die Realität abstumpfen. Beide Extreme sind Sackgassen. Beide enden in Verbitterung und Enttäuschung. Beide bringen nur eine verzerrte Kopie der Wirklichkeit.

Jim hatte sich auf die Apathie-Masche eingelassen. Mit seiner ganzen Einstellung und Erscheinung machte er überdeutlich: „Mir ist alles egal!" Der Fernseher war sein Fluchtweg. Seine Familie störte ihn eigentlich nur noch beim Fernsehen. Auf der Arbeit tat Jim gerade so viel, dass er nicht aneckte. Sein Job und seine Ehe standen auf dem Spiel. Er hatte sich aufgegeben. Jim erinnerte mich an den alten Horrorfilm „Die Nacht der lebenden Toten". Er lief immer noch herum und machte mechanisch die allernötigsten Bewegungen. Im Grunde war er aber tot.

Ein extremer Fall? Vielleicht. Doch überall entdeckt man Varianten dieser Lebenshaltung. Die meisten Leute geben sich immer noch Mühe, den äußeren Schein zu wahren, sterben aber innerlich ab und warten nur noch darauf, dass das Leben ihnen den Rest gibt.

Heather befand sich am anderen Ende des Spektrums. Während Jim sich seiner Scheinwelt hingab, flüchtete Heather sich in hektische Aktivitäten. Mit ihren eigenen Worten: „Mein Leben ist eine ständige Hetze." Wenn es eine neue Partydroge gab, wollte sie zu den Ersten gehören, die damit experimentierten. Sie flatterte von einer Beziehung zur nächsten und blieb nur so lange, bis der erste Reiz sich abgenutzt hatte. Heather ließ keine Party aus. Überall, wo etwas los war, hörte man auch ihr Lachen.

Ich lernte Heather kennen, als ich als Komiker auf der Bühne tätig war. Eines Nachts nach der Spätvorstellung fand ich sie weinend am Bühnenrand vor. Warum? Weil aus ihren Plänen für den Abend nichts geworden war und sie nirgendwo hingehen konnte. Sie konnte die Aussicht nicht ertragen, den Abend allein zu verbringen und bettelte darum, dass ich sie irgendwohin mitnahm. Auch wenn ich darauf eingegangen wäre, hätte ich nichts gegen ihre Angst ausgerichtet. Der Schmerz kam von viel tiefer her, so tief, dass nur die Liebe Gottes hinabreichen konnte.

Der Alkohol hatte Heather gerade so weit die Hemmungen genommen und so viel Offenheit bewirkt, dass sie mir in dieser Nacht Einblick in ihre innere Leere gewährte. Wir führten ein langes Gespräch. Woran ich mich noch erinnere, sind ihre letzten Worte: „Lassen Sie mich bitte nicht allein. Wenn ich allein bin und nichts zu tun habe, dann muss ich nachdenken. Und ich habe Angst davor nachzudenken, weil mir keine Antwort auf meine Fragen einfällt." Heather wusste, dass sie nur diese eine Runde hat. Sie hatte sich an die gleiche Hoffnung geklammert wie wir alle: dass das Leben mehr sein muss als das, was uns zufällig widerfährt. Sie hatte nicht lange für die Entdeckung gebraucht, dass Partys und Drinks das Geheimnis nicht entschlüsseln konnten. Wenigstens half aber ihr hektischer Lebensstil, die Leere zu vergessen. Solange sie feierte, gab es kein Problem. Später, in den ruhigen Momenten, brach sich die Realität dann Bahn. Das Leben bot den anderen scheinbar so viel mehr. Warum entging ihr das bloß?

Es gibt Tausende von Heathers, die sich täglich in den Schlaf weinen. Manche sind Hausfrauen, die in den Phantasiewelten der Seifenopern aufgehen. Manche sind Männer und Frauen im Beruf, die sich mühsam in die Richtung durchbeißen, in der sie den Gipfel vermuten. Andere reißen sich um ehrenamtliche Tätigkeiten in der Kirche oder engagieren sich in sozialen Diensten. Wieder andere sind Varianten von Jim: Sie haben noch nicht ganz aufgegeben, stehen aber kurz davor. Sie alle verspüren dann einen schmerzlichen Stich, wenn sie sich fragen müssen: „War das schon alles?"

Lieber mild als wild?

Gott hat weder gewollt, dass unser Leben zu einer Orgie hektischer Aktivitäten verkommt, mit denen man sich die Wahrheit vom Hals hält, noch hat er uns als stumpfe Stubenhocker geschaffen, die sich den Möglichkeiten und Bedürfnissen ihrer Umwelt verschließen. Gott hat jeden von uns so geschaffen, dass wir dann die höchste Stufe der Zufriedenheit erlangen, wenn wir unser von ihm geschenktes Potenzial entdecken und anwenden. In einer Hinsicht sagt der Werbespot die Wahrheit: Gott hat uns für ein genussvolles Leben geschaffen!

„Aber ist es nicht egoistisch und deshalb Sünde", habe ich schon viele Leute einwenden hören, „ein spannendes, erfülltes Leben zu wollen? Was ist, wenn es Gottes Wille ist, die eigenen Hoffnungen und Bestrebungen zu vergessen und lieber ein langweiliges Leben zu führen, das dem Dienst an anderen gewidmet ist?"

Um Gottes Willen! Worin Gottes Wille für jeden einzelnen von uns auch bestehen mag; auf keinen Fall bedeutet er ein langweiliges oder unerfülltes Leben. Wir wurden mit der intensiven Sehnsucht geschaffen, das Leben ganz auszukosten. Gott selbst möchte, dass wir dem Potenzial gerecht werden, das er in uns hineingelegt hat. Eben weil wir dieses Potenzial zumindest erahnen, erwarten wir so viel vom Leben. Intuitiv möchten wir all das sein, wozu Gott uns geschaffen hat.

Dann sagte Gott: „Nun wollen wir den Menschen machen, ein Wesen, das uns ähnlich ist! Er soll Macht haben über die Fische im Meer, über die Vögel in der Luft und über alle Tiere auf der Erde." Gott schuf den Menschen nach seinem Bild, er schuf Mann und Frau (1. Mose 1,26–27).

Was ist das Bild Gottes von uns Menschen? Etwas Mittelmäßiges? Ein gelangweiltes, mutloses, nur nach Lust und Laune handelndes Wesen? Im Gegenteil, er schuf einen Ausbund an Kreativität, Produktivität und Abenteuerlust. Betrachten wir einmal gründlich sein Werk. Trotz aller Mühe, Gottes Existenz zu leugnen, entdecken die Wissenschaftler Tag für Tag mehr Sinn und Zusammenhang in der Natur. Unser armseliges Verständnis konnte bisher nur die Oberfläche der Ehrfurcht gebietenden Größe der Schöpfung ankratzen.

Im Bereich von Emotionen und Beziehungen ist Gott nicht weniger großartig. Seine Liebe kennt keine Grenzen. Einundvierzigmal steht in der Bibel: „Seine Liebe bleibt ewig." Er kann um unseretwillen Wunder wirken, die über die von ihm selbst eingesetzten Naturgesetze hinausgehen. So groß und wunderbar ist unser Gott!

Da kann es leicht passieren, von seiner Größe so überwältigt zu werden, dass man sich für vollkommen unbedeutend hält. Solche Vorstellungen haben in manchen christlichen Kreis leider unbemerkt Einzug gehalten. Doch dagegen steht eine oft vergessene, lebensverändernde Wahrheit: Gott sieht uns nicht als unbedeutend. Dieser allmächtige, großartige Gott hat dich und mich nach seinem Bild geschaffen!

Was heißt das, wir sind nach Gottes Bild geschaffen? Zum einen hat Gott sich dazu entschlossen, uns mit einem gewissen Maß seines eigenen ehrfurchtgebietenden Wissens und Könnens auszurüsten. Er gesteht uns zum Beispiel ein (begrenztes) Verständnis der Welt zu, die er geschaffen hat, damit wir sie entdecken und genießen können. Außerdem lässt er sich auf eine partnerschaftliche Beziehung mit uns ein. Allein das macht das Leben eigentlich schon lebenswert und sollte für höchste Erfüllung und Lebensgenuss sorgen.

Alles in der Bibel verweist darauf, dass Gott uns schon in diesem irdischen Leben den ganzen Genuss gönnt, für den wir geschaffen wurden. Jesus sagte: „Ich bin gekommen, damit meine Schafe das Leben haben, Leben im Überfluß" (Johannes 10,10).

Kein Wunder, wenn wir uns nach mehr sehnen als dem Alltagstrott, in den wir oft hineingeraten. Wie ein Sportler, der auf Höchstleistungen trainiert ist und nun auf der Ersatzbank ausharren muss, brennen wir auf eine Position mitten im Geschehen. Wir sehnen uns nach Sinn und Bedeutung für unser Leben. Und wir verlangen danach, der Idee zu gleichen, nach der Gott uns geschaffen hat. Wir können nicht anders: Gottes kreatives Potenzial pulst in unseren Adern. Das Wissen und die Hoffnung auf das, „was nicht ist, aber werden könnte", ist in unsere Seele einprogrammiert. Wir wissen, dass es mehr geben muss.

Nein, die Sehnsucht nach einem erfüllten Leben ist alles andere als falsch. Sie entspringt in Wirklichkeit unserem geistlichen Erbe – ein Anzeichen dafür, dass wir von Gott geschaffen sind. In uns steckt der Motor eines Rennwagens, doch wir fahren wie eine achsengeschädigte Ente durchs Leben. Kein Wunder, wenn wir anfällig für Reklame sind, die mehr Lebensfreude verspricht! Wir sind für diesen Genuss geschaffen!

„Hier kommt der Genuss . . ."

Wo bleibt das Leben, wenn wir von Gott gewissermaßen darauf „programmiert" wurden, uns nach dem Großartigen zu sehnen, nach einem Leben in Fülle? Hat Gott sich bloß einen grausamen Scherz geleistet? Warum hat Gott uns so geschaffen, dass wir das Besondere anstreben, uns dann aber voll der Mittelmäßigkeit ausgeliefert? Klar, dass irgendwas schiefgegangen ist. Wer aber ist Schuld daran?

Tatsache ist, dass wir immer wieder versuchen, das tiefste Verlangen unseres Herzens mit billigen Fälschungen zufrieden zu stellen. Schon Adam hat sich ganz am Anfang dazu entschieden, dass man zurechtkommen kann, ohne auf den Rat des Schöpfers zu hören. Die besten Elemente haben wir aus unserem Leben gelöscht, weil wir dachten, es ließe sich etwas noch Besseres finden. Jetzt mühen wir uns mit der verzweifelten Suche nach „dem wahren Leben" ab, suchen aber am falschen Ort danach. Unsere Definition für Genuss ist verkehrt. Ein Leben nach dem anderen geht dabei drauf, nach dem goldenen Ring zu haschen, von dem wir uns Erfüllung und Sinn versprechen. Haben wir ihn endlich am Finger, dämmert uns, dass es nur ein Plastikteil aus dem Kaugummiautomaten ist, und wir fühlen uns leerer und unerfüllter denn je.

Es ist ein bisschen wie Süßstoff: Er ist eine eklige, künstliche Imitation von Zucker, die eigentlich nicht schmeckt und langfristig gesundheitsschädlich ist. Was sind das für Ersatzdrogen, nach denen wir uns so sehr ausstrecken?

Eine davon ist unser Freizeitwahn. Viele Menschen arbeiten jahrelang wild darauf hin, einen Platz im Leben zu erlangen, an dem sie sich endlich ausruhen können, wo weder Leid noch Sorge ihnen zu schaffen macht. Nennen wir dieses Ziel Ruhestand. Wer nie dahin gelangt, wird in dem Glauben sterben, die große Glückseligkeit verpasst zu haben. Wer es aber schafft, geht oft genug an Langeweile und Sinnlosigkeit zu Grunde. Aus den Statistiken geht hervor, dass der Ruhestand absolut tödlich sein kann. Das Leben im Leerlauf bringt uns um. Wäre die menschliche Spezies zum Ausruhen gedacht, hätte Gott uns mit angebautem Bett geschaffen. Ein gesunder Schlaf in der Nacht und gelegentliches Ausspannen ist für uns Leerlauf genug.

Am zufriedensten und ausgefülltesten sind Menschen, die morgens gar nicht früh genug aufstehen können, um endlich mit dem Leben loszulegen. Der Ruhestand wird erst dann richtig spannend, wenn man ihn dazu nutzt, sich neue Profile für die alten Reifen verpassen zu lassen. Dann ist man bereit für ganz neue Entdeckungsreisen!

Finanzielle Sicherheit und Wohlstand sind die beiden nächsten Ersatzstoffe für genussvolles Leben. In einer Talkshow wurde Multimillionär Ted Turner gefragt: „Was ist das für ein Gefühl, so reich und mächtig zu sein?" Ich war verblüfft, diesen Mann, der das Christentum als „Religion für Schwache" betitelt hat, antworten zu hören: „Man fühlt sich wie eine leere Tüte." Anscheinend hat der Wohlstand mindestens einem unglaublich reichen Mann keine große Lebensfreude verschafft!

Ein genussvolles Leben ist keine Station, die man irgendwie unterwegs erreichen kann. Es ist ein Geisteszustand. Es ergibt sich nicht aus der Erfüllung irgendwelcher sozialen Maßstäbe oder Leistungen. Es geht nicht darum, was andere von uns erwarten. Es geht nicht um den Vergleich der eigenen Errungenschaften mit denen der anderen. Vielmehr geht es um ein

Leben in dem Bewusstsein, dass man die Talente und Fähigkeiten einsetzen sollte, die Gott jedem von uns verliehen hat. Bringt man es mit so einem Leben zu Luxus, Ruhm oder schwindelnden Glücksgefühlen? Nicht unbedingt. Allerdings erlangt man damit nichts Geringeres als Frieden, Erfüllung und Kraft.

War das schon alles?

Ein Popsong der späten sechziger Jahre bringt die eindringliche Frage zum Ausdruck, die so vielen Männern und Frauen auf der Seele brennt. Enttäuscht von den Versprechungen der Welt fragt der Sänger:

War das schon alles?
Ist das alles, was es gibt, mein Freund?
Dann tanzen wir eben weiter.
Dann machen wir noch eine Flasche auf und gehen auf den Ball.
Wenn das schon alles war.

Die Antwort auf die traurige Frage in diesem Song ist ein donnerndes Nein! Das ist eben nicht schon alles gewesen. Es gibt mehr! Ist das Leben voller Enttäuschungen und Kämpfe? Ja. Hat die Sünde der Menschheit das volle Potenzial der ursprünglichen Schöpfung geraubt? Ja. Aber es gibt immer noch viel zu entdecken, zu erleben und zu erwarten! Die Schlacht ist noch nicht vorüber. Gott hat diese Erde nicht als bloßes Wartezimmer auf den Himmel eingerichtet; das ewige Leben fängt genau dann an, wenn Jesus seinen Platz in unserem Leben einnimmt. Es gibt so viel zu erreichen und zu erfahren, so viele Möglichkeiten schon in diesem Leben.

Wie erkennt man diese Möglichkeiten? Wie kommt die Leidenschaft in unser Leben?

Suchen wir doch die Antwort auf diese Fragen gemeinsam . . .

Das Un-Glücksrad

Manchmal ist all unsere Aktivität und Arbeit nichts weiter als eine billige Imitation, mit der wir den Schmerz eines sinnentleerten Lebens abtöten. (Adolf Coors IV)

Ein Rennen ohne Sinn und Zweck

Henry lag erschöpft auf dem Boden, gleich neben dem Mühlrad. Sein rasselndes Keuchen war das einzige Geräusch in diesem stillen Morgen.

Schwach erinnerte Henry sich an den Adrenalinschub, der vor so langer Zeit mit seinen ersten energiegeladenen Schritten einhergegangen war. Er hatte sich eine Ziellinie vorgestellt, weit vorn. Er konnte sich aber nicht mehr erinnern, wann er zu laufen angefangen hatte – und schlimmer noch, er wusste nicht mehr, warum er eigentlich rennen wollte. Am Anfang war er so begeistert gewesen. Aber irgendwo unterwegs war die Fröhlichkeit in Erschöpfung übergegangen, in die ermattende Erkenntnis, die jede Hoffnung nahm: Es gab keine Ziellinie.

Henry schloss die Augen und erlaubte sich allmählich, wieder normal zu atmen. In diesem seltenen Moment der Untätigkeit nahm er die Welt nach langer Zeit zum ersten Mal wieder wahr. Er sog sie ganz in sich auf – aber nur für einen Moment. Ein Geräusch von der Mühle her ließ ihn aufhorchen, und er öffnete die Augen. Er wandte seinen Kopf gerade rechtzeitig, um zu sehen, wie das riesige Rad quietschend anhielt.

Langsam setzte er sich auf und starrte auf die Maschine, die einen so großen Bereich seines Lebens beherrscht hatte. Diese Tret-

mühle bringt dich noch um, mahnte eine altbekannte Stimme tief im Innern. Verschwende keinen einzigen Augenblick mehr auf dieses Rennen. Die Stimme löste einen dumpfen Druck in seinem Herzen aus, während er tief aus der kühlen Quelle in der Nähe trank. Es musste außer dieser Maschine doch noch mehr geben, was das Leben zu bieten hatte! Das kühle Wasser belebte ihn, und sein Atem ging ruhiger. Er fühlte sich erfrischt. Vielleicht sollte er ein ganz neues Leben anfangen? Vielleicht heute noch! Aber wie? Was war jetzt zu tun? Wohin sollte er gehen? Welches Ziel anstreben?

Gut, solche Entscheidungen konnten später gefällt werden. Im Augenblick machte die Aussicht auf Veränderung ihm ein bisschen Angst. Bis die Einzelheiten erarbeitet waren, würde er sich an das Altbewährte halten, zur Sicherheit. Immer noch in Gedanken an das, was sich ergeben könnte, stieg er unbewusst zum tausendsten Mal in seinem kurzen Leben in das Rad. Bald wurde der Schmerz vom hypnotisierenden Schwirren und den Lichtreflexen der Speichen abgeblockt. Freiheit und Abenteuer konnten warten. In der Tretmühle wurde ihm im Moment kein Risiko, kein Vertrauen und kein Nachdenken abverlangt. Später konnte man immer noch leben. Erst einmal wollte er nur laufen ...

Falls Sie noch nicht darauf gekommen sind: Henry ist ein Hamster. Und doch weist sein Leben ziemlich viele Parallelen mit dem vieler Männer und Frauen auf. In der Tretmühle aus Langeweile und Anpassung gefangen, werfen sie nur gelegentliche Seitenblicke auf die wahren Möglichkeiten des Lebens. Tut sich solch ein Hoffnungsschimmer auf, dann bietet sich wirklich eine Chance – eine Chance, die oft ungenutzt bleibt, weil es schwierig ist, aus dem Teufelskreis auszubrechen. Man ist viel zu beschäftigt damit, die Tretmühle in Gang zu halten, als dass man eine sinnvolle Veränderung planen könnte. Außerdem macht der Kurswechsel in eine unbekannte Zukunft Angst. Da ist das Rad bei aller Monotonie doch wenigstens sicher.

Am Anfang gab es noch keine Tretmühle. Doch der Startschuss für unser heutiges Rennen fiel schon sehr bald – und zwar, als Eva mit ihrem Zustand unzufrieden war. Sie wollte wie jemand anders sein. Sie wollte so sein wie Gott.

„Glaubt das doch nicht", sagte die Schlange, „auf keinen Fall werdet ihr sterben! Aber Gott weiß: Sobald ihr davon eßt, werden euch die Augen aufgehen, und ihr werdet alles wissen, genau wie Gott. Dann werdet ihr euer Leben selbst in die Hand nehmen können." Die Frau sah den Baum an: er war prächtig, seine Früchte sahen verlockend aus, und man sollte auch noch klug davon werden! Sie pflückte eine Frucht, biß davon ab und gab sie ihrem Mann, und auch er aß davon. (1. Mose 3, 4–6).

Als Eva den ersten Bissen der verbotenen Frucht schluckte, kam die Tretmühle in die Gänge. Eva und ihr Gefährte legten den Grund für das Mittelmaß, in dem so viele Menschen heute gefangen sind. Hier wurde das Muster geschaffen, dem die meisten von uns Zeit ihres Lebens nicht entkommen können. Statt wie Gott zu werden, wie die Schlange versprach, taten Adam und Eva einen Riesenschritt in die falsche Richtung. Wo einmal Zuversicht herrschte, nahm der Zweifel überhand. Argwohn und Neid nisteten sich ein und verschmutzten die heile Welt ihres Herzens. Das Rad drehte sich immer schneller. Dabei verloren Adam, Eva und alle ihre Nachkommen den Blick für ihre eigentliche Würde und kramten am falschen Ort nach Beweisen für ihren Wert.

Wer hat das Rad erfunden?

Immer dann, wenn wir Gott aus den Augen verlieren, erkennen wir auch den Wert nicht mehr, den Gott uns verliehen hat. Ohne Gespür für diesen Wert verlieren wir das Gefühl für die Würde und den Sinn unseres Lebens. Ohne Würde und Sinn verlieren wir unseren Lebenswillen.

In ihrem Buch „Why America Doesn't Work" (Warum Amerika nicht funktioniert) erläutern Chuck Colson und Jack Eckerd dieses Prinzip: „Im Zweiten Weltkrieg wurden alle Juden, die nicht unmittelbar von Hitlers brutalen Handlangern vernichtet worden waren, in krankheitsverseuchten Konzentrationslagern untergebracht. In Ungarn wurde eine Lagerfabrik eingerichtet, wo die Gefangenen zur Alkoholdestillation aus tonnenweise anfallenden Abfällen gezwungen wurden. Der Alkohol wurde als Treibstoffzusatz verwendet. Wohl schlimmer noch als der Zwang zur Arbeit im ekelerregenden Gestank des kochenden Mülls war die Erkenntnis der Gefangenen, dass ihre Arbeit dazu beitrug, die Kriegsmaschinerie des Führers anzuheizen. Dennoch überlebten die Arbeiter bei magerer Kost und der scheußlichen Arbeit einen Monat nach dem anderen.

1944 begannen die Alliierten mit kühnen Luftangriffen in Europa. Eines Nachts fielen auch hier in Ungarn die Bomben, und die verhasste Fabrik wurde zerstört. Am nächsten Morgen orderten die Wachen die Gefangenen an das eine Ende der verkohlten Überreste und befahlen ihnen, den Schutt in Schubkarren zu verladen und ans andere Ende des Geländes zu fahren.

Man lässt uns die Fabrik wieder aufbauen, dachten die Gefangenen und machten sich an die Arbeit.

Am nächsten Tag wurde ihnen befohlen, den riesigen Schutthaufen wieder umzusetzen, diesmal auf das andere Ende des Geländes.

Dumme Schweine, murrten die Gefangenen insgeheim. *Sie haben einen Fehler gemacht, und jetzt müssen wir die ganze Arbeit von gestern rückgängig machen.*

Es war aber kein Fehler.

Tag für Tag karrten die Gefangenen den gleichen Schuttberg hin und her, vom einen Ende des Lagers zum andern.

Nach mehreren Wochen sinnloser Plackerei fing ein alter Mann plötzlich hemmungslos an zu weinen und wurde von den Wachen abgeführt. Ein anderer schrie, bis die Wachhaber ihn bewusstlos prügelten. Dann rannte ein junger Mann, der drei Jahre härtester Arbeit überlebt hatte, von der Gruppe fort, direkt auf den elektrischen Zaun zu. Ein blendender Blitz, ein furchtbar zischendes Geräusch und der Geruch von verbranntem Fleisch ...

Die sinnlose Arbeit ging weiter. In den nächsten Tagen drehten Dutzende Gefangene durch und rannten vom Arbeitsplatz fort. Sie wurden entweder von den Wachen erschossen oder kamen im elektrischen Zaun um.

Natürlich war das den Wachen egal. Tatsächlich war diese wahnsinnige Arbeit vom Kommandanten als ‚Experiment für den Geisteszustand' angeordnet worden, um zu erfahren, was geschieht, wenn man Menschen sinnlose Arbeit zuteilt. Nach Kenntnisnahme des Ergebnisses kommentierte er hämisch, dass es bei dieser Entwicklung bald ‚keine Notwendigkeit für Krematorien' mehr gebe."[1]

„Wenn man einen Menschen endgültig vernichten will," sagt der große russische Schriftsteller Fjodor Dostojewski in seinem Werk „Das Totenhaus", „braucht man ihm nur eine Arbeit von völlig sinnloser, irrationaler Art zu geben."

Dostojewski, der selbst zehn Jahre im Gefängnis verbracht hatte, schreibt weiter: „Wenn er einen Erdhügel von einer Stelle an die andere und wieder zurück versetzen müsste, dann, glaube ich, würde der Häftling sich aufhängen ... Lieber würde er sterben, als solch eine Demütigung, Schande und Qual ... zu erdulden. Einer sinnvollen Arbeit beraubt, verlieren Männer und Frauen den Grund ihrer Existenz; sie verfallen dem völligen Wahnsinn."

Die Menschen in der von Colson und Eckerd geschilderten Begebenheit waren Gefangene einer brutalen Diktatur. In der heutigen Welt ist jeder, der eine sinnlose Arbeit tut, oft auch in einem sinnlosen Leben gefangen. Wenn Männer und Frauen eines sinnvollen Tuns beraubt sind – Tag für Tag immer wieder die gleichen Bewegungen machen, ohne Wert und Sinn ihres Handelns zu kennen –, was bleibt ihnen dann? Wie die Gefangenen, die den Schutt hin und her schaffen mussten, drehen sie durch.

Was also verleiht dem Leben seinen Sinn? Die einzige vernünftige Erklärung ist diese: Wir wurden von einem intelligenten, zielbewussten und liebevollen Gott geschaffen, der die Welt nach einer Ordnung und uns nach seinem eigenen Bild geschaffen hat. Er hat uns befähigt, die Welt zu verstehen, in der wir leben. Zum Glück ist das die Wahrheit!

Doch im Lauf der Geschichte fiel es der Menschheit oft schwer, sich diese Wahrheit anzueignen. Nicht, weil es ihr an Glaubwürdigkeit fehlt; eigentlich ist sie die glaubwürdigste aller Erklärungen. Nein, unser Geist lehnt diese einfache Erklärung ab, denn wenn Gott existiert und wenn er all das getan hat, was in der Bibel steht, dann verdient er Anbetung und Gehorsam. Leider war der Mensch noch nie besonders erpicht darauf, irgendjemand anderen anzubeten als sich selbst. Daher ist es viel bequemer (wenn auch weniger glaubwürdig), Gott aus unseren Lebenskonzepten auszuklammern. Dann bleiben wir ihm nichts schuldig.

Doch hier liegt ein Problem: Wenn wir die Bedeutung Gottes leugnen, dann lehnen wir den Sinn unserer eigenen Existenz ab!

Wer hat die Ziellinie gestohlen?

Zwar sind die Menschen schon seit Adams und Evas Zeiten vor Gott davongelaufen, doch der moderne Mensch ist noch einen riesigen Schritt weiter gegangen. Seit dem frühen 20. Jahrhundert haben die vorherrschenden Weltanschauungen – nämlich die, von denen Bildungssystem und Politik durchdrungen sind – direkt oder durch Auslassung den Standpunkt vertreten, dass unsere Existenz reiner Zufall ist.

Weil man nicht mehr glaubt, dass wir von einem wunderbaren Schöpfer mit bestimmten Absichten im Hinterkopf erschaffen wurden, ist man allmählich zur Überzeugung gelangt, dass es keinen wirklichen Sinn des Lebens gibt. Bereits Schulkindern wird vermittelt, dass wir zufällig aus schleimigen Algenablagerungen entstanden seien. Es gilt als unwissenschaftlich, von „Sinn" und „Schöpfung" zu reden. Vielerorts ist es verpönt, die biblische Schöpfungsgeschichte zu erzählen. Die Vertreter von Weltanschauungen der Sinnlosigkeit nehmen sogar den Wortschatz von Schulbüchern unter die Lupe, um sich zu vergewissern, dass nicht versehentlich doch ein Hinweis auf die Sinnerfüllung des Lebens durchrutscht.

In der Leserbriefecke einer Ausgabe einer Biologen-Fachzeitschrift schrieb eine Leserin, sie habe in einem vorangegangenen Artikel Redewendungen entdeckt, die auf die Schöpfungstheorie (Fachbegriff: *Teleologie*) verweisen. Die Erwiderung der Redaktion: „Teleologie ist die irrige Lehre, dass Lebenssysteme sich auf ein innewohnendes Ziel hin entwickeln, statt sich an die Zwänge ihrer Umwelt anzupassen. Es gibt bei keinem evolutionären Trend einen Beweis für die Existenz solcher Ziele …"[2]

Schauen wir uns an, wie solche Wissenschaftler an den Grundfesten sinnvollen Lebens in unserem Denken sägen:

„Der Mensch ist das Produkt von Ursachen, die nicht das Ziel voraussehen konnten, das sie bewirkten … Sein Ursprung, seine Entwicklung, seine Hoffnungen und Ängste, seine Gefühle und Überzeugung sind nichts als das Ergebnis zufälliger Anhäufungen von Atomen … und der gesamte Tempel der menschlichen Leistungen muss notwendigerweise unter dem Schutt eines zerstörten Universums untergehen …

Kurz und machtlos ist das Leben des Menschen; auf ihn und sein ganzes Geschlecht kommt der langsame, sichere Untergang zu, erbarmungslos und dunkel. Blind für Gut und Böse, rücksichtslos vernichtend rollt die allmächtige Materie ihren unaufhaltsamen Weg einher."[3]

„Da wir selbst auch nur eine Ansammlung von Molekülen sind, gibt es kein *Wir*, das unabhängig davon existiert. Unser Verhalten besteht darin, dass einige Moleküle die anderen umhermanövrieren."[4]

Der Titel eines Buches von Richard Dawkins, eines hochgeachteten Astronomen unserer Tage, verrät alles: „The Blind Watchmaker: Why Evidence Reveals a Universe Without Design"[5] (Etwa: *Der blinde Uhrmacher: Beweise für ein Universum ohne Planung*).

B. F. Skinner, ein Mann von nachhaltigem Einfluss auf Philosophie und Psychologie, sagt Folgendes:

„Es heißt, der ‚Mensch als solcher‘ oder ‚der Mensch in seiner Menschlichkeit‘ sei bedroht; es gehe um ‚den Menschen als Person, nicht als Sache‘ . . . Was hier abgeschafft wird, ist der autonome Mensch . . . der Mensch, wie er von freiheits- und würdebewusster Literatur verteidigt wird.

Seine Abschaffung ist schon lange überfällig . . . Den Menschen an sich werden wir gerne los."[6]

Nach dieser Weltanschauung (die immer noch Grundlage unserer Bildungsphilosophie ist) sind wir bloße Zufälle, die aus dem Nichts kommen und ins Nichts gehen. Das schafft eindeutig die Voraussetzung für extreme Unzufriedenheit und ein unerfülltes Dasein! Hundert Jahre lang wurde diese weltanschauliche Grundlage für unser Unglück gelegt. Selbst die Verfechter dieser Gedanken erkannten, dass sich daraus nur Hoffnungslosigkeit und Tod ergeben können.

Bertrand Russell fasste seine eigene gottlose Philosophie trefflich zusammen, als er sagte: „Draußen herrscht die Dunkelheit, und wenn ich sterbe, herrscht sie auch drinnen. Nirgendwo findet sich Glanz und Größe; einen Augenblick lang zeigt sich Banalität, und dann kommt nichts mehr."

Wenn man der Menschheit die einzig vernünftige Erklärung dafür nimmt, warum sie existiert, dann krümmt sie sich unter der Sinnlosigkeit. Man stürzt sich auf den kleinsten Hoffnungsschimmer und sucht nach Beweisen für den eigenen Wert. Dabei jagt man jedem trügerischen, leeren Versprechen hinterher, das einem diesen Wert verleihen könnte.

Der Versuch, die Welt ohne Gott zu erklären, ist der Kurs, den die Tretmühle vorgibt. Und da gibt es keine Ziellinie.

Wer ist auf Selbstachtung angewiesen?

In diesem Buch geht es darum, dass wir nichts zu beweisen, zu verbergen und zu verlieren haben. Warum führen so viele Menschen ihr Leben in dem Gefühl, etwas beweisen zu müssen? Weil wir keinen Sinn für unseren persönlichen Wert haben und folglich keine Selbstachtung. Wir haben das Gefühl, wir müssten durch Leistungen, Reichtum und Macht beweisen, dass wir etwas wert sind.

Diese Ausführungen lassen bei manchen Christen gleich die Alarmglocken läuten, weil sie meinen, eine gesunde Selbstachtung sei Sünde. Umgekehrt ist es richtig: gerade wegen der Sünde verlieren wir unsere Selbstachtung. Die Selbstachtung ergibt sich aus dem Wissen, woher wir kommen, was wir hier sollen und wohin wir unterwegs sind. Ich habe Christen in führender Position behaupten gehört, Selbstachtung sei ein humanistisches Ideal, über das Christen sich nicht den Kopf zerbrechen sollten. Sie sagen: „Ohne Gott sind wir gar nichts." Sie haben recht. Doch als Christen sind wir eben nicht „ohne Gott". Wir gehören ihm und wurden von ihm nach seinem Bild geschaffen. Allein das verleiht uns Wert und sollte zu einem positiven Bild von uns selbst verhelfen.

„Selbstwertgefühl stützt sich auf den Glauben und die Überzeugung des Menschen, dass er einen grundsätzlichen Wert hat . . . weil er nach Gottes Bild geschaffen ist. Stolz hat mit dem Wohlgefühl zu tun, das der Mensch aus sich selbst heraus bezieht, weil er glaubt, etwas zu können und aus seinem Leben etwas gemacht zu haben . . . Ein fundamentales Selbstwertgefühl bringt den Menschen näher zu Gott; die Sünde des Stolzes führt ihn zur Anbetung seiner selbst; er strebt danach, sich auf den Thron Gottes, des rechtmäßigen Herrschers, zu setzen."[7]

Im *Webster's* (dem amerikanischen Standardwörterbuch, dessen Eintrag hier sinngemäß wiedergegeben wird – der Übersetzer) wird das Wort „achten" wie folgt definiert: „jmd./etwas würdigen; großen Wert auf jmd./etwas legen; hoch schätzen oder eine günstige Meinung über etwas/jmd. hegen."

Das ist die vollkommene Beschreibung der Gefühle, die Gott für uns hat! Wenn wir nach seinem Bild geschaffen sind, aber trotzdem keinen Wert haben, wie manche behaupten, dann beweist das schwerwiegendes Misstrauen bezüglich Gottes Einschätzungsvermögen. Das aber wäre wohl lächerlich.

Nehmen wir an, Gott stellt den Menschen einer Gruppe von religiösen Führern vor:

„Das ist meine Schöpfung", erklärt Gott und führt den Menschen zur Begutachtung herein. „Er ist ungemein sorgfältig nach meinem Ebenbild geschaffen. Er hat sich von mir entfernt und weist nicht mehr die vollkommene Herrlichkeit meiner ursprünglichen Schöpfung auf, aber ich habe ihn herzlich lieb und habe meinen Sohn geopfert, um ihn zu retten."

„Du meinst, er sei wertvoll?", rufen die religiösen Führer. „Diese Kreatur? Pfui! Es wäre Sünde, den Menschen als wertvoll zu bezeichnen!"

Was für ein Schlag ins Gesicht Gottes, wenn man meint, der Mensch, den er geschaffen und geliebt hat, sei wertlos!

„Hat der Sündenfall vielleicht das Bild Gottes in uns so sehr getrübt, dass es nicht mehr erkennbar geworden ist?", könnte man fragen. Es ist wahr, dass unsere Sünde der ursprünglichen Schöpfung Gottes viel von ihrer Kraft und Freude genommen hat, doch weder Adams Sünde, so zerstörerisch sie war, noch unsere eigenen Fehler schaffen es, das Ebenbild Gottes in uns auszulöschen.

Wir gehen zu weit, wenn wir meinen, dass der Mensch nach dem Sündenfall kein wertvolles Wesen mehr ist und nicht mehr das Ebenbild Gottes trägt."[8]

Außerdem haben wir die biblische Zusage, dass Gott auch weiterhin daran arbeitet, uns die Herrlichkeit unserer ursprünglichen Schöpfung wiederzugeben, sogar darüber hinaus: „Meine lieben Freunde, wir sind schon Kinder Gottes. Was wir einmal sein werden, ist jetzt noch nicht sichtbar. Aber wir wissen: wenn es sichtbar wird, werden wir Gott ähnlich sein; denn wir werden ihn sehen, wie er wirklich ist. Jeder, der das voll Vertrauen von ihm erwartet, hält sich von allem Unrecht fern, so wie Christus es getan hat" (1. Johannes 3,2–3).

Wir wurden nach Gottes Bild geschaffen, und es ist seine Absicht, dass wir ihm eines Tages wieder ähnlich sehen. Zur Zeit mögen wir nicht alles darstellen, wozu er uns ursprünglich geschaffen hat, doch wir sind immer noch seine Schöpfung.

Nachdem er Adam und Eva geformt hatte, betrachtete er sein Werk und erklärte: „Es ist gut." Dann brachten wir Menschen den Makel der Sünde in die Schönheit der Schöpfung, doch nach wie vor betrachtete Gott uns nicht als wertlos. Seine Autorenschaft in unserem Dasein wurde nicht ungültig gemacht. Stattdessen gab er uns seinen Sohn, um uns zu retten. So bewies er seine Liebe zu uns. Es ist wahr, dass wir aus uns selbst heraus nicht gut sein können oder einen Wert haben. Doch aus uns selbst heraus können wir uns nicht einschätzen. Nichts kann an der Tatsache rütteln, dass wir seine Schöpfung sind. Nichts kann die Tatsache zunichte machen, dass er sich entschlossen hat, uns zu retten. Nichts kann uns den Wert rauben, den er selbst uns zugewiesen hat.

„Trotz des Verlustes der Gemeinschaft mit Gott und der Unzulänglichkeit ihres Wesens bleiben die gefallenen Menschen als lebendige und aktive Seelen in der Ebenbildlichkeit Gottes. Der Mensch behält seinen hohen Wert bei . . . Kein Mensch darf getötet werden, weil jeder Mann und jede Frau im metaphysischen Sinne in Gottes Ebenbild bleibt (1. Mose 9,6). Und weil jeder im Bild Gottes bleibt, dürfen wir die Menschen nicht einmal verfluchen (Jakobus 3,9)."[9]

Das Christentum ist oft bezichtigt worden, eine niedere Sicht von der Menschheit zu haben. Es ist aber im Gegenteil die säkulare Weltanschauung, die den Wert des Menschen mindert. Wer an Jesus glaubt, sollte niemals die Wahrheit leugnen, die durch Gottes Opfer Geltung bekam. Vor dem Sündenfall wussten Adam und Eva ganz genau, wer sie waren – nämlich die Geschöpfe des großen Gottes. Sie brauchten keinen Psychiater, um „sich selbst zu finden". Weil sie täglich so engen Umgang mit Gott hatten, waren sie nicht in Gefahr, diese wunderbare Wahrheit zu vergessen. Das gesamte Universum stand ihnen zur Verfügung. Sie waren so sehr in das Wissen um seine Liebe eingebettet, dass sie keinen Grund hatten, an ihrem Wert zu zweifeln.

Trotzdem wurde ihre Abkehr von Gott zu einem Verhaltensmuster, das sich in der gesamten Menschheitsgeschichte stets wiederholt hat. Inzwischen ignorieren wir Gott nicht nur, sondern haben sogar Denkschmieden geschaffen, die ganze Generationen auf einen Weg des trotzigen, direkten Widerstandes gegen die Wahrheit führen (die immer noch frei macht). Nicht nur haben die Menschen sich von Gott abgewandt, sondern sich sogar zusammengetan, um sich von ihm zu distanzieren.

Je weiter man sich von Gott entfernt, desto mehr verliert man den Blick für den eigenen Wert. Unser sturer Widerstand gegen Gott macht uns blind für genau die Wahrheit, die uns retten könnte. Wenn wir den dunklen Weg einschlagen, um unseren Wert zu beweisen, verschwenden wir unser Leben für etwas, das wir längst wissen sollten. Wir haben ja einen Wert. Dieser Wert braucht keinen Beweis, den das Kreuz nicht schon geliefert hätte.

Wir stehen nicht unter Beweiszwang.

Fang den Ball

Im Rückblick auf unser Leben können wir uns fast alle an Vorfälle erinnern, die in uns das Gefühl der Unsicherheit herauskristallisierten und unsere Selbstachtung ungeheuer beschädigten. Vielleicht war es die achtlose Bemerkung eines unsensiblen Menschen. Vielleicht war es eine Aktion, die peinlich danebenging – was vor allem dann vernichtend wirkt, wenn es vor anderen passierte. Auch gesellschaftliche Fehltritte können große Scham verursachen. Dazu kommen noch Ungerechtigkeiten oder gar Missbrauch, die man als Kind erlitten hat.

Wir können solchen Erinnerungen die Macht verleihen, uns lebenslang in der Tretmühle gefangen zu halten. Dazu gibt es zwei Methoden: Erstens können wir abstreiten, dass solche Ereignisse sich überhaupt auf unser Leben ausgewirkt haben. Durch das Leugnen verweigern wir uns auch der Heilung. Zweitens können wir diesen Erinnerungen absolute Macht verleihen, indem wir uns für machtlose Opfer halten und glauben, allein diese Ereignisse seien verantwortlich für unsere heutige Misere, für all unsere Verhaltensweisen und Einstellungen.

Ich kann mich an solch einen Moment ganz genau erinnern. Es war der Tag, an dem im Sportunterricht die Koordination von Hand und Auge geprüft wurde. Jeder Schüler sollte dreimal im Laufen einen Ball fangen. Die Endnote des Halbjahrs sollte darauf beruhen, wie gut wir abschnitten.

Ich wusste, wie schwer mir das fallen würde. Ein Karpfen hätte Hand und Auge besser koordinieren können als ich. Dazu kam eine leichte körperliche Behinderung – die Knochen in meinen Unterarmen wiesen Deformationen auf, was meine Bewegungsfreiheit und Kraft zusätzlich einschränkte. Ich konnte den Ball nicht mal fangen, wenn ich stand, geschweige denn, wenn ich lief.

Wie heute fühle ich die feuchte, verbrauchte Luft, die an diesem Tag drückend über dem Sportplatz lag. Ich sehe noch vor mir, wie ein Hauch davon ins hellbraune Haar des Jungen vor mir in der Reihe fuhr. Er hieß Daniel und war gebaut wie Jean Claude van Damme. Daniel hatte Muskeln an Stellen, wo ich nicht mal Stellen hatte. Als er an der Reihe war und vortrat, musste ich schlucken, weil ich der nächste war. Daniel rannte nach links und schnappte mühelos den Ball, den der Lehrer warf. Er fing auch den nächsten Pass, als er nach rechts lief. Dann rannte er den Platz hinunter, um den letzten, langen Pass zu fangen. Im Spurt schaute er über die Schulter und sah den wirbelnden Ball auf sich zukommen. Im letztmöglichen Augenblick griff er nach oben und fing den Ball aus der Luft. Der Aufprall ließ ihn taumeln, doch schnell gewann er das Gleichgewicht wieder und schwang den Ball mit einer Hand triumphierend über dem Kopf.

Ich konnte den Ball nicht einmal in einer Hand halten, geschweige denn schwingen. Ich hörte meinen Namen und trat vor. Den Ball zu fangen war mir unmöglich. In diesem Augenblick wünschte ich, die Verkrümmung meiner Arme wäre deutlicher zu sehen; vielleicht hätte das den jungen Sportlehrer freundlicher gestimmt. Er nahm die Sache aber so ernst, dass man den Eindruck hatte, es gehe bei dieser Prüfung um Leben und Tod.

Als der Ball das erste Mal geworfen wurde, traf er tatsächlich meine Hände, während ich nach links stolperte. Das war für mich ein ziemliches Wunder. Leider gelang es mir nicht, ihn festzuhalten.

Als ich nach rechts lief, fing ich ihn beinahe. Ganz langsam prallte der Ball auf meine ausgestreckten Fingerspitzen und ließ mich den Vorgeschmack des Triumphes erahnen. Dann fiel er ungefähr gleichzeitig mit mir zu Boden.

Beim langen Pass nach vorn sah ich den Ball überhaupt erst, als er vor mir auf den Boden traf.

„Ab zum Duschen", knurrte der Sportlehrer mich an, ohne mich eines Blickes zu würdigen. „Aus dir wird nie was."

Aus dir wird nie was.

Wenn er gewusst hätte, welche Wirkung diese Worte auf mich haben würden, hätte er sie vermutlich nicht ausgesprochen.

Auf dem schier endlosen Weg in die Umkleideräume versuchte ich, das Gelächter der anderen zu überhören. Als ich unter der Dusche stand, war ich dankbar, dass das Wasser meine Tränen verwischte. Wahrscheinlich hatte der Sportlehrer gemeint, aus mir würde niemals ein guter Sportler werden. Doch für mich bezogen sich diese Worte auf mein ganzes Leben. Damals fand ich das Gesagte nicht grausam. Ich hielt es für die reine Wahrheit. Wie auch sollte sich jemand mit solcher Autorität und solchen Fähigkeiten irren? Ich weinte nicht, weil ich keinen Ball fangen konnte, sondern weil mir anscheinend ein wertvoller Lebensbestandteil fehlte, den Gott anderen Menschen verliehen hatte, mir aber aus Vergesslichkeit oder Nachlässigkeit nicht. Ich machte meinen Wert an einem falschen Maßstab fest, dem ich nicht gerecht wurde. Ich konnte nicht schnell laufen, war in Gegenwart von Mädchen gehemmt, war weder sportlich noch besonders klug. Ich glaubte wirklich, was mir der Lehrer gesagt hatte: *Aus dir wird nie was.*

Von diesem Tag an strebte ich bis zum Äußersten danach, der Welt (einschließlich mir) zu beweisen, dass ich etwas wert war, dass es ausgleichende Momente gab. Solche Bestrebungen entdecken Sie vielleicht auch bei sich selbst; damit plagt sich jeder, der seinen Wert unter Beweis stellen will. All diese Bemühungen sind aber auf Treibsand gegründet.

Natürlich war das nicht die einzige Begebenheit in meinem Leben, die meine Selbstachtung in Frage gestellt hatte. Es war nur eine von vielen, die sich mir aus einem einfachen Grund einprägten: Mir fehlte die solide Grundlage zur Beurteilung meines eigenen Wertes. Das Streben nach Selbstwertgefühl beinhaltet die Erkenntnis, nicht genug wert zu sein. In meinem tiefsten Innern sah ich mich als wertlos an.

Leider sollte es noch Jahre dauern, bevor ich endlich verstand, was meinem Leben Wert verlieh. Die Suche sollte mich noch viel verschwendete Zeit, quälende Grübelei und verpasste Chancen kosten. Eine Zeit lang verzerrte sie meine Vorstellung von Gott und seiner Liebe. Trotzdem kann ich dankbar sein – wie bei anderen hätte es mein ganzes Leben lang so bleiben können!

Keine Wertminderung

Warum geht man daran, den eigenen Wert zu beweisen? Weil man unbedingt versuchen will, die eigene heimliche Vorstellung Lügen zu strafen, dass man tatsächlich wertlos sei. Tief in mir glaubte ich ja schon vor der Bemerkung des Sportlehrers, wertlos zu sein. Und doch fasste ich den Entschluss, beides zu widerlegen. Ich wollte nicht nur meinen Wert beweisen, sondern ihn mir überhaupt erst verdienen.

Menschen mit einem Bewusstsein ihres eigenen Wertes und der Grundlage dafür brauchen niemandem etwas zu beweisen. Vielmehr demonstrieren sie mit ihrem Leben täglich ohne besondere Anstrengung, was sie schon längst wissen – dass Gott sie liebt und ihnen eine wichtige Rolle im Leben zuerkannt hat.

Wenn jemandem diese Einsicht fehlt, dann ist er für jeden wahrgenommenen Misserfolg, für jede achtlose Bemerkung übersensibel. Er ist zu einem Reaktionsschema verdammt, das Lichtjahre von seinem wahren Potenzial entfernt ist.

Leider gibt sich die Versuchung, das Leben mit diesem vergeblichen Streben zu verschwenden, nicht mit dem Alter. Dazu James Dobson in seinem Bestseller „Hide or Seek" (Versteckspiel): „Es sind nicht nur Teenager, die unter der Abwertung ihrer Persönlichkeit leiden. Jedes Alter bringt seine typischen Bedrohungen der Selbstachtung mit sich . . . Kinder im Kleinkindalter erleben einen nachhaltigen Verlust ihres Status. Ähnlich versuchen die meisten Erwachsenen immer noch, mit Minderwertigkeitsgefühlen aus früheren Phasen zurechtzukommen."[10]

Klugheit, Lebenserfahrung und das wachsende Verstehen von Gottes Liebe können das Bedürfnis abmildern, Beweise zu erbringen. Ganz wird man es aber nie los. Selbst heute noch merke ich immer wieder, wie mein Handeln von Minderwertigkeitsgefühlen beeinflusst wird. Sogar die Erinnerung an meine Schulzeit ist von falschen Selbstwertvorstellungen verzerrt. Meine Lehrer waren keine grausamen Tyrannen, die meine Seele auf ewig vernichten wollten. Doch manche blieben in meiner Erinnerung so haften. Das immer präsente Gefühl meiner Unzulänglichkeit ließ mich auch den winzigsten Tadel als Beweis meiner traurigen Existenz werten.

Jahrelang habe ich behauptet, die Zeile unter meinem Bild im Oberstufenjahrbuch laute „Klassenclown". Dieser Begriff wurde von mir als weiterer Beweis meiner Unfähigkeit gedeutet. Neulich habe ich dieses Jahrbuch gefunden. Unter dem Bild stand: „Besonders begabt."

Ein schwaches Selbstwertgefühl wirkt psychologisch besonders mächtig; es kann unsere Erinnerungen verdrehen und verzerren, um der eigenen Wirkung zu dienen.

Als Jugendlicher tat ich alles, nur um jemanden oder etwas zu finden, das meinem Leben Wert verlieh. Die Mühe war umsonst. Ja, ich habe manches erreicht, doch der Goldstaub der Anerkennung rann mir wie Sand durch die Finger. Nichts und niemand auf der Welt ist in der Lage, Ihnen oder mir Wert zu verleihen. Keine Leistung kann in uns ein für alle Mal das Gefühl erzeugen, nach dem wir uns so sehr sehnen.

Nach dem Fall

Zehn Jahre nach dem Abschluss kam ich an meine Schule zurück, wo ich die Einführungsrede für die jetzige Abschlussklasse halten sollte. Ich war nicht mehr das eingeschüchterte, unsichere Kerlchen von damals. Ich hatte sechs Jahre lang Gewichte gestemmt und gut dreißig Pfund zugelegt. Als Vorbereitung für das Treffen war ich zwecks Bräunung wochenlang am Strand gewesen (kein einfaches Unterfangen im nördlichen Minnesota). Ich wollte, dass alle Mädchen, die damals so abweisend gewesen waren, ihre Fehlentscheidung bedauerten.

Es war ja nicht nur meine ganz neue körperliche Erscheinung; mein ganzes Leben hatte sich verändert. Ich war auf Erfolgskurs. Mein erneuertes Selbstvertrauen, meine Zielstrebigkeit waren unübersehbar.

Die Bühne war fast zwei Meter hoch und bestand aus Sperrholz und einem Lattengerüst. Hinter der Bühne hingen als Hintergrunddekoration Girlanden aus Krepp von der Decke. Als ich hinaufstieg, sah ich die Gesichter von vielen alten Klassenkameraden und Lehrern. Dieser Tag hat sich mir auf ewig eingeprägt. Ich hielt eine so emotionsgeladene, dynamische Rede wie selten in meinem Leben. Als ich schloss, erhob sich das Publikum zum Beifall. Mit dem unglaublichen Rauschen des Applauses in meinen Ohren ging ich zum hinteren Teil der Bühne und nahm auf dem für mich reservierten Klappstuhl Platz.

Ich war in einem richtigen Freudentaumel. Dann erhob sich inmitten des Beifalls ein leises, böses Flüstern. Es war die Lüge, die mir schon millionenfach in immer neuen Variationen eingeflüstert worden war: „Darum geht es doch", schmeichelte die Stimme und wies auf das Publikum. „Das macht dein Leben lebenswert. Hier bekommst du deinen Wert." Auf diesen Betrug wäre ich hereingefallen, wenn nicht Gott mit seinem wunderbaren Sinn für Humor eingegriffen hätte. Offensichtlich sah er mich in Gefahr, griff nach unten und berührte sanft meinen Stuhl. Die hinteren Beine des Klappstuhls rutschten vom Bühnenrand, und ich plumpste durch den Kreppvorhang zwei Meter tief nach hinten.

Der Applaus verhallte. Einige im Publikum hatten mich fallen sehen. Sie mussten geglaubt haben, ich sei tot. Andere hatten sich jemand anderes zugewandt oder gerade geblinzelt und den Sturz verpasst. Sie hatten keine Ahnung, wo ich hin war – ich war einfach verschwunden.

Während ich in der eindrucksvollen Stille hinter der Bühne lag, meldete sich die Stimme wieder und zischte: „Dein Sportlehrer hatte Recht. Aus dir wird nie was. Du vermasselst jede Chance, die sich dir bietet. Du bist überhaupt nichts wert."

Dieser Augenblick schwebte wie eingefroren in Zeit und Raum. Es war einer jener Momente, die das Schicksal bestimmen. Ich hätte mich auf die lügnerischen Vorhaltungen des Zerstörers einlassen und zulassen können, dass diese Erinnerung ein weiteres Beweisstück gegen mich wurde. Ich konnte aber auch in der Kraft der Wahrheit aufstehen. Damals habe ich mich richtig entschieden – und fing an zu lachen. Seit damals habe ich eigentlich nicht mehr damit aufgehört.

Was hat mich in diesem peinlichen Augenblick gerettet? Es ist eben die Wahrheit, die uns vor dem ständigen Beweiszwang bewahrt: Unser Wert hat nichts mit unseren Leistungen zu tun. Gott hat mich in meiner misslichen Lage hinter der Bühne kein bisschen weniger geliebt als vorher auf der Bühne, wo mir Beifall gespendet worden war. Auch war mein Wert weder an mein inzwischen besseres Aussehen noch daran gebunden, dass ich mich gut genug ausdrücken konnte, um als Festredner eingeladen zu werden. Mein Wert war direkt an Gottes Liebe gebunden, und Gottes Liebe ist unzerstörbar. Dank dieser Wahrheit konnte ich laut lachen.

Ich lugte hinter der Bühne vor. Alle waren mitten im Applaus erstarrt; es sah so aus, als wollten lauter Angler mit den Händen die Größe des zuletzt geangelten Fisches zeigen. Aber ich hatte nichts zu lachen: Wenn man auf eine fast zwei Meter hohe Bühne klettern will, sieht das nicht feierlich aus. Ich bekam ein Bein nach oben, schob den restlichen Körper nach, machte eine Rolle und stand auf. Da kriegte ich den nächsten Applaus! Dann ging ich ans Mikrofon und erzählte, was ich vorher nicht richtig klargestellt hatte – es war nicht das Gewichtheben, die Strandbräune oder die Übung als Redner, die mich so dramatisch verändert hatten. Es war die bedingungslose Liebe Gottes. Er hatte meiner Seele Wert verliehen. Er hatte mir an Stelle meiner Angst Selbstvertrauen gegeben und Traurigkeit und Scham durch ein Lachen ersetzt.

Aus dem gleichen Grund, der mir diesen Wert verleiht, haben auch Sie einen hohen persönlichen Wert. Das hat nichts mit irgendeiner Leistung zu tun, nichts mit Ihrem Einkommen oder mit Ihrem Berühmtheits- und Attraktivitätsgrad. Sie haben Ihren Wert durch Jesus Christus. Sie sind wertvoll, weil er Sie geschaffen hat, und zwar als einzigartiges Wesen. Sie sind wertvoll, weil er für Ihre Erlösung den höchsten Preis bezahlt hat. Sie sind wertvoll, weil er Sie liebt, egal, wie lange Sie ihn ignoriert haben, welche Sünden Sie belasten oder wie man Ihren gesellschaftlichen Beitrag einschätzt. Sie gehören zu ihm.

Sie brauchen also nichts zu beweisen. Ihr Wert wurde bei der Schöpfung eingesetzt und am Kreuz garantiert.

Widmen Sie Ihr Leben nicht dem Beweis, wertvoll zu sein. Leben Sie einfach – weil Sie Wert haben!

Anmerkungen

[1] Charles Colson und Jack Eckerd, Why America Doesn't Work, Dallas 1991, S. XI – XII

[2] Frage und Antwort finden sich in *Animal Kingdom* (Juli/August 1987), 7, 54. Der in Frage gestellte Artikel ist „The Lost World" von John C. McLoughlin in *Animal Kingdom* (Januar–Februar 1987), 6–7, 46–47.

[3] Bertrand Russell, zit. von Colin Chapman, The Case for Christianity, Grand Rapids 1981, S. 226

[4] Philip B. Applewhite, Molecular Gods: How Molecules Determine Our Behaviour, Englewood Cliff, N. J. 1981, S. 2

[5] Richard Dawkins, The Blind Watchmaker: Why Evidence Reveals a Universe Without Design, New York 1986

[6] B. F. Skinner, Beyond Freedom and Dignity, New York 1971, S. 200

[7] Wayland O. Ward, „Self-Image, Pride, and Self-Love" in: Counseling Communique (Januar–Februar 1980), S. 1

[8] Ronald B. Allen, The Majesty of Man, Portland 1984, S. 104

[9] Gordon R. Lewis und Bruce A. Demarest, Integrative Theology, 2. Bd., Grand Rapids 1990, S. 209

[10] James Dobson, Hide or Seek, Old Tappan 1974, S. 11

Ein Grund zum Leben

Er war ein Professor
und lehrte viel besser.
Doch keiner wusste, warum.
Ein riesiges Heer
von Studenten und mehr
stand tagelang um ihn herum.
Und damit erschuf
er sich einen Ruf
bis der Rektor ihn fragte: „Wie das?"
Da hob er die Hand
und sprach: „Habt Verstand!
Auf meinen Rat ist Verlass.
Vom Platz in der Masse
zum Leben mit Klasse
gelangt nur, wer die Frage sich stellt:
Wohin soll ich gehen?
Kann mein Ziel ich verstehen?
Wer zeigt mir meinen Platz in der Welt?"[1]

Mein Vater, ein Veteran des 2. Weltkriegs, hat als Kriegsgefangener den Todesmarsch von Baton überlebt. Nach dreieinhalb Jahren brutaler Gefangenschaft in einem japanischen Lager wurden er und seine geschwächten, halb verhungerten Kameraden befreit. Zuerst kamen Flugzeuge und warfen Fässer mit Lebensmitteln ab. Eins der Fässer schlug dicht bei meinem Vater auf und zerplatzte. Hunderte von Schokoriegeln flogen durch die Gegend, und die Gefangenen strömten herbei, um sie aufzusammeln. Doch statt sich satt zu essen, rannten viele nur hektisch herum und stopften sich die Süßigkeiten in die Jacken-taschen, weil sie instinktiv in der Gewohnheit der Gefangen-schaft verharrten, alles zu horten. Die Männer waren schon frei; zweifellos würden sie bald nach Hause zurückkehren. Die Wachen waren bei der ersten Nachricht von der japanischen Kapitulation verschwunden. Bald würde den Gefangenen ein Festmahl mit Leckereien aufgetischt werden, von dem sie die letzten dreieinhalb Jahre nur hatten träumen können. Sie waren aber schon so lange eingesperrt gewesen, dass sie auf die neu gewonnene Freiheit und ihre Möglichkeiten nicht vorberei-tet waren. Sie verhielten sich immer noch wie Gefangene.

Ein Kollege erzählte mir von einem ähnlichen Erlebnis. Auch er war in Gefangenschaft gewesen. Seine Zelle war ein enges, stinkendes Loch im Felsen, nur vier Schritte breit. Tag für Tag machte er immer wieder die vier Schritte zur feuchten Stein-wand und zurück. Als er endlich nach langen Jahren aus dem dunklen Loch ins helle Sonnenlicht kam, machte er vier Schritte – und blieb ängstlich stehen. Er hatte sich an eine Welt gewöhnt, die nur vier Schritte groß war. Jetzt musste er mit unbekannten Aufgaben umgehen lernen, die sich aus der Möglichkeit erga-ben, so viele Schritte zu tun, wie er wollte. Er sah sich um. Einen kurzen Augenblick lang lockte die enge Zelle, sicher und ver-traut. Dann schüttelte er die Angst ab und fing an zu laufen. Er konnte sich nur ungeschickt und stolpernd fortbewegen, doch fühlte er sich frei wie ein Adler.

Die Pointe dieser Geschichten ist klar: nach der stickig engen Tretmühle kann das Abschütteln der Grenzen und die neu gewonnene Freiheit uns einen gehörigen Schrecken einjagen. Tatsächlich ist Freiheit etwas Erschreckendes. Da kann es uns wie dem Soldaten ergehen, der nach jahrelangem Militärdienst seinen Abschied nahm. Nur ein paar Monate später meldete er sich wieder bei der Armee, weil er nicht mit einem Leben zurechtkam, in dem niemand ihm sagte, was er tun sollte.

Auch wir stehen in der Gefahr, aus Angst und mangelnder Richtungsvorgabe zur Tretmühle zurückzukehren. Immerhin bietet die Routine uns wenigstens Sicherheit und Vorhersagbarkeit. Vielleicht ist eine Tretmühle nicht ganz wie die andere, aber die Welt ist voll mit solchen Geräten. Wenn man nicht weiß, wohin man will, zieht uns die Welt in ihrer Strömung mit.

Im Comicstrip unserer lokalen Zeitung ging es einmal um einen Kater, der alle Tiere aus der Zoohandlung freiließ. „Ihr seid frei!", verkündete er und öffnete einen Käfig nach dem anderen. Doch die Tiere fragten sich, wer sie draußen füttern würde oder welche Gefahren dort lauern mochten. Sie blieben in ihren Käfigen. Da knallte der Kater die Türen wieder zu und ging empört weg. „Dann bleibt eben in Sicherheit!", grummelte er.

Wenn jemand den Entschluss fasst, seinen Lebensstil abzulegen und frei zu werden, also den Käfig zu verlassen, dann empfindet er deutlich die fehlende Sicherheit. „Was fange ich jetzt an?", fragt er sich. „Was für Ziele soll ich mir setzen? Wie kann ich diese neue Freiheit voll umsetzen?"

Es gibt drei Fragen, auf die wir Antwort brauchen, damit wir nie wieder in eine Tretmühle fremder Mächte geraten:

- Was gibt meinem Leben Sinn?
- Welche Leitlinien gibt es, an denen ich mein Streben nach diesem Sinn ausrichten kann?
- Welche Planung und welche Ziele weisen mir den Weg?

Was du auch tust: Handle sinnvoll

Nietzsche hat einmal gesagt: „Wenn uns das Warum unseres Lebens gehört, dann gelingt uns fast jedes Wie."[2]

Die meisten Menschen leben nicht aktiv. Sie lassen einfach zu, dass ihnen das Leben widerfährt. Wie passive Opfer werden sie zu Gefangenen ihrer Vergangenheit, zu Sklaven der gegenwärtigen Umstände, und sie haben Angst vor der Zukunft. Menschen mit Lebensfreude dagegen erfüllen einen Sinn. Für sie ist das Leben mehr als die bloße Reaktion auf eine Reihe von Ereignissen. Es ist das Mittel zum Erreichen bedeutsamer Ziele. Wer über einen Lebenssinn verfügt, wirkt nachhaltig auf seine

Umwelt ein. Auch Menschen mit bösen Absichten machen sich dieses Prinzip zunutze und prägen ihre Umwelt negativ.

Die meisten von uns tun zwar immer wieder winzige Schritte in die richtige Richtung, doch der Lauf ihres Lebens ist kaum von echter Freiheit gekennzeichnet. Allzu oft fangen wir an zu laufen, ohne das Motiv und das Ziel unserer Bemühungen zu kennen. Denken wir zum Beispiel daran, wie sehr immer wieder die Wichtigkeit von Zielen betont wird. Das ist in unserer Gesellschaft groß in Mode gekommen. Tag für Tag laufen Hunderte von Seminaren, in denen Führungskräften vermittelt wird, wie man sich Ziele setzt und sie erreicht. Wer an solchen Seminaren teilnimmt, ist in der Regel dazu motiviert, ein sinnvolles und produktives Leben zu führen. Doch wenn man sein volles Potenzial entfalten will, darf man nicht damit anfangen, sich einzelne Ziele zu setzen.

Verstehen Sie mich nicht falsch. Sicher sind Ziele ganz wesentlich für ein produktives Leben. Ich glaube allerdings, dass sie ein Mittel zum Zweck sind, nicht der Sinn an sich. Wenn man keine klare Vorstellung hat, was man letzten Endes erreichen will, dann fehlt es den Zielen an Ausrichtung.

„Wer eine Vorstellung vom Ende (vom Sinn des Lebens) hat, macht sich mit einem klareren Verständnis für seine Richtung auf den Weg. Man weiß dann, wohin man geht, und kann besser einschätzen, wo man sich gerade befindet. Die Schritte (die gesetzten Ziele) werden immer in die richtige Richtung gesetzt oder schnell korrigiert werden . . . Wenn man mit einer Vorstellung vom Ende anfängt, gewinnt man eine andere Perspektive."[3]

Menschen, die ihr Leben anhand von einzelnen Zielen planen, ohne eine letzte Sinngebung zu haben, gleichen dem Hund, der seinem Schwanz hinterher jagt. Sie bewegen sich bloß im Kreis. Selbst wenn der Hund seinen Schwanz zu fassen bekommt und hineinbeißt, wird er von seiner Leistung doch nur enttäuscht sein (ganz abgesehen von den Schmerzen). Bello steht dann immer noch vor der Frage: Und was jetzt?

Hat man sich im Wald verirrt, nützt es gar nichts, wenn man seine Schritte zählt oder immer auf die nächste Tanne zusteuert. Bei einem an Zielen ausgerichteten Leben ohne Sinn-gebung sind Enttäuschungen vorprogrammiert. Die meisten Ziele („Ich will mir ein Haus bauen", „Ich will befördert werden", „Ich möchte Lokalpolitiker werden") sind zu klein und eng, um ein ganzes Leben darauf auszurichten. Sie können von den Umständen ganz leicht vereitelt werden. Und selbst wenn man sie erreicht, wird schnell deutlich, dass sie längst nicht die Freude und Zufriedenheit bringen, die wir uns davon verspro-chen haben. Wie der Hund, der endlich seinen Schwanz ge-schnappt hat, fragen wir uns enttäuscht: Was nun?

Wenn Sie wirklich alles aus Ihrem Leben herausholen wollen, müssen Sie unbedingt das entdecken, wofür es sich zu leben lohnt. Im Bewusstsein dieses Sinns können Sie sich dann Ziele setzen, die stetig auf das Endziel zusteuern. Ein solches Leben entpuppt sich als ein Abenteuer voller spannender Ziele.

Stellen Sie sich die Chancen Ihres Lebens als eine Leiter vor. Der Sinn, den Sie sich für Ihr Leben setzen, ist die Wand, an der die Leiter angelehnt wird. Ohne Sinn zu leben wäre so, als trage man eine Leiter umher, ohne sie irgendwo anlehnen zu können.

Als mein Vater im Krieg gefangen genommen wurde, staunte er über die Entschlossenheit und den Lebenswillen vieler seiner Mitgefangenen. Diese Männer überlebten unter Bedingungen, die für die meisten Menschen tödlich gewesen wären. Malaria und Ruhr wüteten in den von Hunger geschwächten Körpern, und trotzdem schafften sie es. Sie hatten einen Sinn, etwas, wofür es sich lohnte, weiter zu leben. Deshalb überlebten sie wider alle Erwartungen.

Genauso erstaunlich aber war der schnelle Tod bei den Män-nern, die den Lebenswillen verloren hatten. Manche starben schon nach einigen Wochen Gefangenschaft, obwohl es rein körperlich keine Ursache gab. Sind sie grundlos gestorben? Nein! Ich glaube, sie starben, weil ihnen ein Grund fehlte zu überleben.

Zweifellos hatten sie vor dem Kampf Ziele gehabt – vielleicht einen bestimmten Hügel einzunehmen oder einfach nur zu überleben. Ohne einen größeren Sinnzusammenhang dahinter sind diese Ziele durch den Schrecken des Gefangenenlagers zunichte gemacht worden. Es gab für diese Männer kein höheres Ziel mehr, an das sie sich klammern konnten. Ohne Gegenwehr ließen sie zu, dass die Umstände ihnen jede Hoffnung nahmen. Im Rückblick konnte mein Vater sagen, dass seines Wissens kein Gefangener, der den Lebenswillen verloren hatte, lebend zurückkehrte. Viele andere aber, halb verhungert, verprügelt und von Krankheit gezeichnet, kamen nach Hause, weil ihr Lebensziel ihnen Kraft und Hoffnung gegeben hatte.

Viktor Frankls Erfahrungen im Konzentrationslager weisen Parallelen mit denen meines Vaters auf. Bei der seelsorgerischen Betreuung seiner Mitgefangenen stellte Frankl fest, dass er eine gesunde, lebenserhaltende Einstellung bei ihnen fördern konnte, indem er „auf ein zukünftiges Ziel verwies, auf das sie sich freuen konnten ... Es gehört zu den Merkwürdigkeiten des Menschen, dass er nur leben kann, wenn er die Zukunft im Blick hat ... Ein Gefangener, der den Glauben an die Zukunft – seine Zukunft – verloren hatte, war verloren. Mit dem Verlust des Vertrauens auf die Zukunft ging ihm auch der geistliche Halt verloren; er gab sich auf und fiel dem geistigen und körperlichen Verfall zum Opfer."[4]

Ohne Sinn sterben Menschen. Selbst wenn der Körper nicht stirbt, hören sie auf zu leben. Viele sind schon tot, ohne es zu wissen, weil sie das wahre Leben nie geschmeckt haben. Während der Proteste gegen den Vietnamkrieg habe ich einen jungen Mann mit einem Schild beobachtet, auf dem geschrieben stand: „Nichts ist es wert, dafür zu sterben." Tatsache aber ist, dass man erst dann etwas findet, wofür es sich zu leben lohnt, wenn es etwas gibt, wofür man auch sterben würde. Eine Sinnorientierung verleiht den Lebenszielen ihre Richtung, gibt Motivation und Bedeutung. Der Sinn ist der Fokus, auf den sich alle Ziele und Bestrebungen richten. Je größer der Lebenssinn, desto klarer und kräftiger die Ziele. Wo es einen Sinn gibt, da wirkt Kraft.

Der Apostel Paulus spielte bei der Ausbreitung des Christentums eine grundlegende Rolle. An jedem Ort, an dem er auftrat, übte er großen Einfluss auf die Menschen aus. Seine Briefe setzen noch heute diese Wirkung auf Millionen Menschen fort. Er hatte nach eigener Aussage einen vollkommen klaren und unerschütterlichen Lebensinhalt: „Ich halte geradewegs auf das Ziel zu, um den Siegespreis zu gewinnen. Dieser Preis ist das neue Leben, zu dem Gott mich durch Jesus Christus berufen hat" (Philipper 3,14).

Das ist nun wirklich mal ein klar formulierter Ausdruck höchster Sinngebung! Es gibt keine größere Befriedigung, als das volle Potenzial auszuleben, für das wir geschaffen wurden – all das zu werden, zu dem Gott uns gedacht hat. Obwohl dieses allgemeine Ziel der ganzen Menschheit gilt, kann jedes Individuum es auf einzigartige Weise ausleben.

Viele Probleme mit unserer Selbstachtung und die Leere unseres hektischen Lebens lassen sich direkt auf einen Mangel an dieser Art von Sinn zurückverfolgen. Reichtum, Ruhm und selbst die Jagd nach dem Glück verblassen angesichts eines Lebens, das eine klare Richtung gewonnen hat. Nichts kann einen Menschen aus der Bahn werfen, wenn er sein Leben einem wirklich sinnvollen Ziel verschrieben hat. Er mag sich vorübergehend ablenken lassen, doch wenn er die kristallene Klarheit eines sinnvollen Lebens erlebt hat, kann er sich nicht mehr dauerhaft auf verschwommene Abwege und bedeutungslose Aktivitäten einlassen.

Ohne Glauben geht es nicht

Einmal habe ich einen Manager gefragt, ob er wisse, was Gottes Wille für sein Leben sei. Er schüttelte verächtlich den Kopf. „Ich könnte mein Leben nicht auf etwas so Nebulöses wie ‚Gottes Willen' aufbauen", sagte er. „Ich habe einen spezifischen, konkreten Lebenszweck. Ich arbeite für ein starkes, wichtiges Unternehmen und mein Ziel besteht darin, mich ganz an die Spitze hochzuarbeiten." Seine Firma stellte High-Tech-Equipment für die Raumfahrt her. Drei Wochen nach dem Gespräch nahm die Firma einschneidende Kürzungen vor, und der Job des Managers wurde wegrationalisiert. Plötzlich war sein ganzer Lebenszweck verschwunden. Sein Ziel war zu klein gewesen.

Schauen wir uns an, welchen Kontrast dazu die Männer und Frauen bilden, die im elften Kapitel des Hebräerbriefes genannt werden. Sie hatten, wie Paulus, ein höheres Ziel als unser Manager. Sie ließen ihren Blick nicht vom Willen Gottes für ihr Leben und von seinen Verheißungen abschweifen. Diese Fokussierung machte sie fähig, gegen alle Umstände weiterzumachen. Viele dieser Menschen haben nicht mehr erlebt, wie die Verheißungen sich erfüllten. Aber ihr Lebensziel war so übermächtig, dass ihnen das nichts ausmachte. Das Ziel war jeden Kampf wert, auch den Tod. Offensichtlich war Gottes Wille für sie nichts „Nebulöses".

Die Bibel nennt diesen Lebensstil „Leben im Glauben". Der Begriff Glaube wird im ersten Vers von Hebräer 11 folgendermaßen definiert: „Es ist aber der Glaube eine feste Zuversicht auf das, was man hofft, und ein Nichtzweifeln an dem, was man nicht sieht" (Luther).

Manche der in diesem elften Kapitel aufgezählten Persönlichkeiten konnten erleben, wie sich ihr Glaube triumphierend durchsetzte:

„Soll ich noch mehr aufzählen? Die Zeit würde nicht ausreichen, um von Gideon, Barak, Simson, Jiftach, David, Samuel und den Propheten zu erzählen. Weil sie Gott vertrauten, kämpften sie gegen Königreiche und siegten. Sie sorgten für Recht und erlebten, dass Gott seine Zusagen erfüllt. Sie hielten Löwen das Maul zu und löschten glühendes Feuer. Sie entgingen dem gewaltsamen Tod. Sie waren schwach und wurden stark. Sie kämpften im Krieg wie Helden und trieben fremde Heere zurück. Frauen, die Gott vertrauten, sahen ihre Toten lebendig wieder" (Hebräer 11,32–35).

Doch nicht alle erlebten solche wunderbaren Siege. Gott hat nicht versprochen, dass ein zielgerichtetes Glaubensleben einfach oder nach irdischen Maßstäben erfolgreich sein würde.

„Andere starben unter der Folter. Sie weigerten sich, die angebotene Freilassung anzunehmen, denn sie hofften auf ein neues und besseres Leben. Andere wurden verspottet und ausgepeitscht, gefesselt und ins Gefängnis geworfen. Sie wurden gesteinigt, zersägt und mit dem Schwert hingerichtet . . . Sie litten Mangel, wurden verfolgt und mißhandelt" (Hebräer 11,35–37).

Ist das die Sache wert? Alle Energie und Selbstdisziplin auf ein sinnerfülltes Leben zu richten, wenn der Lohn am Ende in solchen Strafen besteht? Wie man sieht, haben die Männer und Frauen aus dem 11. Kapitel des Hebräerbriefs das so empfunden – und Gott selbst sicher auch. Lesen wir weiter:

„Die Welt war es nicht wert, daß solche Menschen in ihr lebten. Diesen allen hat ihr Vertrauen das beste Zeugnis ausgestellt, und doch hat keiner von ihnen die Gabe bekommen, die Gott versprochen hatte. Gott hatte unsretwegen einen umfassenderen Plan, denn er wollte nicht, daß sie ohne uns vollendet würden" (Hebräer 11,38–40).

Wie groß war die Kraft eines dermaßen sinnvollen Lebens? Hier die Antwort: „Diese alle sind gestorben im Glauben . . ." (Hebräer 11,13).

Wie viele Menschen aus Ihrer Bekanntschaft haben es geschafft, ein zielbewusstes, kraftvolles Leben bis ans Ende zu führen? So mancher fühlt sich nach der ersten Enttäuschung ausgebrannt. Andere verschwenden ihr Potenzial und rennen planlos in alle möglichen Richtungen. Sie jagen Träumen hinterher, die der Mühe nicht wert sind. Schlagen wir nach, wie Gott über die anderen denkt, deren Leben dem ursprünglich von ihm gesetzten Sinn gewidmet ist:

„(Sie) haben nicht bekommen, was Gott versprochen hatte, aber sie sahen es aus der Ferne und freuten sich darauf. Sie sprachen offen aus, daß sie nur Gäste und Fremde auf der Erde waren. Wer so etwas sagt, bringt zum Ausdruck, daß er eine Heimat sucht. Sie sehnten sich nicht zurück in das Land, das sie verlassen hatten; sonst wären sie wieder zurückgekehrt" (Hebräer 11,13–15).

Wohin denn? Zurück in die Tretmühle der Sklaverei in Ägypten? Richtig ist, dass viele Israeliten, die unter der Führung von Mose der Sklaverei entkommen waren, sich wieder in die Tretmühle zurücksehnten, als die Freiheit sich als schwierig erwies. Nicht aber die Männer und Frauen, von denen im Hebräerbrief erzählt wird.

„Sie sehnten sich vielmehr nach einer besseren Heimat, nach der himmlischen; deshalb schämt sich Gott nicht, ihr Gott, der Gott Abrahams, Isaaks und Jakobs zu heißen. Er hat ja auch eine Stadt für sie gebaut" (Hebräer 11,16).

„Das ist doch nur eine Vertröstung", sagte mir neulich jemand. Ich erwiderte, dass die Vertröstung auf den Himmel ganz in Ordnung ist, wenn es ihn wirklich gibt. Der höchste Sinn im Leben – nach Gottes Willen zu streben und das ganze Leben darauf zu verwenden, diesen Willen zu erfüllen – geht über den Erfahrungshorizont der meisten Menschen hinaus. Doch nur so sind wir in der Lage zu ermessen, was Gott für uns bereithält, und dieser Vorgeschmack ist ein wenig Himmel auf Erden.

Gott hat nie versprochen, dass unser Erdendasein in Weichzeichner getaucht sein würde. Vielmehr hat er Versuchung und Verfolgung in Aussicht gestellt – und versprochen, uns so viel Kraft und Ausdauer zu verleihen, dass wir den Lauf voller Abenteuer nicht nur anfangen, sondern auch beenden können. Die Persönlichkeiten aus der „Ruhmeshalle" des Hebräerbriefs waren keine Superhelden mit übernatürlichen Kräften. Sie waren ganz normale, für Sünde anfällige Männer und Frauen, die sich mit Haut und Haaren in den Dienst eines Gottes mit grenzenloser Macht gestellt haben. Der gleiche Gott kann auch unvollkommene Menschen wie Sie und mich zu einem außergewöhnlichen Leben befähigen.

Welches Ziel kann uns für dieses außergewöhnliche Leben motivieren? Was ist es eigentlich, wofür es sich sogar zu sterben lohnt? Ein tolles Auto, ein großes Haus? Eine Beförderung ganz nach oben? Ein bestimmter sozialer Status? Oder war am Ende doch Paulus auf der richtigen Fährte?

Betrachten wir die ungeheure Bandbreite, die in der von Paulus vorgestellten Zielsetzung liegt. Wir alle halten uns an den gleichen Gott, um Kraft und Weisheit für ein erfülltes und sinnvolles Dasein zu bekommen. Doch Gott hat jeden von uns auf einen einzigartigen Weg zu diesem Ziel berufen. Ihr Weg verläuft anders als meiner und wieder anders als der Ihres Nachbarn an der Straßenecke. Trotzdem erfüllt jeder von uns einen Sinn, der es wert ist, ein ganzes Leben darauf zu verwenden. Auch wenn wir nicht erleben, dass sich unser Lebensziel hier auf Erden ganz und gar verwirklichen lässt, dürfen wir doch wissen: Eines Tages wird es Wirklichkeit.

Erinnern Sie sich an den Vers aus dem 1. Johannesbrief (im letzten Kapitel)? Hier heißt es: „Meine lieben Freunde, wir sind schon Kinder Gottes. Was wir einmal sein werden, ist jetzt noch nicht sichtbar. Aber wir wissen: wenn es sichtbar wird, werden wir Gott ähnlich sein; denn wir werden ihn sehen, wie er wirklich ist. Jeder, der das voll Vertrauen von ihm erwartet, hält sich von allem Unrecht fern, so wie Christus es getan hat" (1. Johannes 3,2).

Was ist der Sinn Ihres Lebens? Ist er es wert, dafür zu sterben? Ist er es wert, die wenigen wertvollen Augenblicke, die Ihr Leben auf dieser Erde währt, dafür einzusetzen? Springen Sie deswegen morgens freudig und gespannt aus dem Bett? Ist dieser Sinn dauerhaft? Vielleicht setzen Sie Ihr Leben daran, ein Unternehmen oder eine gemeinnützige Arbeit aufzubauen. Vielleicht sehen Sie Ihren Sinn darin, ein guter Vater, eine gute Mutter zu sein oder sich in die Politik einzubringen. Der Lebenssinn mag selbstsüchtig, sogar böse sein – vielleicht wollen Sie Ihre Abenteuerlust oder Ihre Sexualität hemmungslos ausleben oder die eigene Person groß herausstellen.

Jeder beliebige Sinn verleiht dem Leben mehr Zielstrebigkeit und Kraft als überhaupt keiner. Doch der höchste und erfüllendste Sinn liegt darin, Gottes Absichten für unser Leben zu verwirklichen – sich an die Empfehlungen des Herstellers zu halten.

Stellen Sie sich einmal folgende Fragen:

- Auf welchen Sinn meines Lebens weist meine Lebensführung hin?
- Welchen Sinn soll ich nach Meinung meiner Freunde, meines Arbeitgebers erfüllen?
- Bin ich entschlossen, Gottes Willen für mein Leben zu erkunden, obwohl es vielleicht nicht kristallklar ist, was genau er sich für mich vorstellt?
- Bin ich bereit, mich von ihm in dem Maße führen zu lassen, wie er die Details seines Planes für mich enthüllt?

Wenn Sie die letzte Frage mit Ja beantworten, wäre jetzt die richtige Zeit, Gott mit einem Gebet wie dem folgenden Ihre Einsatzbereitschaft zu bekunden:

„Ich bin alles andere als vollkommen, Herr, aber ich möchte danach streben, das zu werden und zu tun, zu dem zu mich geschaffen hast. Gott, hilf mir zu vergessen, was hinter mir liegt und an das zu denken, was kommt. Hilf mir, nach dem Ziel zu streben, das du für mich vorgesehen hast. Gott, zeig mir, für welche Aufgabe du mich gedacht hast. Hilf mir, mich nach diesem Sinn meines Lebens auszurichten. Amen."

Wenn Sie das große Ziel für Ihr Leben anstreben, dann denken Sie über die besonderen Begabungen und Fähigkeiten nach, die Gott Ihnen verliehen hat. Wozu hat Gott Sie Ihrer Meinung nach ausgerüstet, als er Ihnen diese Begabungen gab? Wie können Sie Ihr Ziel auf die Ihnen gemäße Art anstreben?

Schreiben Sie auf, worin Sie den Sinn Ihres Lebens sehen. Sie werden später auf diese Aussage zurückkommen. Formulieren Sie deshalb so eindeutig wie möglich.

Mein Leben hat den Sinn,

_____

_____

Die Spur halten

Erinnern Sie sich noch an Henry, den Hamster? Als er keuchend neben dem Laufrad lag, riet ihm eine innere Stimme, sich nicht noch einmal darauf einzulassen. Er machte es trotzdem. Das Leben ist eine gut ausgebaute Straße. Ein Augenblick reicht, und der Mensch verpasst die wesentliche Ausfahrt zu seinem liebevollen Gott und einem sinnerfüllten Leben, um zur vergeblichen Mühe zurückzukehren.

Was kann uns davor bewahren, wieder einzusteigen, wenn wir die Tretmühle endlich verlassen und einen Sinn für unser Leben entdeckt haben?

Grundsätze!

Das Leben jenseits der Tretmühle wird nicht von Routine, Traditionen und Gewohnheiten regiert, sondern durch Grundsätze. Wenn ein Mensch entdeckt hat, wozu er lebt, ist sozusagen ein Feuer in seiner Seele entzündet worden; dieses Feuer drängt ihn zum Handeln. Dieses Handeln aber muss an Grundsätzen ausgerichtet sein. Schön, dass der gleiche Gott, der uns aus Liebe einen Lebenssinn verleiht, auch Grundsätze für uns bereithält, mit deren Hilfe wir dieses Ziel besser erreichen können.

Denken Sie an die Leiter von vorhin zurück. Die Grundsätze bilden die Seitenteile der Leiter. Sie halten unsere Aufmerksamkeit auf das Ziel gerichtet, sie weisen die Richtung. Sie bewahren uns davor, vom Weg abzuirren und uns Ziele zu setzen, die sich mit dem Lebenssinn nicht vereinbaren lassen.

Es gibt zwei Arten von Grundsätzen, die wir erkennen und befolgen sollten. Sie verleihen unserem Leben die Ausrichtung, damit wir das eigentliche Ziel nicht aus dem Auge verlieren. Zu unterscheiden sind allgemeingültige und richtungsweisende Grundsätze.

Allgemeingültige Grundsätze

Sie wurden von Gott selbst eingesetzt und sind als Regeln für eine vollkommene Welt gedacht. Obwohl wir in einer gefallenen Welt leben, sind diese Grundsätze absolut gültig. Unsere Gesellschaft hat allerdings so ihre Schwierigkeiten mit den absoluten Gesetzen, die Gott in der Bibel festgelegt hat. In Kapitel 7 gehe ich noch stärker darauf ein, dass Gott uns mit diesen Richtlinien nicht etwa allen Spaß verderben oder uns von wichtigen Erfahrungen abhalten wollte. Er gab sie uns, weil wir damit am besten fahren. Sie alle sind Richtlinien für ein Höchstmaß an Leben – ein Leben mit Gusto.

Das Gesetz ist dem Volk Israel gegeben worden, als Gott es nach vier Jahrhunderten Sklaverei in Ägypten befreit hatte. Der Autor Vernard Eller hat sich ein Gespräch zwischen Gott und dem gerade befreiten Israel vorgestellt:

Jahwe sagt: „Ihr seid doch freie Menschen, nicht wahr?"
 „Stimmt!"
 „Habt ihr mich gebraucht, um frei zu werden?"
 „Stimmt!"
 „Ich habe euch doch klar zu verstehen gegeben, dass eure Freiheit mein wichtigstes Anliegen ist, nicht wahr?"
 „Stimmt!"
 „Und damit habe ich doch bewiesen, dass niemand auf der Welt so viel von Freiheit versteht wie ich, nicht wahr?"
 „Stimmt!"
 „Gut! Dann will der alte Jahwe euch jetzt mal ein paar nützliche Hinweise geben, wie man als Mensch frei sein und bleiben kann. In Ordnung?"

Die negative Formulierung einiger Gebote („Du sollst *nicht . . .*") markiert kleine Bereiche, in die sich der freie Mensch zu seinem eigenen Besten nicht begeben sollte. Und zwar, damit ihm die Freiheit bewahrt bleibt, zu allen anderen Bereichen der großen weiten Welt Zugang zu haben.[5]

Wo in der Bibel sind diese allgemeingültigen Grundsätze aufgezeichnet? Die bekanntesten sind natürlich die Zehn Gebote. Vielleicht ist es eine Weile her, dass Sie sie das letzte Mal gelesen haben. Kein Wunder: In unserer vom Unabhängigkeitswahn erfassten Gesellschaft werden die Zehn Gebote meist als altertümlich und irrelevant betrachtet. Stellen wir uns trotzdem einmal vor, alle Bewohner unserer Erde hielten sich an diese zehn einfachen Grundsätze (2. Mose 20,3–17):

- Du sollst keine anderen Götter haben neben mir.
- Du sollst keine Götzen anbeten.
- Du sollst den Namen Gottes nicht missbrauchen.
- Du sollst den Sabbat heiligen.
- Du sollst deinen Vater und deine Mutter ehren.
- Du sollst nicht töten.
- Du sollst nicht ehebrechen.
- Du sollst nicht stehlen.
- Du sollst nichts Unwahres über deinen Mitmenschen sagen.
- Du sollst nichts an dich zu bringen versuchen, was einem anderen gehört.

Wenn jeder nach diesen Maßstäben lebte, würde unsere Gesellschaft sich so dramatisch verändern, wie keine Regierung in der Geschichte es je geschafft hat. Diese absoluten Grundsätze, von einer humanistisch geprägten, relativistischen Gesellschaft schlicht verachtet, würden genau den Wandel bewirken, den die gleiche Gesellschaft sich sehnlichst wünscht.

Die Beachtung der beiden ersten Gebote macht Schluss mit dem Chaos, das sich aus der Gewohnheit ergibt, Dinge anzubeten statt den Gott, dem unsere Ehrerbietung zusteht. Betrug, Gier und unlautere Geschäftspraktiken würden verschwinden. Stellen wir uns vor, wie es um unsere Beziehung zu Gott stehen würde, wenn die materiellen Dinge nicht mehr im Mittelpunkt stünden!

1994 kam Papst Johannes Paul II. zur Feier des katholischen Weltjugendtages nach Denver in Colorado. Die jungen Katholiken waren beim Anblick des Oberhaupts ihrer Kirche ganz außer sich. In den Medien wurde er als „Hüter des Glaubens" bezeichnet. Wie reich würde erst unser Leben, wenn wir die Gegenwart unseres Schöpfers so deutlich spüren und ihn anbeten würden! Stattdessen entscheiden wir uns dafür, Dinge, Menschen oder uns selbst zu verehren. Doch die einzige Macht dieser Dinge und Menschen besteht darin, uns von der Erfahrung des wahren Lebens abzuhalten.

Stellen wir uns eine Welt ohne Flüche vor. Der mangelnde Respekt vor Gott, der sich darin ausdrückt, dass man seinen Namen missbraucht, öffnet Tür und Tor für eine Verschmutzung der gesamten Sprache. Obszönitäten gehören heute schon fast zum normalen Sprachgebrauch. Angeblich bedeuten diese Wörter nicht mehr das gleiche wie früher. Aber das stimmt nicht. Wir sind nur vollkommen unsensibel dafür geworden.

Stellen wir uns die Schönheit eines Tages vor, der ganz der Anbetung, der Ruhe und der Sammlung vor Gott gewidmet ist. Selbst der Schöpfer ruhte nach sechs Arbeitstagen. Ich frage mich, ob nicht viele Menschen ein reicheres, sogar längeres Leben genießen könnten, wenn ein Tag der Woche als „Seelenbaumeltag" genutzt würde, wie Gott es gewollt hat. Immerhin kann Stress tödliche Folgen haben!

Viel Kummer und Elend ließe sich ersparen, wenn die Menschen einfach Vater und Mutter ehren würden! Gangs würden sich aus Mangel an Nachwuchs auflösen. Die Strafanstalten würden sich leeren.

Können Sie sich eine Welt ohne Mord, Ehebruch und Diebstahl ausmalen? Die Scheidungsrate ginge in den Keller. Den Nachrichtenredaktionen ginge der Stoff aus. Die Boulevardpresse könnte einpacken. Wir kämen nicht mehr aus dem Staunen heraus.

Natürlich hat die Menschheit zu Genüge bewiesen, dass wir unfähig sind, nach diesen Grundsätzen, den Idealen Gottes, zu leben. Deshalb ist Jesus gekommen. Doch Sie persönlich können Ihr Leben danach ausrichten. Die Heilige Schrift gibt uns ganz praktische, detaillierte Hinweise dazu. Gott hat den Israeliten unter anderem deshalb das Gesetz gegeben, weil er zeigen wollte, dass ihnen ein Leben nach seinem vollkommenen Maßstab unmöglich sei. Sie waren nicht in der Lage, sich nach dem Gesetz zu richten. Dadurch wurde ihnen klar, wie sehr sie auf sein übernatürliches Eingreifen angewiesen waren, um wenigstens annähernd ihre Möglichkeiten wahrzunehmen. Gottes Gesetz stellt immer noch sein Ideal dar. Die darin enthaltenen Grundsätze haben unschätzbaren Wert für alle, die sich mehr Zündkraft für ihr Leben wünschen.

Hier ein Vorschlag: Schreiben Sie die Zehn Gebote auf ein Kärtchen und werfen Sie oft einen Blick darauf. Kleben Sie es auf Schreibtisch oder Kühlschrank, an eine Stelle, wohin Ihr Blick öfters fällt.

Wie folgende Bibelstellen sagen, verhelfen die Gebote uns zu mehr Freiheit:

„Alles, was in den heiligen Schriften steht, ist von Gottes Geist eingegeben und verhilft dazu, den Willen Gottes zu erkennen, die eigene Schuld einzusehen, sich Gott wieder zuzuwenden und ein Leben zu führen, das ihm gefällt. So trägt es dazu bei, dass der Mensch, der sich Gott zur Verfügung gestellt hat, zu allem Guten fähig wird" (2. Timotheus 3,16–17).

„Wie glücklich ist, wer sich nicht verführen lässt von denen, die Gottes Gebote missachten, wer sich nicht nach dem Vorbild gewissenloser Menschen richtet und nicht zusammensitzt mit Leuten, denen nichts heilig ist. Wie glücklich ist, wer Freude findet an den Weisungen des Herrn, wer Tag und Nacht in seinem Gesetz liest und darüber nachdenkt. Er gleicht einem Baum, der am Wasser steht; Jahr für Jahr trägt er Frucht, sein Laub bleibt grün und frisch. Ein solcher Mensch hat Erfolg bei allem, was er unternimmt" (Psalm 1,1–3).

Es sind nicht nur diese gesonderten, ausdrücklich in der Schrift aufgeführten Grundsätze, durch die wir in unserer persönlichen Berufung zum Besonderen auf der Bahn gehalten werden. Wir gewinnen weitere Werte aus der Bibel, wenn wir Gottes Wort auf unser Leben anwenden. In seinem Buch *Hide and Seek* stellt James Dobson einige dieser Werte in den Mittelpunkt:

„Was aber sind Gottes Werte? Wir können nicht einfach unser System durch seines ersetzen, wenn wir nicht wissen, was er persönlich verordnet hat. Zum Glück liefert die Bibel den Schlüssel zu Gottes Wertesystem für die Menschheit. Meiner Meinung nach setzt es sich aus folgenden sechs Hauptprinzipien zusammen:

1. Hingabe an Gott
2. Liebe zur Menschheit
3. Respekt vor Autorität
4. Gehorsam gegenüber den Geboten
5. Selbstdisziplin und Selbstbeherrschung
6. Demütige Grundhaltung

Diese sechs Begriffe entstammen der Hand des Schöpfers selbst und haben für unser Leben absolute Geltung und Bedeutung."[6]

Der gesunde Menschenverstand, verantwortungsvolle Politik, liebevolle Familienverhältnisse, persönliche Werte, das Gewissen – all das ergibt sich, wenn man sich an die Grundsätze Gottes hält. Es ist ganz nützlich, diese biblischen Prinzipien so allgemein zu formulieren, dass sie auf alle Bereiche des Lebens anwendbar sind, zum Beispiel: „Ich tue alles, was in meiner Macht steht, um mein Wort zu halten."

Wie wirkt es sich aus, wenn man einen solchen Grundsatz zum Motto erhebt? Man wird vorsichtig jedes Versprechen abwägen und dabei bedenken, ob man es auch halten kann. Es wirkt sich auf Kaufentscheidungen aus – wenn ich nicht weiß, ob ich zahlen kann, kaufe ich eher nicht. Im Umgang mit der Familie gilt, dass die Zeit, die ich meinen Kindern versprochen habe, ihnen auch gewährt wird. Auf jeden Fall; egal, was dazwischen kommt.

Noch ein Beispiel für einen biblischen Grundsatz in der Alltagssprache; auch daraus ergeben sich grundlegende Auswirkungen auf mein Verhalten: „Ich werde alles vermeiden, was meinem Herrn, meiner Familie oder meinen Freunden Schande bringen könnte."

Was könnten wir uns an Leid und kaputten Verhältnissen ersparen, wenn wir uns daran halten würden!

Haben Sie ein schlechtes Gewissen, weil Ihnen klar ist, dass Sie himmelhoch an den biblischen Grundsätzen gescheitert sind? Nicht aufgeben! Mir sind meine Verstöße gegen so manchen persönlich formulierten Grundsatz auch schmerzlich bewusst. Wir alle werden immer wieder solche Niederlagen durchmachen. Kein Grund zum Aufgeben! Natürlich werden Sie versagen. Wenn es soweit ist, dann müssen wir unbedingt Gottes Vergebung annehmen und uns auf seine Kraft stützen, um so bald wie möglich wieder aufstehen und weitergehen zu können.

Der erste Schritt zum Erkennen dieser Grundsätze als Lebensrichtlinie ist also die Beschäftigung mit dem Wort Gottes. Erst, wenn Sie es kennen, wird es zur praktischen „Gebrauchsanleitung" für Ihr Leben. Gewöhnen Sie sich an, täglich in der Bibel zu lesen. Es ist verblüffend, wie viele Grundsätze und Anleitungen sich darin finden! Fangen Sie eine Liste an. Sie wird sich schnell verlängern. Und nicht vergessen: Wer Grundsätze hat, ist stärker als jemand ohne Grundsätze. In dem Maß, in dem der Geist Gottes Ihnen die Kraft gibt, nach seinem Wort zu leben, werden Sie merken, was für wunderbare Auswirkungen das auf Ihr Leben hat!

Gottes Liebe für Sie hängt natürlich nicht von Ihrer Prinzipientreue ab – wohl aber Ihre Lebensqualität!

Richtungsweisende Grundsätze

Solche Richtlinien wählt man sich, um das Leben auf genau das Ziel auszurichten, das man sich gesetzt hat. Sonst kann es leicht passieren, dass man sich in der Hektik des Alltags verzettelt. Man entscheidet sich für das Gute (vielleicht eher für das Einfache) statt für das Beste. Wenn Ihnen der spezifische Sinn Ihres Lebens bewusst ist, sollte es Ihnen darum gehen, sich mit aller Energie auf diesen Sinn zu konzentrieren. Verschwenden Sie Ihre Zeit nicht auf andere, weniger wichtige Anliegen.

Stellen Sie sich die Frage: „Was ist mit meinem Lebenssinn vereinbar? Was dient dazu, dass ich diesen Sinn verwirkliche?" Eine Unternehmerin zum Beispiel, die sich berufen fühlt, Gott in allen Bereichen ihrer Arbeit zu ehren, wird sich an bestimmte Geschäftsrichtlinien zum Schutz ihrer Kunden und Mitarbeiter halten.

Ähnlich habe ich die richtungsweisenden Grundsätze formuliert, an denen unser Unternehmen sich ausrichtet. Ich glaube, dass Gott mich besonders dazu begabt hat, anderen bei der Entfaltung ihres vollen Potenzials zu helfen. Dieser Satz findet sich so in meiner „Zielformulierung". Jedes Unterfangen, jede Idee, jede Aktion, die nicht zu diesem Lebenssinn beiträgt, ist deshalb für mich fragwürdig. Obwohl ich zum Beispiel gern mal zur Entspannung Golf spiele, wäre es eine ausgesprochene Ablenkung vom Hauptanliegen meines Lebens, wenn ich die meiste Zeit auf dem Golfplatz wäre. Andererseits gibt es manchen sehr talentierten Sportler, der stundenlang auf dem Golf- oder Sportplatz trainiert, weil es Teil seines Lebensprogramms ist, Gott mit der Entfaltung seiner sportlichen Fähigkeiten Ehre zu machen.

Im Hebräerbrief kommt das, was uns von Gottes Berufung für unser Leben ablenken kann, zur Sprache: „Alle diese Zeugen, die uns wie eine Wolke umgeben, können uns ein Beispiel geben. Darum wollen wir uns von allem freimachen, was uns beschwert, besonders von der Sünde, die sich so leicht an uns hängt. Wir wollen durchhalten in dem Lauf, zu dem wir angetreten sind" (Hebräer 12,1).

Es geht nicht nur darum, eklatante Sünden zu vermeiden. Wenn wir den vor uns liegenden Lauf vollenden wollen, dann rät uns dieser Vers, alles abzuwerfen, was uns bei diesem Lauf behindert. Was an sich noch keine Sünde ist, kann zur Sünde werden, wenn es uns von dem ablenkt, was Gott mit uns im Sinn hat.

Hier ein Beispiel: Nehmen wir an, ein Pastor stellt als sein Lebensziel fest, er soll der Gemeinde dienen, indem er mit all seinen Möglichkeiten die Liebe Christi demonstriert. Ein paar

Jahre später ist er damit beschäftigt, die größte, einflussreichste Kirche in ganz Amerika zu bauen. Bei dieser Zwiespältigkeit im Leben wird ihm Kraft und Wirksamkeit verloren gehen. Wenn er versucht, die Unvereinbarkeit seiner Ziele zu ignorieren, wird er den Verstand verlieren. Wenn er versucht, beides gleichzeitig zu leisten, wird er seine Mitmenschen durcheinander bringen. Dieser Pastor hat es ganz dringend nötig, die Richtung seines Lebens zu überdenken und die Ergebnisse ernst zu nehmen.

Nun wird es Zeit, dass Sie sich um Ihre richtungsweisenden Grundsätze kümmern. Sie haben sich im letzten Abschnitt auf den Sinn Ihres Lebens festgelegt. Notieren Sie diese Aussage ein zweites Mal (auf den folgenden freien Zeilen) und stellen Sie dann eine Reihe von richtungsweisenden Grundsätzen auf, die Ihnen helfen können, in der Spur zu bleiben. Wenn Sie diese Liste überschaubar halten und regelmäßig überprüfen, wird sie von Jahr zu Jahr klarer, muss aber auch immer wieder ergänzt werden. Dieser Prozess erstreckt sich über das ganze Leben.

Meine richtungsweisenden Grundsätze

Folgenden Sinn sehe ich in meinem Leben:

_____

_____

_____

_____

_____

_____

Um mein Leben auf diesen Sinn auszurichten, bin ich entschlossen, mich nach folgenden Grundsätzen zu richten:

_____

_____

_____

_____

_____

_____

_____

_____

Schritte auf dem Weg zum Ziel

Der dritte und endgültige Schritt, um das Leben voll auszuschöpfen, heißt *Planung*. Hier geht es um die Stufen, auf denen wir die Leiter zum Lebensziel erklimmen. Ganz fest sind die Leiterstufen in den Grundsätzen verankert, die wir uns erwählt haben.

Insgesamt ergibt sich aus diesen Stufen ein Plan, der alles umfassen kann – von den großen Zielen wie die Berufswahl oder die Wahl des Ehepartners bis hin zu kleinen Alltagsentscheidungen. Dieser Plan setzt sich also aus Teilzielen zusammen, und zwar immer so, dass er sich mit dem Sinn Ihres Lebens und Ihren Grundsätzen vereinbart.

Wenn Sie gewohnt sind, sich Ziele zu setzen, dann haben Sie wahrscheinlich schon (ungeduldig) auf das Thema Zielsetzung gewartet. Gut, jetzt ist es soweit. Ich bin genauso davon überzeugt wie Sie, dass Ziele eine starke Wirkung haben. Am meisten aber wirken sie, wenn sie sich an Grundsätzen ausrichten und konzentriert eingesetzt werden, um einen Sinn zu erfüllen. Der Redner und Autor Charlie Jones (Spitzname: „der Unglaubliche") erzählt von einem hageren Geschäftsmann, der wie von tausend Teufeln gehetzt zur Abfertigung am Flughafen rennt und ein Ticket verlangt. Die Angestellte fragt: „Wohin möchten Sie?" Die Antwort: „Geben Sie mir einfach ein Ticket – ich hab überall zu tun." Dieser Mann mag wohl überall zu tun haben, aber er kommt nirgendwo an, wenn er sich nicht irgendein Ziel setzt.

Lebensziele müssen im Einklang mit einer gewissen Planung stehen. Das Lebensziel kann noch so edel sein – ohne geplante Teilziele lässt es sich nicht verwirklichen.

Stellen Sie sich vor, wie Sie auf einem wunderschönen Waldweg lustwandeln. Sie stoßen auf einen Mann, der wie gebannt auf die höchste Spitze eines majestätischen Gebirges schaut. Er schluchzt in tiefer Verzweiflung. Sie fragen ihn warum, und er antwortet: „Mein ganzer Lebenssinn besteht darin, auf diesem Gipfel zu stehen. Doch all die Jahre, in denen mir dieser Sinn vorschwebt, bin ich ihm nicht näher gekommen als bis zu dieser Stelle."

„Wie lange stehen Sie denn schon hier?", fragen Sie ihn.

„Jahrelang schon hier am gleichen Fleck", antwortet er.

Was sagt man so einem Menschen? Ich wüsste die Antwort: „Gehen Sie endlich los!" Dem Mann ist wohl nicht klar, dass er den Gipfel nicht erreichen wird (den Sinn seines Lebens verwirklicht), wenn er nicht vorher den Fluss überquert, das Brombeerdickicht durchschreitet und den Kiefernwald hinter sich lässt. Er muss eben die tausend kleinen und erreichbaren Ziele anstreben, über die er allmählich dahin gelangt, wo er hin will. Wenn Ziele ohne Sinn einem Samenkorn auf einem nackten Felsen gleichen, dann ist ein Sinn ohne Ziele wie ein beackertes Feld ohne Saatgut.

In diesem Kapitel haben Sie den Sinn Ihres Lebens Schwarz auf Weiß zu Papier gebracht und sich auf Grundsätze festgelegt, um in Bewegung zu bleiben. Beides fest im Blick, sind Sie jetzt in der Lage, sich Ziele zu setzen, über die Sie zu einem erfüllten Leben gelangen.

Ihnen ist sicher aufgefallen, dass ich in diesem Kapitel keinen Platz gelassen habe, um diese Ziele aufzuschreiben. Ich finde, sie sind in Ihrem Notizbuch oder an anderer Stelle besser aufgehoben, wo Sie immer wieder Gelegenheit zum Nachschlagen und Korrigieren haben. Notieren Sie sich kurz- und langfristige Ziele. Kennzeichnen Sie die nötigen Sofortmaßnahmen, mit denen die Ziele erreicht werden können. Solche Maßnahmen gehören auf eine „To do"-Liste. Setzen Sie sich Termine, um diese Schritte in Gang zu leiten. Dann muss gehandelt werden. Jetzt wissen Sie, wohin Sie wollen und wie Sie da hingelangen. Zeit zum Handeln!

Brechen Sie also auf. Joggen ist angesagt, Sprünge. Freuen Sie sich an der Freiheit, die sich aus dem zielgerichteten Leben ergibt. Natürlich stolpert man hin und wieder, manchmal fällt man sogar böse hin. Die Richtung aber ist festgelegt und sie stimmt. Ein Zurück gibt es nicht. Jetzt wird gelaufen!

Anmerkungen

[1] Robert F. Mager, Lernziele und Unterricht, Beltz 1994

[2] Friedrich Nietzsche, Der Antichrist, Insel 1986

[3] Steven R. Covey, Die sieben Wege zur Effektivität, Heyne 1996

[4] Viktor E. Frankl, Der Mensch vor der Frage nach dem Sinn, Piper 1998

[5] Vernard Eller, The Mad Morality, Nashville 1970, S. 8

[6] James Dobson, Hide or Seek, Old Tappan 1974, S. 158

4

Was will Gott von uns?

„Beim gesamten Problem der Führung geht es letzten Endes darum zu wissen, wie der Heilige Geist uns leitet und welche Mittel er einsetzt. Meiner Meinung nach hat er uns nicht nur versprochen, uns durch innere Überzeugung zu führen, sondern auch durch Weisheit, Urteilsfähigkeit und den Rat anderer, gegründet auf die Kenntnis der Bibel und den Willen, danach zu leben". [1]

Wenn wir zu der Überzeugung gelangt sind, dass Gottes Absichten für uns und ein erfülltes Leben auf ein und dasselbe hinauslaufen, dann wird es ungeheuer wichtig zu erkunden, was denn nun in Gottes Augen der Inhalt unseres Lebens ist. Theologisch ausgedrückt, lautet die Frage: Wie können wir Gottes Willen für unser Leben kennenlernen? Ist sein „Wille" irgendein kosmisches Geheimnis, für dessen Aufklärung er uns ein Leben lang herumirren lässt, oder gibt es sinnvolle Schritte hin zu der Gewissheit, dass wir auf der richtigen Spur sind?

Immer wieder erlebe ich mit, wie Menschen jeden Alters rätseln, was der Wille Gottes für sie ist. Für sie wird jede Entscheidung im Leben zu einem Quell der Verwirrung. Sie sind wie gelähmt. „Ist das jetzt Gottes Wille – oder nur mein eigener?", fragen sie sich, wenn sie vor der Berufswahl stehen oder sich für einen Lebenspartner entscheiden müssen. Weil sie nicht genau wissen, was Gott von ihnen erwartet, haben sie Angst, überhaupt etwas zu tun.

Es ist natürlich richtig und notwendig, sich über den jeweils nächsten Schritt Gedanken zu machen – doch Lähmungserscheinungen und Unentschlossenheit angesichts alltäglicher Entscheidungen sind weder angemessen, noch bringen sie uns weiter.

Im Alten Testament (Richter 6, 36–40) erprobte Gideon den Willen Gottes, indem er ein Schafsfell auf den Boden legte.

„Wenn du Israel durch meine Hand erretten willst, wie du versprichst", sagte Gideon, „dann bedecke das Fell morgens mit Tau und laß den Boden umher trocken sein."

Gideon wusste, dass das Verlangte auf natürlichem Wege unmöglich passieren konnte. Wenn es also geschah, dann wusste er, dass Gott ein Zeichen gegeben hatte. Doch sogar nachdem er am nächsten Morgen das Fell durchweicht und den Boden ringsherum knochentrocken vorfand, fühlte er sich immer noch nicht sicher genug.

„Sei mir nicht böse", sagte er zu Gott. „Ich habe noch eine Bitte. Erlaube mir noch einen Test mit diesem Fell. Wenn du wirklich meine Hand brauchst, um Israel zu retten, dann laß dieses Mal das Fell trocken sein und den Boden mit Tau bedeckt."

Gideon hatte Glück. Gott war geduldig mit ihm. Am nächsten Morgen fand Gideon das Fell trocken und den Boden nass, ganz wie er verlangt hatte.

Wenn es uns widerstrebt, nach Gottes Willen zu handeln (besonders dann, wenn damit Risiken oder Unannehmlichkeiten verbunden sind), dann fühlen wir uns veranlasst, es auch mit der Fell-Methode zu versuchen. Manchmal legt man so viele Felle ins Gras, dass man vergisst, welcher Test noch mal zu welchem Problem gehört. Ein andermal ist man versucht, das Testergebnis zu verfälschen, um die eigenen Wünsche bestätigt zu sehen. „Ein Vlies auszulegen" führt nicht zu sicheren Ergebnissen – außer, dass das Schaf kein Fell mehr hat.

Dazu Philip Yancey: „‚Ein Vlies auszulegen', wie Gideon kann kaum als Vorbild gelten, wenn jemand um Leitung bemüht ist; meist steckt jemand hinter solchen Aktionen, der genau weiß, was Gott will, sich aber vor der Aufgabe graust."[2]

Einmal habe ich vor dem Besteigen meines Busses innerlich gebetet: „Lieber Gott, wenn du möchtest, dass ich heute jemandem von deiner Liebe erzähle, dann gib mir bitte ein Zeichen."

Wie dumm! Die Bibel steckt voller Anweisungen, dass wir unseren Mitmenschen von Gottes Liebe erzählen sollen. Das hätte genug „Zeichen" für mich sein müssen. Ein besseres Gebet hätte gelautet: „Gib mir den Mut, bei passender Gelegenheit über meinen Glauben zu sprechen."

Wie mit Gideon war Gott auch mit mir geduldig und ging auf das Spielchen ein. Ich hatte es mir gerade bequem gemacht, als ein junger Managertyp sich neben mich setzte. Nach einem Augenblick fing er zu meiner Überraschung an zu weinen – erst ganz leise, wobei ihm nur ein paar Tränen über die Wangen liefen. Bald aber gingen die Gefühle mit ihm durch, und er schluchzte hemmungslos.

Als er seine Fassung ein wenig wiedergewonnen hatte, wandte er sich mir zu und entschuldigte sich. Er erklärte, dass sein Leben in einer chaotischen Phase sei und dass er keine Ahnung habe, wie er Ordnung schaffen sollte. „Wenn ich doch nur Gott kennen würde", stöhnte er. Dann schaute er mir direkt in die Augen und fragte: „Wissen Sie vielleicht über Gott Bescheid?"

Was brauchte ich da noch für ein Zeichen? Das Fell tropfte vor Nässe. Ich war aber zu feige, um den Mund aufzumachen. Ich wollte mehr Beweise. *Lieber Gott*, betete ich im Stillen, *ist das etwa ein Zeichen?* Na klar, was denn sonst! Worum sollte ich denn noch bitten? „Herr, wenn das ein Zeichen ist, dann verwandle den Busfahrer in ein Gürteltier"? Leider halten wir selbst dann noch nach Beweisen Ausschau, wenn wir ganz genau wissen, was Gott will. Wir suchen nach Ausreden, um nicht tun zu müssen, was wir schon wissen.

Damit wir also seinen Willen kennen, gab Gott uns die Bibel – und dazu einen Verstand, den wir auch gebrauchen sollen. Trotzdem wünschen wir uns manchmal, die Bibel möge uns das Denken und die Verantwortung für persönliche Entscheidungen abnehmen. Das Wort Gottes bietet in manchen Fragen ganz klare Führung. Wenn Mann oder Frau mit einer außerehelichen Affäre liebäugeln, brauchen sie nicht lange in der Bibel zu lesen, um Gottes Willen in dieser Sache zu erkennen. Zu anderen

Bereichen aber steht in der Bibel wenig oder gar nichts Genaues. Soll man zum Tauchurlaub auf die Malediven fahren? Soll man auf ein neues Berufsangebot eingehen, auch wenn es mit einem Umzug verbunden wäre? Die Bibel gibt keine spezifischen Antworten auf solche Fragen, kein Ja oder Nein.

Wenn also Gottes Wille unsere Vorlage für ein Höchstmaß an Leben ist, andererseits aber in der Bibel keine präzisen Anweisungen für die meisten Alltagsentscheidungen zu finden sind, dann wiederholt sich die Frage: Wie erkennen wir Gottes Willen in solchen Angelegenheiten – bleibt es bei Gideons Methode mit dem Fell?

Paulus gibt im Brief an die Römer eine Antwort darauf. Er schlägt aber weder vor, ein Schaf zu enthäuten, noch Gott zu bitten, den Busfahrer in ein Gürteltier zu verwandeln. Vielmehr gibt er klare Anweisungen, wie der Wille Gottes zu erfahren ist. Danach verrät er einen ganz entscheidenden Schritt hin zu einem Leben voller Genuss, wie Gott es uns zugedacht hat. Zuallererst aber besprechen wir einige Missverständnisse zum Thema „Gottes Wille". Dann werden wir die Quellen unter die Lupe nehmen, aus denen wir Hinweise dazu schöpfen können. Schließlich gehen wir die Anweisungen durch, die Paulus für uns hat, um Gottes Willen für unser Leben zu entdecken.

Was ist Gottes Wille?

Zu den Wurzeln unserer Unsicherheit in Bezug auf Gottes Willen gehören die vielen Missverständnisse zu diesem Thema. Sie halten uns davon ab, die Tatsachen zu sehen. Werfen wir einen Blick auf einige Fehlhaltungen, die ziemlich weit verbreitet sind.

Erstes Missverständnis:
Gottes Wille ist etwas, das mir grundsätzlich
gegen den Strich geht.

Als Teenager hatte ich Angst, Gott mein Leben anzuvertrauen. Ich dachte, er würde mich stehenden Fußes irgendwohin schicken, wo es Schlangen, Spinnen und nackte Wilde gibt, die sich gegenseitig aufessen. Gottes Wille, stellte ich mir vor, musste etwas sein, das mir zuwider ist.

Ich wollte keinen Gedanken daran verschwenden, was für eine Frau er mir zugedacht haben könnte. Ich war sicher, dass sie hässlich sein sowie eine strenge Brille und einen straff sitzenden Haarknoten tragen würde. In allem lag ich total daneben. Gott hat mich mit einer wunderbaren Frau gesegnet. Nicht nur, dass sie bildhübsch und intelligent ist; seit fünfundzwanzig Jahren beweist sie Standhaftigkeit darin, es mit einem Mann auszuhalten, der eine Brille hat und kaum genug Haar, um einen Knoten daraus zu machen.

„Gottes Wille" geht viel mehr auf unsere tiefste Sehnsucht ein, als wir uns vorstellen können. Damit ich aber nicht missverstanden werde: Es geht nicht immer ohne Opfer und Schmerz ab, wenn der Wille Gottes verwirklicht werden soll.

„Schwierigkeiten sollten immer als Hinweis gedeutet werden, das eigene Handeln zu überprüfen. Sie sind aber nicht unbedingt ein Zeichen, dass man vom Wege abgewichen ist, denn in der Bibel wird ganz allgemein gelehrt: ‚Der Gerechte muss viel erleiden' (Psalm 34,20). Insbesondere zeigt sich in der Bibel, dass das Eingehen auf Gottes Führung immer wieder zu Konflikten und Nöten führt, die man sonst umgangen hätte."[3]

Ich kenne Menschen, die mit ihrem Leben besonders zufrieden sind, Gott aber durchaus in Gegenden gefolgt sind, wo es Schlangen, Spinnen und Menschenfresser gibt. Sie würden ihr entbehrungsreiches Leben trotzdem niemals gegen die Bequemlichkeiten eintauschen, die Sie und ich genießen. Von diesen engagierten Dienern Gottes können wir wertvolle Einsichten gewinnen: Selbst wenn Gott uns durch Schwierigkeiten führt, würden wir kaum ein erfüllteres Leben finden als das, bei dem man sich direkt im Zentrum des Willens Gottes befindet.

Zweites Missverständnis:
Ich habe die Chance verpasst, Gottes Willen zu tun.

Dieses lähmende Missverständnis entspringt der teuflischen Lüge, dass Gott uns immer nur die zweitbeste Wahl gönnt, wenn wir erst einmal gesündigt haben. Wegen der Sünde, so will diese Lüge uns einreden, ist man nie zur rechten Zeit am rechten Ort – wie es hätte sein können, wenn man es sich nicht verdorben hätte. Nun aber ist es zu spät. Man hat bereits die falsche Person geheiratet, die falsche Uni besucht oder eine besonders verachtenswerte Sünde begangen, deren Stigma das ganze Leben lang spürbar bleibt. Es ist gar nicht daran zu denken, dass man noch jemals in eine führende geistliche Position aufrücken könnte. Das ist man nicht wert.

Wer dieses Missverständnis auch noch predigt (wofür es leider viele Beispiele gibt), beeilt sich hinzuzufügen: Gott kann dich immer noch gebrauchen, allerdings nur in untergeordneter Position. „Dahinter steht die Annahme, dass es Gott entweder an Willen oder an Weisheit – oder an beidem – fehlt, den Sünder wieder auf den rechten Weg zu bringen; deshalb sei ein minderwertiges geistliches Dasein leider alles, was sich ihm eröffnet.“[4]

Das erste Mal hörte ich diese Lüge aus dem Mund eines Seelsorgers, der ein minderjähriges Mädchen betreute. Sie war gerade von einem unehelichen Kind entbunden worden. „Weil du so etwas gemacht hast“, sagte er, „wirst du dich immer mit der zweiten Wahl aus Gottes Angebot zufrieden geben müssen.“

Was für ein furchtbarer Gedanke! Ja, es stimmt, wir haben die ursprüngliche Schönheit der göttlichen Schöpfung verdorben. Wir leben in einer gefallenen Welt – nicht mehr in Gottes erster Wahl für uns, wenn man so will. Hat dieses junge Mädchen aber so viel mehr gesündigt als wir anderen, dass sie sich mit dem

Zweitbesten zufriedengeben muss, während der Seelsorger und wir anderen in die erste Reihe gehen und das Allerbeste beanspruchen, was Gott bereithält? Nein, denn wenn wir die Begründung des Seelsorgers logisch weiterführen, dann haben wir alle genug gesündigt, um auf Gottes Geschenke verzichten zu müssen. Dann bekommen wir alle nur die zweite Wahl. Niemand auf Erden kann dann Gottes Masterplan für sich beanspruchen. Tatsache ist, dass die Worte „nach Gottes Willen streben" lachhaft wären, wenn dieser Seelsorger recht hätte.

Wenn also die Sünde uns auf ewig die Chance verbaut, Gottes Willen zu erfahren, warum sollten wir uns dann überhaupt noch bemühen? Aus einem sehr guten Grund: Gottes Wille steht Sündern offen. Die Bibel fordert dazu auf, nach seinem Willen zu forschen. Wozu die Aufforderung, wenn wir ohnehin keine Hoffnung hätten, an Gottes Absichten teilzuhaben? Es gibt eine gute Nachricht: Wir sind durch Gottes Gnade gerettet, unsere Sünden sind ausgewischt und er hat immer noch gute, ja vollkommene Pläne für uns im Sinn.

Wird durch diese Argumentation die Sünde verniedlicht? Was passiert, wenn jemand einen wirklich bösen Fehler begeht?

Ist der Schaden unwiderruflich? Müssen Sie jetzt ein Leben lang auf Abwegen irren? Gott sei Dank, nein. Unser Gott ist ein Gott, der nicht nur flickt und repariert, sondern unsere Fehler und Irrtümer in seinen Plan für uns aufnimmt und Gutes daraus bewirkt. Das gehört zu seiner gnädigen Souveränität.[5]

Ob das junge unverheiratete Mädchen die Folgen ihres Handelns zu spüren bekommt? Zweifellos, genauso wie auch der Vater ihres Kindes, der Seelsorger, der sich mit ihr befasst hat, und wir anderen, die sich einer Sünde schuldig gemacht haben. Diese Folgen aber laufen nicht auf eine Verbannung aus Gottes Mannschaft hinaus. Wer von einem dreistöckigen Gebäude springt, wird wohl kaum am nächsten Tag beim Marathonlauf mitmachen können. Ich bezweifle aber, dass man Gott dafür verantwortlich machen würde. Man weiß genau, dass die gebrochenen Knochen, Prellungen und Verstauchungen die Folge der eigenen schlechten Entscheidung sind.

Wenn Sie auf einen heißen Ofen zeigen und Ihrem Kind sagen: „Nicht anfassen", dann versuchen Sie doch, dem Kind eine schmerzhafte Erfahrung zu ersparen. Wenn das Kind sich über die Warnung hinwegsetzt und den heißen Ofen berührt, dann verbrennt es sich. Ist das dann Ihre Strafe für seinen Ungehorsam? Nein. Es ist die logische Konsequenz seines Handelns. Den Menschen, die Jesus kennengelernt und seine Vergebung erlebt haben, eröffnet sich eine gute Chance: Gott macht es uns möglich, trotz unseres fehlerhaften Wesens seinen Willen zu erfahren und ihm zu folgen. Wir haben diese Chance sogar dann, wenn wir mit den Konsequenzen unserer Fehlentscheidungen zu kämpfen haben.

Gottes Wille ist wie die Strömung eines Flusses: er ist immer da. Gerät man durch einen Strudel aus der Bahn, ist er immer noch da, so lange wir uns im Kreis drehen. Wenn man sich schließlich entscheidet, sich um seine Vergebung zu bemühen und ihm zu vertrauen, dann kann man sich wieder in die Strömung begeben, direkt in das Herz seines Willens. Haben Sie durch den ablenkenden Strudel Zeit verschwendet und Chancen verpasst? Wenn Gott uns wieder in den Strom seines Willens eintauchen lässt, ergeben sich neue Chancen. Paulus sagt dazu: „Ich lasse alles hinter mir und sehe nur noch, was vor mir liegt. Ich halte geradewegs auf das Ziel zu, um den Siegespreis zu gewinnen. Dieser Preis ist das neue Leben, zu dem Gott mich durch Jesus Christus berufen hat" (Philipper 3,13–14).

Ich widme mich diesem Missverständnis deshalb so ausführlich, weil mir so viele Erwachsene begegnet sind, die sich wegen einer früheren Sünde oder verpassten Chance selbst ins Abseits gestellt haben. Sie meinten, ihr Anrecht auf den Willen Gottes verloren zu haben. Noch einmal betone ich: Das ist eine teuflische Lüge! Gott möchte Ihr Leben lenken und nimmt als Ausgangspunkt jede Situation, in der Sie sich zur Zeit befinden – ganz egal, welche Fehler Sie früher gemacht haben. Paulus sagt, dass Gott selbst aus den übelsten Umständen etwas Gutes hervorbringt und uns dem eigentlichen Sinn unseres Lebens näherbringt. „Wir wissen: Wenn jemand Gott liebt, muss alles dazu beitragen, dass er das Ziel erreicht, zu dem Gott ihn nach seinem Plan berufen hat" (Römer 8,28).

Was auch immer Sie getan haben: Gott möchte, dass Sie sich in den Strom seines Willens begeben.

Drittes Missverständnis:
Gottes Wille ist genau das, was ich mir darunter vorstelle.

Gottes Wille ist keine bloße Ansichtssache. Es wäre allerdings ziemlich bequem, wenn es so wäre. Auf diese Weise könnten wir machen, was wir wollen, und es als Gottes Willen bezeichnen – eine geniale Methode, unseren eigenen Wünschen Glaubwürdigkeit zu verleihen. Das aber ist leider genau die Methode, nach der so mancher mit Gottes Willen verfährt. Eine Freundin hatte mir einmal erklärt, Gott habe ihr gesagt, sie solle Schluss mit mir machen. Was sollte ich da noch einwenden? Ich hätte mich ja mit Gott selbst angelegt! Als Grund nannte sie im Wesentlichen, dass Gott ihr gesagt habe, ich sei nicht gut genug für sie. (Ein starker Schub für mein Selbstwertgefühl!) Tatsache war, dass sie einfach keine Lust mehr hatte, mit mir zu gehen. Das aber wollte sie nicht auf ihre Kappe nehmen. Also schob sie Gott vor und war damit die Verantwortung los.

Es ist einfach, das eigene Tun mit der Begründung zu rechtfertigen, es sei Gottes Wille. Sein Wille aber ist nichts, was wir uns ausdenken könnten, und er entwickelt sich nicht nach unseren Wünschen und Vorstellungen. Gott hat die Urheberrechte, nicht wir. In seinem Plan geht es nicht nach unserer Meinung. *Er* plant. Befassen wir uns mit den Methoden, wie er seine Pläne mit uns offenbart.

„Möge die Macht mit dir sein . . ."

Gottes Wille findet sich nicht in Kleinanzeigen, Zeitungskommentaren oder Horoskopen. Man kann nicht einmal von Freunden oder gar einem Seelsorger erwarten, ihn ausfindig zu machen (obwohl solch ein Rat in die richtige Richtung führen kann). Es sind drei Quellen, die Gottes Willen bergen.

Die Bibel: Gottes Wille schwarz auf weiß

In diesem Buch findet sich der größte Teil dessen, was wir über Gottes Willen erfahren können. In der Bibel wird sehr deutlich ausgesprochen, wie unsere Beziehung zu Gott ursprünglich gemeint war, wie wir mit anderen Menschen umzugehen haben und auf welchen Kriterien unsere Alltagsentscheidungen beruhen sollten. Es gibt zum Beispiel gar keinen Grund, sich das Hirn über Rachemethoden zu zermartern, wenn uns Unrecht getan wurde. In der Bibel steht klar und deutlich, dass man sogar Feinde liebevoll behandeln soll. Für viele alltägliche Entscheidungen und viele Fragen zum Willen Gottes gilt die klare Anweisung der Bibel.

Sie ist aber kein Horoskop. Sie liefert keine speziellen Anleitungen für jede Situation und kann missverstanden und missbraucht werden. Da gibt es die berühmte Geschichte von dem Mann, der finanziell in der Klemme steckte. Er nahm sich auf der Suche nach speziellen Hinweisen die Bibel vor. Er öffnete sie per Zufall irgendwo, schloss die Augen und ließ den Finger die Seite entlang gleiten. Als er innehielt und die Augen öffnete, las er erschrocken: „Und er warf die Silberlinge in den Tempel, ging fort und erhängte sich" (Matthäus 27,5). *Da habe ich einen Fehler gemacht*, dachte er. Also schloss er wieder die Augen und probierte es noch einmal. Diesmal zeigte sein Finger auf Lukas 10,37: „Dann geh hin und mach es ebenso." Erschüttert ließ er es auf einen dritten Versuch ankommen. Die Augen fest geschlossen, überschlug er mehrere Seiten und ließ den Finger ein drittes Mal landen. Dann sah er hin und las: „Beeil dich und tu, was du zu tun hast" (Johannes 13,27).

Es muss wohl nicht betont werden, dass er woanders Rat einholte.

Dem Mann hätte in seiner speziellen Situation durchaus Rat aus der Bibel zuteil werden können, wenn er gewusst hätte, wie. In der Bibel gibt es, wie schon gesagt, keine Patentlösungen. Trotzdem bietet sie auch dann, wenn sie sich nicht direkt anwenden lässt, Hinweise in die richtige Richtung. Deshalb ist die Bibel die Hauptquelle für die allgemeingültigen Grundsätze, von denen im letzten Kapitel die Rede war.

Das Schlüsselwort lautet also *Grundsätze*. Wenn wir vor schwierigen Entscheidungen stehen, dann suchen wir in der Bibel vergeblich nach detaillierten Antworten. Man darf auch nicht erwarten, dass Gott ein riesiges Neonschild aufstrahlen lässt, auf dem Anweisungen stehen: „Geh zu IBM" oder „Such dir eine große, schwarzhaarige Südländerin als Frau". Vielmehr zeigt sich Gottes Führung oft in Form von biblischen Grundsätzen. Bei der Entscheidung, wie diese Grundsätze anzuwenden sind, erwartet Gott von uns, dass wir unseren Verstand einsetzen.

Wie stellt man das an? Wie wendet man biblische Grundsätze an, wenn man zum Beispiel eine Arbeitsstelle sucht? R. C. Sproul macht folgende Vorschläge:

„Was kann ich machen? *Nüchterne Analyse der eigenen Persönlichkeit. Leistungsmessung und Auswertung: Überprüfung von Fertigkeiten und Fähigkeiten. Eignungstests ablegen, mit denen potentielle und erworbene Fähigkeiten ermittelt werden.*

Was sollte ich tun? *Es gibt keinen praktischeren Rat als den, das zu machen, was anhand des Ergebnisses des Eignungstests bei hohem Motivationsgrad angeraten ist.*

Bei alledem sollten die Leitlinien Gottes nicht vergessen werden."[6]

Wie sieht es mit der Frage aus: Wen soll ich heiraten? Hat Gott schon eine Person für mich ausgesucht? Stellt er uns die Aufgabe, diesen Menschen unter Millionen anderen auf der Erde ausfindig zu machen? Oder erwartet er, dass wir uns an biblische Grundsätze zur Partnerwahl halten und ihm dann vertrauen, dass er uns zur richtigen Person führen wird?

Die Christen in Korinth standen auch vor dieser Frage. Hier die Antwort des Paulus: „Eine Frau ist gebunden, solange ihr Mann lebt; wenn er stirbt, ist sie frei, und sie kann heiraten, wen sie will. Nur soll sie einen christlichen Mann wählen" (1. Korinther 7,39).

Paulus befahl nicht, dass die Witwe irgendeine mysteriöse Person finden sollte, die Gott für sie ausersehen hatte. Vielmehr wird eine Regel formuliert: Sie soll jemanden heiraten, der Gott liebt. Innerhalb dieser Regel genießt sie Entscheidungsfreiheit.

Stellen wir uns Adam und Eva beim ersten Mahl vor. Gott hatte gesagt: „Du darfst von allen Bäumen im Garten essen, aber von dem Baum der Erkenntnis des Guten und Bösen sollst du nicht essen." Adam bat also Eva, das Essen zu machen. Eva will sich beim Kochen an den Willen des Herrn halten. Sie bittet Adam, bei Gott nachzufragen, was sie seiner Meinung nach essen sollen. Adam findet Gott, und er wiederholt: „Du darfst von allen Bäumen im Garten essen . . ." Das geht so ein paarmal, bis Adam und Eva endlich verstehen. Sie dürfen sich innerhalb der Richtlinien Gottes alles aussuchen; in diesem Fall dürfen sie alles im Garten essen – bis auf die Früchte des einen Baumes.

„Der Grundsatz der Entscheidungsfreiheit innerhalb der offenbarten Grenzen war von Anfang an eindeutig Teil des Schöpfungsplanes. Dieser Grundsatz bleibt bestehen und lässt sich routinemäßig auf alltägliche Situationen anwenden."[7]

Ein weiterer Grundsatz, der klar aus der Bibel hervorgeht: Es ist wichtig, den Rat anderer einzuholen. „Ein Dummkopf hält alles, was er tut, für richtig; der Kluge hört auf klugen Rat" (Sprüche 12,15). Dazu J. I. Packer: „Es ist ein Zeichen von Arroganz und Unreife, bei größeren Entscheidungen gute Ratschläge zu überhören."[8]

Es wäre großartig, wenn wir in schwierigen, lebenswichtigen Entscheidungen eine Stimme aus dem Himmel hören würden, die uns zu einem bestimmten Handeln anleitet. Aber gibt es diese Stimme nicht doch? Bei richtigem Umgang damit ist die Bibel unsere „Stimme aus dem Himmel". Sie ist Gottes Mitteilung an uns. Wir sollten gewissenhaft darin forschen. Die Bibel ist unsere Hauptquelle, wenn wir Gottes Willen erfahren wollen.

„Gott befähigt uns, (seinen Willen) zu erkennen, indem wir unter Gebet den Verstand einsetzen, also darüber nachdenken, wie die Bibel anzuwenden ist, Alternativen und Ratschläge abwägen, unsere tiefsten Wünsche in Betracht ziehen und abschätzen, wozu wir in der Lage sind. Das mag man als gesunden Menschenverstand bezeichnen, doch in der Bibel heißt es Weisheit und wird als eine der wertvollsten Gaben Gottes bezeichnet."[9]

Bitte beachten Sie: Man sollte nicht erwarten, dass Gott den Plan für den Rest unseres Lebens wie eine Bauzeichnung vor uns ausbreitet. Das ist nicht seine Art. Er wird uns die Weisheit und die Information geben, die wir brauchen, und zwar schrittweise. Jedenfalls geschieht das zu unserem Besten; wir wären gar nicht in der Lage, mit einer so ausführlichen Zukunftsvision umzugehen, wie er sie im Sinn hat.

Naturgesetze: Tritt man daneben, dann fällt man hin, weil Gott es so will

Die Naturgesetze gehören zum Willen Gottes. Ich staune immer wieder über Christen, die dem Irrtum unterliegen, sie seien von diesem Aspekt des göttlichen Willens ausgenommen. Manchmal erwarten sie anscheinend, dass Gottes Wille sich über die von ihm selbst beschlossenen Naturgesetze hinwegsetzt. Als Gott diese Welt schuf, verschaffte er bestimmten Naturgesetzen Geltung, weil er es so wollte. Er schuf unseren Körper und die ganze Welt so, dass alles diesen Gesetzen gehorcht. Wenn man den Körper absichtlich ungesund behandelt, dann liegt es im Bereich der göttlichen Naturgesetze – seines Willens –, dass man unter den Folgen der ungesunden Lebensweise leidet. Wenn man eine scharfe Kurve mit zweihundert Sachen nimmt, hebt das Gesetz der Zentrifugalkraft (Gottes Wille) das Auto von der Straße. Statt dem Leben Feuer und Flamme zu verleihen, würde so ein Entschluss das Feuer des Lebens auslöschen.

Einmal kam ein junger Mann zu mir in die Seelsorge, der eine sexuelle Beziehung mit seiner Freundin hatte. „Ich bete andauernd, dass sie nicht schwanger wird", sagte er.

„Ich will nicht um den heißen Brei herum reden", antwortete ich. „Hör gut zu. Wenn du weiter mit deiner Freundin schläfst, dann wird sie schwanger. So hat Gott nun mal die Welt geschaffen. Warum sollte er bei euch eine Ausnahme machen?"

Der junge Mann hat Weizenkörner wild in die Gegend gestreut und darum gebetet, dass die Ernte ausbleibt. Die Gesetze, die den Ablauf der Natur regeln, sind Gottes Wille. Wir dürfen nicht annehmen, dass wir diesen Gesetzen trotzen und göttliche Eingriffe erwarten können, einfach weil wir Christen sind. Wenn ein Christ gleichzeitig mit einem Nichtchristen vom Wolkenkratzer springt, schlagen beide gleichzeitig auf dem Boden auf, und zwar gleich hart. Die Naturgesetze, die im Universum regieren, sind allgemeingültig.

Warum dieses Thema? Weil man um diesen wichtigen Bereich des göttlichen Willens nicht herumkommt, wenn man das Leben wirklich voll ausschöpfen will. Ob man seinen Wert dadurch beweisen will, dass man anders zu sein versucht, als man geschaffen wurde, oder ob man sich als geistliche Ausnahme betrachtet und die göttlichen Gesetze bekämpft: Man verschwendet dabei nur Zeit und Energie. Beim Ringen um die richtige Alltagsentscheidung sollten wir nicht erwarten, dass Gott unseretwegen seine eigenen Naturgesetze übertritt.

Der Heilige Geist: Persönlicher Führer bei der Suche

„Der Vater wird euch in meinem Namen einen Stellvertreter für mich senden, den heiligen Geist. Dieser wird euch an alles erinnern, was ich euch gesagt habe, und euch helfen, es zu verstehen" (Johannes 14,26).

„Aber wenn der Geist der Wahrheit kommt, wird er euch in die ganze Wahrheit einführen. Was er euch sagen wird, hat er nicht von sich selbst, sondern er wird euch sagen, was er hört. Er wird euch in Zukunft den Weg weisen. Er wird meine Herrlichkeit sichtbar machen; denn was er an euch weitergibt, hat er von mir" (Johannes 16,13–14).

Gott offenbart uns seinen Willen, indem der Heilige Geist unser Herz und unseren Verstand zum Handeln bewegt. Im Philipperbrief 2,13 findet sich die Aufforderung: „Ihr könnt es, denn Gott gibt euch nicht nur den guten Willen, sondern er selbst arbeitet an euch, damit seine Gnade bei euch ihr Ziel erreicht." Weil der Heilige Geist seine Botschaft nicht mit Absender versieht, kann es schwierig sein zu unterscheiden, ob das, was wir hören und empfinden, auf sein Einwirken oder auf andere Einflüsse zurückgeht. Deshalb ist es immer wichtig, genau zu untersuchen, was man für einen Wink des Heiligen Geistes hält. Man kann es anhand der Bibel überprüfen. Tut man das nicht, dann könnte man sich anderen Einflüssen und Motiven unterwerfen, die man fälschlich dem Heiligen Geist zuschreibt – vor allem dann, wenn Verstand und Herz nicht fest in Gottes Wort verankert sind.

„Alle Eindrücke müssen durch die biblische Weisheit rigoros überprüft werden, dazu anhand der gemeinsamen Weisheit der gläubigen Gemeinschaft sowie an allem, was man an persönlicher Weisheit mitbringt. Sonst lässt man zu, dass sich unter der Maske von Geistlichkeit Egoismus und Stolz breit machen, unrealistischer Eigensinn, eine irrationale Gottesverehrung eigener Prägung, das Gefühl, mancher Mensch sei unfehlbar oder ähnliche ungesunde seelische Verfassungen. Man sollte nur solche Eindrücke als gottgegeben gelten lassen, die als biblisch zutreffend ausgewiesen sind und praktischer Weisheit entsprechen."[10]

Mit der Fähigkeit, die Stimme des Heiligen Geistes zu erkennen, hat Gott uns ein besonders kraftvolles Mittel verliehen, das Leben voll auszuschöpfen. Darum sollten wir uns an folgenden Rat halten:

- Fallen Sie nicht den Missverständnissen zum Opfer, von denen vorher die Rede war.
- Studieren Sie das Wort Gottes mit der Bereitschaft, ihm zu gehorchen.

- Respektieren Sie die Naturgesetze, die Gott eingesetzt hat.
- Bemühen Sie sich um guten Rat.
- Nutzen Sie den Verstand, den Gott Ihnen gegeben hat.

Nach dieser Betrachtung der wichtigsten Quellen, die Gott uns zur Erkenntnis seines Willens verliehen hat, wenden wir uns Paulus zu. Er wartet mit einer besonderen Anleitung auf, wie der Wille Gottes erkannt werden kann.

Paulus Rezept für maximales Leben

Unser Körper gehört Gott

Wenn man sich an die berühmte Bibelstelle hält, in der Paulus vom Willen Gottes spricht (Römer 12, 1–2), dann ist der erste Schritt dazu, Gott über den Leib verfügen zu lassen.

„Stellt euer ganzes Leben Gott zur Verfügung! Bringt ihm euch selbst als lebendiges Opfer dar, an dem er Freude hat! So vollzieht ihr den Gottesdienst, der Gott wirklich gemäß ist" (Vers 1).

Erinnern Sie sich daran, wie ich im 1. Kapitel behauptet habe, der höchste Ausdruck der Anbetung bestehe darin, all das auszuleben, wozu Gott uns geschaffen hat? Das fängt damit an, dass wir ihm alles zurückgeben, was er uns geschenkt hat. Wenn unser Körper nicht Gott gehört, dann werden wir nie wissen, was er mit unserem Leben im Sinn hat.

Klingt einfach, ist aber gar nicht so leicht. Man hört weder in Lebensberichten noch in Predigten besonders oft davon, wie die Menschen sich als „lebendiges Opfer hingegeben" haben. Es sagt sich leichter, dass man Gott sein Leben geweiht habe. Das ist vage genug, um nicht sonderlich weh zu tun. Gott alles, also auch den Körper zu geben, ist viel schwieriger. Die Sache ist klar: An unserem Körper liegt uns sehr viel. Trotzdem (oder vielleicht gerade deswegen) ist er genau das, was Gott von uns verlangt. Es geht um alles: Hände, Füße, Lippen, Intellekt, Sexualität,

Augen – selbst die Geheimratsecken im Haar. Er will alles von uns, als lebendiges Opfer, aus freien Stücken.

Genau von dieser Art Hingabe hat Paulus im Römerbrief gesprochen: „Liefert keinen Teil eures Körpers der Sünde aus, damit sie ihn nicht als Waffe gegen das Gute benutzen kann. Stellt euch vielmehr Gott zur Verfügung als Menschen, die aus dem Tod ins neue Leben gelangt sind. Gott soll euch mit all euren Fähigkeiten als Waffe im Kampf für das Gute benutzen können. Ihr wißt doch: Wem ihr euch als Sklaven unterstellt, dem müßt ihr auch gehorchen. Entweder stellt ihr euch auf die Seite der Sünde; dann werdet ihr sterben. Oder ihr stellt euch auf die Seite des Gehorsams; dann werdet ihr vor Gottes Gericht bestehen können" (Römer 6,13.16).

Es gibt nur die beiden Möglichkeiten. Die eine führt zum erfüllten Leben, die andere zum Tod.

Was hat das mit der Frage zu tun, wie man den Willen Gottes erkennt? Stellen Sie sich vor, wie sich unser Leben verändern würde, wenn wir uns ständig bewusst wären, dass unser Leib Gott gehört. Mit dem Liedchen: „Pass auf, kleiner Mund, was du sagst . . ." auf den Lippen würden wir durch den Arbeitstag schreiten. Ich weiß, wie verrückt das klingt. (Übrigens noch verrückter für die Umstehenden, also bitte leise singen.) Beim Singen würde man sich immer bewusst sein, dass der Mund Gott gehört. Schon bei der ersten Gelegenheit, einen Mitmenschen mit bösen Worten zu verletzen, zu lügen oder den letzten Tratsch weiterzuerzählen, würde man sofort daran denken, dass Gott die Herrschaft über diesen Mund hat. Er wurde nicht zum Lügen oder für verletzende Bemerkungen geschaffen. Seien wir ehrlich – manchmal verschwenden wir wochenlang keinen Gedanken daran, wer unseren Körper geschaffen hat und was daher von uns erwartet wird. Unter anderem aus diesem Grund entgeht uns der volle Genuss am Leben. Wir mögen ja bei großen Entscheidungen ehrlich danach fragen, was Gott will. Doch erst dann, wenn wir ihn jede einzelne Minute über Augen, Mund, Hand und Verstand verfügen lassen, auch bei den kleinen Alltagsverrichtungen, sind wir wirklich vorbereitet, wenn größere Entscheidungen anstehen.

Je mehr wir ihm jeden kleinen Teil unserer selbst überlassen, desto sensibler werden wir für das, was er will. Haben sie Ihren Körper seinem Schöpfer bedingungslos überlassen? Wenn nicht, dann ist jetzt die beste Zeit dazu. Damit tun Sie den ersten Schritt auf dem Weg zu seinem Plan mit Ihnen.

Unser Wille gehört Gott

Als zweiten Schritt überlassen wir Gott unseren Willen. Das läuft auf den Entschluss hinaus, das, was er will, lieber tun zu wollen als alles andere. Das Leben richtet sich nicht mehr nach den eigenen Wünschen oder nach dem Druck, den die Umgebung auf uns ausübt. Wir verpflichten uns dazu, nur Gott das Ruder zu überlassen.

Paulus sagt dazu: „Paßt euch nicht den Maßstäben dieser Welt an" (Römer 12,2). Wenn wir zulassen, dass die Maßstäbe der Welt Einfluss auf unsere Entscheidungen haben, dann wird es uns unglaublich schwerfallen, den Willen Gottes für unser Leben zu ermitteln. Wäre Jesus nicht ganz und gar darauf ausgerichtet gewesen, den Willen des Vaters zu tun, dann gäbe es heute keine Hoffnung für uns. Doch als der Druck auf ihn übermächtig wurde und er sich wünschte, zu fliehen und damit dem Leid und der Demütigung des Kreuzes zu entkommen, betete er: „Doch nicht wie ich will, sondern wie du willst" (Matthäus 26,39). Seine Entscheidung, ans Kreuz zu gehen, war alles andere als angenehm. Wir wissen aber, dass sie richtig war.

Wer verfügt denn tatsächlich über Ihren Willen? Sind es die Kolleginnen und Kollegen? Ihr Chef? Ihr Ehepartner? Ihre Freunde? Sind es die Zwänge des Alltags? Ist es Ihre Kirche? Oder Gott?

Er will nichts weniger als Ihren verbindlichen Entschluss, ihn bestimmen zu lassen. Wenn Sie diese Verpflichtung eingehen wollen, dann kann er Ihnen zeigen, was er will. Und was das ist, wissen Sie ja schon: Ihr Bestes!

Wer Gottes Willen erfahren will, muss nach der Verpflichtung, sich den Maßstäben dieser Welt zu entziehen, einen dritten Schritt tun: Gott seinen Verstand übergeben. „Paßt euch nicht den Maßstäben dieser Welt an. Laßt euch vielmehr im Innersten von Gott umwandeln. Laßt euch eine neue Gesinnung schenken. Dann könnt ihr erkennen, was Gott von euch will" (Römer 12,2).

Gott will Ihren Verstand. Wenn der Verstand nicht Gott übergeben wird, dann ist er verschwendet. Es spielt keine Rolle, wie weit sein Besitzer es damit gebracht hat. Anpassung an die Welt lässt sich nur vermeiden, wenn wir unseren Sinn grunderneuern lassen. Dann haben wir die Gewissheit, dass unsere Denkprozesse von Gottes Wort gelenkt und beeinflusst werden statt vom Zufall oder den mehr oder weniger üblen Einflüssen dieser Welt. Darum ist auch regelmäßiges Bibellesen so wichtig.

Ein Rezept zur Erneuerung des Sinnes findet sich in einem Kapitel der Psalmen, das wir zuvor schon einmal betrachtet haben:

„Wie glücklich ist, wer sich nicht verführen läßt von denen, die Gottes Gebote mißachten, wer sich nicht nach dem Vorbild gewissenloser Menschen richtet und nicht zusammensitzt mit Leuten, denen nichts heilig ist. Wie glücklich ist, wer Freude findet an den Weisungen des Herrn, wer Tag und Nacht in seinem Gesetz liest und darüber nachdenkt. Er gleicht einem Baum, der am Wasser steht; Jahr für Jahr trägt er Frucht, sein Laub bleibt grün und frisch. Ein solcher Mensch hat Erfolg bei allem, was er unternimmt". (Psalm 1,1–3)

Gott offenbart in diesen Versen zwei Bedingungen zur Erneuerung des Sinnes:

1. Eine Wache ans Tor setzen. Im ersten Psalmvers heißt es, dass wir den Einfluss schlechter Menschen meiden sollen. Damit ist nicht gesagt, dass wir weder Freundschaften noch Kontakt mit Nichtgläubigen haben dürfen. Gemeint ist vielmehr, dass wir den Einfluss gottlosen Denkens von uns abwehren müssen.

Dschingis Khan fiel in China ein und eroberte alles, was auf seinem Weg lag. Viele der eroberten Städte hatten große Armeen und stark befestigte Mauern gehabt, wurden aber trotzdem überwunden. Als Dschingis Khan gefragt wurde, wie er die dicken Stadtmauern überwinden konnte, war die schlichte Antwort: „Wir haben die Torwächter bestochen." Er brauchte bloß an den Wachen vorbeizukommen, und die Stadt war reif.

Ihr Verstand ist das Tor zu Ihrer Seele. Wenn Sie hier Zugeständnisse machen, dann ist Ihre Seele in Gefahr. Lesen wir, wie Paulus in dieser Sache mit den Korinthern rang:

„Zwingt mich nicht, meine Stärke zu zeigen, wenn ich komme! Ich habe keine Angst vor denen, die mir menschliche Schwäche und mangelnde geistliche Vollmacht vorwerfen. Ich bin zwar nur ein Mensch, aber ich kämpfe nicht nach Menschenart. Ich benutze in meinem Kampf nicht die Waffen menschlicher Selbstsucht, sondern die mächtigen Waffen Gottes. Mit ihnen zerstöre ich feindliche Festungen; ich bringe falsche Gedankengebäude zum Einsturz und reiße den Hochmut nieder, der sich der Erkenntnis Gottes entgegenstellt. Jeden Gedanken, der sich gegen Gott auflehnt, nehme ich gefangen und unterstelle ihn dem Befehl Christi" (2. Korinther 10,2–5)

Nach dieser Bibelstelle ist Dschingis Khan nicht der einzige, der sich der Methode der Bestechung des Wächters bedient – auch Satan kennt diesen Schwachpunkt gut. Leider haben nur wenige Menschen überhaupt eine wachsame Instanz am Tor ihres Verstandes postiert. Sie lassen einfach zu, dass alle möglichen Gedanken, Ideen und Vorstellungen sich in ihren Verstand einschleichen. Dann wundern sie sich, warum es ihnen so schwer fällt, den Willen Gottes zu erkennen.

Wenn man für den Willen Gottes sensibel sein möchte, dann muss man seinen Sinn erneuern lassen. Man muss den Entschluss fassen, Torwächter aufzustellen, die unbestechlich sind.

Vor einigen Jahren besuchten uns meine Schwiegereltern. Eines Abends liehen wir uns ein Video aus. Die ganze Familie versammelte sich zu einem netten Abend vor dem Fernseher.

Nach etwa einer Viertelstunde merkte ich, dass mein Schwiegervater nervös wurde. Schließlich konnte er nicht mehr an sich halten. „Wie kannst du solchen Müll bloß in eurem Haus dulden?", platzte er heraus.

Erst empfand ich nur Abwehr. Immerhin war das Video als familientauglich eingestuft. Aber ich wusste, dass mein Schwiegervater sich nicht einfach so einmischte. Wenn seine Besorgnis so groß war, dass er etwas sagte, dann musste er schon gute Gründe haben. Und dass er sich Sorgen machte, konnte man ihm ansehen.

„Würdest du es zulassen, dass ein Gast in eurem Wohnzimmer solche Ausdrücke gebraucht oder sich so benimmt wie die Leute hier im Film?", fuhr er fort.

„Natürlich nicht", antwortete ich, immer noch etwas widerstrebend.

„Ken", sagte er, „genau das hast du aber getan. Du lässt zu, dass diese Schauspieler direkt in euer Wohnzimmer kommen und einen Lebensstil vorführen, der euren Werten und Erziehungsvorstellungen total widerspricht."

Er hatte Recht. Der Feind hatte sich an meinem Torhüter vorbei geschlichen, was ihm nicht schwergefallen war, denn meine Verstandeswache schnarchte friedlich.

Es ist unglaublich, wem wir so alles Zugang gewähren, wenn er oder es sich in Gestalt von Unterhaltungsprogrammen einschleicht. Es gibt Situationen, da sollten wir aufstehen und aus dem Kino gehen oder den Fernseher abschalten. Wenn jemand einen Menschen beleidigt, den wir lieben, dann würden wir entweder gehen oder dem Beleidiger ordentlich Bescheid sagen. Jesus aber lassen wir so viel Höflichkeit nicht zukommen.

Sie wollen wirklich wissen, was Gott mit Ihrem Leben vorhat? Das Leben maximal auskosten? Stellen Sie eine Wache am Zugang Ihres Verstandes auf und versperren Sie sich den destruktiven Einflüssen, die unser Verständnis so leicht verzerren können. Warum gehen wir so leichtfertig mit den Medien um? Weil wir glauben, dass uns das Gesehene nicht beeinflusst. Logisch ist das nicht gerade. Die gleichen Menschen, die uns weismachen wollen, dass Gewalt und moralische Dekadenz der Medien sich nicht merklich auf unser Leben auswirken, geben Millionen für halbminütige Werbespots aus. Denn sie wissen, dass uns durchaus sehr stark beeinflusst, was wir sehen. Millionen Menschen erleiden Schiffbruch mit ihrem Leben und bezeugen damit die Gefahr, die von den Einflussmöglichkeiten der Medien und mancher anderen Methoden ausgeht. König Salomo hat einmal gesagt, dass das Leben eines Menschen seiner Gedankenwelt folgt. Darin sind sich die meisten Psychologen einig.

Im Extremfall kommt es durch solche Einflüsse zu Tragödien wie im Fall des Serienmörders Ted Bundy, eines Mannes, der seine unsäglich bösen Wunschvorstellungen nach unmäßigem Konsum von Pornographie einfach in die Wirklichkeit umsetzte. Auch die Täter beim jüngsten Massaker an einer Schule in Little Rock waren offensichtlich von diversen Filmen beeinflusst, in denen die Hauptdarsteller in Trenchcoats herumliefen und wild ihre Widersacher abknallten. Die beiden Jugendlichen machten es genau so. Viele Tote und Verletzte waren die blutige Folge.

Wir sind verwundbar. Hüten wir unseren Verstand.

2. Durch die Bibel den Sinn erneuern. Wer seinen Sinn erneuern lassen will, braucht mehr als einen „Türsteher", um sich vor negativen Gedanken zu schützen. Im ersten Psalm wird in Vers 2 auf einen weiteren notwendigen Schritt verwiesen: „Wie glücklich ist, wer Freude findet an den Weisungen des Herrn, wer Tag und Nacht in seinem Gesetz liest und darüber nachdenkt."

Möchte man erfahren, was Gott will, muss man sich in Gottes Wort vertiefen und seine Freude daran haben zu entdecken, wie Gott denkt und was er vorhat. Deshalb lässt Gott uns auch sagen: „Laß den Herrn die Quelle deiner Freude sein; er wird dir jeden Wunsch erfüllen" (Psalm 37,4).

Früher fand ich diesen Vers etwas merkwürdig. Konnte er etwa bedeuten, dass mir sogar zweifelhafte Wünsche gewährt werden, wenn ich Gott zur Quelle meiner Freude machte? Die

Frage ist falsch gestellt. Wenn ich mich an seinem Gesetz freue, dann freue ich mich an allem, was Gott am Herzen liegt. Ich bin dann in der Lage, meine eigenen Wünsche zu durchschauen. Dabei erkenne ich, dass sie mir manchmal nicht die Freude und Erfüllung verschaffen, die sie mir versprechen, sondern mich abwärts führen. Also sind sie die längste Zeit meine Wünsche gewesen. Immer öfter geraten meine Wünsche in Übereinstimmung mit dem, was Gott mir ursprünglich zugedacht hatte. Nun bin ich auf dem richtigen Weg zu einem Leben, das sein volles Potenzial ausschöpft.

Dazu noch ein paar Verse mit gleicher Aussage: „Wenn (. . .) der Geist Gottes in ihm lebt, liegt ihm alles daran, diesem Geist in sich Raum zu geben" (Römer 8,5). „Lebt aus der Kraft, die der Geist Gottes euch gibt; dann müßt ihr nicht euren selbstsüchtigen Wünschen folgen" (Galater 5,16).

Wenn wir uns an Dingen freuen, die vor Gott ein Greuel sind, dann sind das offensichtlich Dinge, die wir so auch wollen. Merken Sie, warum die Wache am Zugang zum Verstand so wichtig ist? Versucht man, Gottes Willen zu erkennen, vertieft sich gleichzeitig aber in Bosheiten, wird man wohl kaum feststellen können, was Gottes Wille oder aber der Einfluss des Feindes ist. So schafft man sich selbst ein Chaos.

Was hat das alles mit genussvollem Leben zu tun? Wenden wir uns noch einmal dem ersten Psalm zu. Die gewünschte Lebensqualität wird hier deutlich als Nebenprodukt erkennbar, das sich ergibt, wenn man Gott den Verstand überliefert:

„Wie glücklich ist, wer sich nicht verführen lässt von denen, die Gottes Gebote missachten, wer sich nicht nach dem Vorbild gewissenloser Menschen richtet und nicht zusammensitzt mit Leuten, denen nichts heilig ist. Wie glücklich ist, wer Freude findet an den Weisungen des Herrn, wer Tag und Nacht in seinem Gesetz liest und darüber nachdenkt. Er gleicht einem Baum, der am Wasser steht; Jahr für Jahr trägt er Frucht, sein Laub bleibt grün und frisch. Ein solcher Mensch hat Erfolg bei allem, was er unternimmt" (Psalm 1,1–3).

Was nun?

Warum bittet Paulus die Christen in Rom, ihren Leib, den Willen und den Verstand Gott zu übergeben? Weil darin das Geheimnis liegt, wie man Gottes Willen erkennt. Gott verlangt nicht, dass wir stundenlang leidenschaftlich beten und ihn auf Knien anbetteln, uns seine Geheimnisse zu verraten. Er will nicht, dass wir uns wegen jeder Entscheidung quälen. Wir brauchen nicht monatelang darüber nachzugrübeln, welches Auto wir kaufen sollen oder ob wir die Arbeitsstelle wechseln sollen. Man braucht nicht Hunderte von Schafen zu enthäuten, um Felle ins feuchte Gras legen zu können. Verzichten wir ruhig auf ausgeklügelte Testmethoden, um seinen Willen zu ermitteln.

Wie aber erkennen wir ihn dann? „Die Bibel enthält sehr wenige dienliche Ratschläge zur Technik geistlicher Führung, aber sehr viele Hinweise, wie man sich eine liebevolle Beziehung zu Gott erhält." [11]

Eine Beziehung zu Gott ist genau das, was Paulus im Römer 12,1–2 beschreibt. Geben wir Gott ohne Vorbehalte unseren Körper. Geben wir Gott unseren Willen; lassen wir uns nicht mehr von der Welt herumschubsen. Stattdessen sollen wir uns auf das einlassen, was er aus unserem Leben machen will. Übergeben wir Gott unseren Verstand, indem wir den täglichen „Input" genau kontrollieren und unsere Gedanken mit Gottes Gedanken anreichern. Wenn wir das tun, dann bekommt Gott das, wonach er sich am meisten sehnt: Es kommt ihm nicht auf unsere *Technik* an – er möchte uns selbst, und zwar voll und ganz: Körper, Verstand und Willen. Oder, wie mein Vater zu sagen pflegte: Haus, Hof und Garten.

Gott hat schon den Beweis erbracht, dass er sich uns voll und ganz verpflichtet. Wenn wir uns ihm auch verpflichten wollen, wenn wir darauf brennen, mit ihm zusammen zu sein, dann wird er uns bei jeder Entscheidung hilfreich zur Seite stehen. Vertrauen wir ihm. Er wird uns schon deutlich machen, wenn wir in die falsche Richtung gehen.

Am besten bitten Sie Gott dabei um Hilfe. Wenn man seinen Willen für sich selbst erfahren will, dann darf man beten: „Herr, ich habe genau überlegt, welche Möglichkeiten es bei dieser Entscheidung gab. Du weißt, dass ich deinen Willen tun will. Führe mich und hilf mir, genau da zu bleiben, wo du mich haben willst." Danach sind eigentlich keine bestätigenden Nachfragen mehr nötig. Man muss einfach vertrauen.

Paulus macht im Römer 12,1–2 zuletzt diese Aussage: „Dann (nachdem man Gott den Körper gegeben, sich der Welt nicht gleichgestellt und den Sinn erneuert hat) könnt ihr erkennen, was Gott von euch will. Ihr wißt dann, was gut und vollkommen ist und was Gott gefällt."

Wo finden wir dieses pralle Leben, nach dem wir uns mit jeder Faser unseres Wesens sehnen? Direkt im Zentrum von Gottes Willen.

Anmerkungen

[1] Oliver R. Barclay, Guidance, Downers Grove 1978, S. 37

[2] Philip Yancey, Guidance, Portland 1983, S. 4

[3] J. I. Packer, Gott erkennen, Liebenzell 1994

[4] J. I. Packer, „Wisdom Along the Way" in: Eternity, April 1986, S. 20

[5] „Gott erkennen"

[6] R.C. Sproul, God's Will and the Christian, Wheaton 1984, S. 62–63, 69

[7] Garry Friesen, Decision Making and the Will of God, Portland 1980, S. 167

[8] „Gott erkennen"

[9] „Wisdom Along the Way", S. 23

[10] J. I. Packer, „True Guidance" in: Eternity, Juni 1986, S. 37

[11] Yancey, Guidance, S. 12

5   *Bernie kennt die Wahrheit*

*Ihr werdet die Wahrheit erkennen, und die Wahrheit
wird euch frei machen* (Johannes 8,32).

Wie ich schon vorher berichtet habe, kam es mir als Teenager
vor allem darauf an, meinen Mitmenschen ständig meinen Wert
zu beweisen. Deswegen habe ich oft die Begabung missbraucht,
die Gott mir gegeben hat. Humor ist eine Gabe Gottes, eine Sprache, die jede Schicht von Feindseligkeit und Verhärtung durch-
bohren und selbst das kälteste Herz zugänglich machen kann.
Leider hatte ich die Kehrseite dieser Gabe gewählt und sie eingesetzt, um andere zu verletzen.

Genau das habe ich einmal im Ferienlager unserer Gemeinde einem Jungen namens Bernie angetan. Bernie war
geistig und körperlich behindert. Er hatte einen unbeholfenen
Gang und einen Sprachfehler. Dabei war er aber gar nicht
gehemmt, sondern sehr extrovertiert und wollte mit jedermann
Freundschaft schließen. Wenige von uns hatten dazu allerdings
Lust.

Für mich war Bernie gerade gut genug als Rohmaterial für
meine Späße. Ich machte Witze über ihn und ahmte ihn hinter
seinem Rücken nach. Weil ich etwas zu beweisen hatte, war mir
Bernie gerade recht als Fußschemel, damit ich ein bisschen besser dastand.

Eines Tages auf dem Sportplatz wählten zwei Mannschaftsführer sich ihr Team für ein Softballspiel zusammen, und Bernie
und ich waren die beiden letzten. Was für eine Demütigung! In
diesem Augenblick kam mir ein grausam entstelltes Gebet über
die Lippen: „Bitte, Gott, lass mich als Nächster dran sein."

Wie sich zeigte, wurde ich tatsächlich als Nächster gewählt. Bernie blieb allein stehen. Trotzdem leuchteten seine Augen auf – dass er letzter war, machte ihm nichts aus; er wollte nur überhaupt von irgendjemandem gewählt werden, und da er jetzt als einziger übrig war, kam er bestimmt an die Reihe. Doch Bernies Vorfreude schwand schnell aus seinem Blick, als die Mannschaftsführer darüber zu streiten anfingen, wer ihn nehmen müsse.

„Du nimmst ihn", verlangte der eine.

„Nein, du", konterte der andere.

Schnell griff ein Mitarbeiter ein und wies Bernie einem Team zu. Leider war mir ganz egal, wie sehr Bernie in diesem Augenblick gelitten haben musste. Ich war um die Peinlichkeit herumgekommen, als Letzter übrig zu bleiben, und nur darauf war es mir angekommen. Jetzt konnte das Spiel anfangen.

Eigentlich würde ich mich heute gar nicht mehr an Bernie erinnern, wenn nicht gegen Ende unseres Camps noch etwas passiert wäre. Es war Zeit für den Abschied, und alle standen an den Bussen und warteten auf das Verladen ihres Gepäcks. Ich war mit drei Jungen zusammen, mit denen ich in dieser Woche Freundschaft geschlossen hatte. Freunde waren für mich ein seltener Luxus. Ich hatte so einige Kompromisse schließen müssen, um die Anerkennung dieser Jungen zu gewinnen. Als wir da so standen und einander versprachen, auf immer und ewig in Kontakt zu bleiben (heute weiß ich nicht mal mehr ihre Namen!), hörten wir Bernie kommen. Er schrie schon von Weitem aus Leibeskräften mit aufgeregter, krächzender Stimme: „Ich weisch wasch!" Er lispelte wie immer. „Ich weisch wasch!"

Ich stellte mich schnell darauf ein, meine Freunde noch einmal mit der Imitation von Bernies Schrei zu begeistern, aber bevor ich diese letzte Grausamkeit begehen konnte, schloss Bernie sich unserem Kreis an.

Seine Augen strahlten so intensiv vor Freude, wie ich es noch nie erlebt hatte. Er schluckte und holte Luft. „Ich weisch wasch!", krähte er. „Jeschusch *liebt* mich." Dann deutete er auf seine schwer arbeitende Brust und veränderte die Betonung.

„*Jeschusch* liebt *mich*!" Bernies Augen tanzten vor Freude, während er mit ausgestreckten Armen herumhüpfte und wild mit dem Kopf nickte.

Da standen wir nun mit offenen Mündern und schamhaft abgewandtem Blick. Doch Bernie kam es nicht auf unsere Bestätigung an. Die brauchte er nicht mehr. Er wartete nicht auf ein Signal, dass wir ihn verstanden hatten. Er gab die gute Nachricht einfach nur weiter.

Er kreischte vor Vergnügen, ließ uns stehen und lief auf eine andere Gruppe zu. Ich höre noch heute seine glückliche Stimme rufen: „Ich weisch wasch! Ich weisch wasch! Jeschusch liebt mich!"

Wie er bei einem Intelligenztest abgeschnitten hätte, spielte gar keine Rolle. Bernie hatte an diesem Morgen begriffen, was das Allerwichtigste im Leben ist und was mancher viel hellere Kopf nie versteht. Er wusste, dass er nichts zu beweisen hatte. Jesus liebte ihn. Er brauchte den Normen seiner Umwelt nicht gerecht zu werden und etwas Besonderes zu leisten. Er musste auch nicht beliebt sein. Er hatte nichts zu beweisen. Das ist Freiheit.

Es ist die Wahrheit, die frei macht. Bernie war an diesem Morgen nicht von seiner Behinderung geheilt worden. Ich bin ziemlich sicher, dass er keine Karriere im weltlichen Sinne gemacht hat. Was ich aber weiß, ist, dass er frei von der Verzweiflung war, die sich vorher manchmal auf seinem Gesicht abgezeichnet hatte. Er brauchte nicht mehr um jeden Preis die Anerkennung jedes Menschen, der ihm begegnete. Der Geist Gottes hatte Bernie die Wahrheit offenbart, die schon so lange gilt.

Alle Erkenntnisse aus den vorangegangenen Kapiteln dieses Buches – unsere Möglichkeit, so erfüllt zu leben, wie Gott es uns zugedacht hat, die Chance, frei von Selbstzweifeln und gesellschaftlichem Druck zu werden, die Hoffnung auf Selbstachtung, die Entdeckung des Sinns, die Erkenntnis des Willens Gottes, das Leben ohne Beweiszwang – das alles beruht auf einem simplen Fundament der Wahrheit. Es ist genau die Wahrheit, die Bernie damals im Ferienlager von Gott geschenkt wurde.

Die Freiheit eines Lebens ohne Beweiszwang

Wie tief müssen sich die schweren Ketten der Gefangenschaft ins Fleisch von Männern und Frauen schneiden, die ständig versuchen, der Welt ihren Wert zu beweisen! Wir sind nicht dazu geschaffen, unsere Mitmenschen in einem grausamen Wettkampf aus dem Feld zu schlagen. Wir sind dazu gemacht, aus freien Stücken diejenigen an unserer Kraft, unserem Geld und unseren Talenten teilhaben zu lassen, die weniger davon haben. Wenn wir bisher etwas bewiesen haben, dann die Unfähigkeit, dem großartigen Ziel gerecht zu werden, das Gott für uns im Sinn hatte.

Lesen Sie noch einmal ganz neu den folgenden Vers, eine Bibelstelle, die wir allzu oft benutzt haben, um „Sünder" zu bekehren. Es liegt viel mehr darin. Hier werden wir daran erinnert, dass wir nichts zu beweisen haben:

„Alle sind schuldig geworden und haben die Herrlichkeit verscherzt, die Gott ihnen geschenkt hatte. Aber Gott hat mit ihnen Erbarmen und nimmt sie wieder an. Das ist ein reines Geschenk. Durch Jesus Christus hat er uns aus der Gewalt der Sünde befreit" (Römer 3,23–24).

Im Römerbrief, Kapitel 6, 23 werden wir gewarnt: „Die Sünde zahlt ihren Lohn: Den Tod." Hier ist nicht nur der körperliche Tod gemeint, sondern auch ein Tod bei lebendigem Leibe, nämlich ein Leben ohne jede Inspiration und Hoffnung. Es gibt nichts, was wir tun könnten, um Gott unseren Wert zu beweisen. Es gibt aber auch keinen Grund, warum das notwendig sein sollte. Unser Wert ist seit Ewigkeit fest geschrieben, nicht durch unser eigenes Handeln, sondern durch das, was Jesus getan hat. Er hat am Kreuz „den Lohn gezahlt". Gott war schon klar, dass wir seine Liebe nicht wert waren. Doch statt uns die wohlverdiente Todesstrafe zu verordnen, ließ Gott seinen Sohn sterben, damit wir leben können. In diesem Augenblick wurde überall auf der Welt die gleiche Botschaft laut, die Bernie ausgerufen hatte: „Gute Nachricht! Gute Nachricht! Ihr braucht nichts mehr zu beweisen!"

Jeder kann diese Wahrheit befreiend auf sich wirken lassen. *Wir brauchen nichts mehr zu beweisen.*

Sie sind Gottes einzigartiges Geschöpf und auf diese Erde gestellt worden, um etwas zu bewirken, das niemand sonst in der ganzen Geschichte wiederholen kann. Glauben Sie das? Gott *wollte* den höchsten Preis dafür zahlen, damit Sie leben können. Er gab seinen Sohn, um Sie zu erlösen. Durch die Vergebung können Sie an Gottes ursprünglicher Absicht für Ihr Leben teilhaben. Das lässt Ihren Wert ins Unermessliche steigen. Sie brauchen keinen einzigen Augenblick mehr mit Beweisen zu verschwenden. Vielmehr können Sie jetzt jede Sekunde Ihres Lebens voll ausschöpfen.

Gute Nachricht! Wir können einfach leben. Wir brauchen nichts zu beweisen.

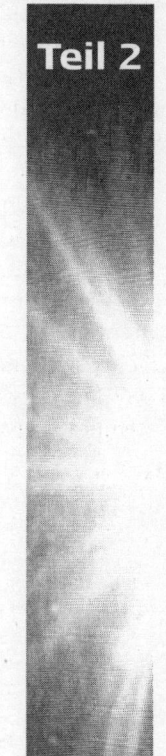

Teil 2

Nichts
zu
verbergen

Moral – ist das ein Schimpfwort?

6

Wer an den Kompass gefesselt ist, besitzt die Freiheit der Meere (Quelle unbekannt).

Eine Gesellschaft auf Irrwegen

Als erster Grundsatz für ein pralles Leben gilt: Wir müssen nichts beweisen. Der zweite lautet: Wir haben nichts zu verbergen. Es ist unmöglich, mit voller Kraft voraus zu leben, wenn man ständig Energie auf Vertuschungsversuche verschwendet – ob man nun andere oder sich selbst betrügt. Nur der genießt Freiheit, der sich ganz und gar der Aufrichtigkeit verschrieben hat. Und so eine Verpflichtung kann nur der übernehmen, der sich im Lauf seines Lebens eine Grundlage dafür geschaffen hat: ein in sich stimmiges Wertesystem.

Die moderne Gesellschaft geht entrüstet gegen solche moralischen Grundsätze vor, und zwar aus durchaus einleuchtenden Gründen. Wenn man nämlich gezwungen ist, ständig seinen Wert zu beweisen, dann sehnt man sich nach Freiheit. Erst einmal müsste man dazu allerdings erkennen, was Freiheit wirklich bedeutet. Doch meist stellt man sich persönliche Freiheit als ein Leben vor, das nicht von absoluten Werten eingeschränkt wird. Wir leben in einer relativistischen Gesellschaft, die bei der bloßen Idee absoluter moralischer Werte ein Protestgeheul anstimmt. Die moderne westliche Gesellschaft hat sich gegen alle Vernunft in die Idee des moralischen Relativismus verliebt. Der gesunde Menschenverstand bleibt dabei auf der Strecke. Tatsache aber ist, dass sich nirgendwo in der Schöpfung die

Lebensfähigkeit eines moralischen Relativismus nachweisen lässt.

In unserer Welt herrschen allerorten Gesetze mit absoluter Geltung. Diese Gesetze existieren als Beweis einer Ordnung, die der gesamten Schöpfung zu Grunde liegt. Wer sich an diese Gesetze hält, genießt seine Freiheit, löst seine Probleme und macht immer wieder spannende Entdeckungen. Wer dagegen verstößt, erntet Chaos und Tod.

Die einleuchtendsten und deutlichsten Beispiele für absolute Gesetze lassen sich in den Naturwissenschaften finden. Tag für Tag gewinnen die Wissenschaftler neue Erkenntnisse zur Ordnung des Universums dazu. Nicht nur, dass dadurch eine absolute Ordnung im Bereich der Natur enthüllt wird; die Methoden, mit denen man dabei vorgeht, lassen sich aus weltweit anerkannten wissenschaftlichen Regeln herleiten.[1] Wenn eine Studie gegen die Regeln der Wissenschaftlichkeit verstößt, kann sie keine Gültigkeit beanspruchen. Im Labor gibt es keinen Relativismus.

Der gleiche Grundsatz gilt in praktisch jedem Bereich menschlicher Aktivität. Zum Beispiel in der Medizin: weil hier die Regeln befolgt wurden, ist die Menschheit von Krankheiten befreit worden, die früher Millionen das Leben gekostet haben. Seuchen wie Pest, Lepra, TBC und Kinderlähmung sind so gut wie ausgerottet. Die Gesetze von Mathematik und Physik haben uns neue Wissenshorizonte eröffnet, die noch vor zehn Jahren undenkbar schienen. Ob Sie mit dem Text auf dieser Seite etwas anfangen können, hängt von absoluten Regeln im Hinblick auf Sprache, Alphabet und Vernunftbegabung ab. Tatsache ist, dass die gesamte Fähigkeit des Nachdenkens und vernünftigen Schlussfolgerns auf der gleichen Basis entsteht. Ohne diese Basis könnte man gar nichts wissen.

Unsere Abhängigkeit von absoluten Werten wirkt sich auf jeden Aspekt des Lebens aus. Auch Leute, die das leugnen, erwartet im Grunde, dass einige absolute Werte doch anerkannt und eingehalten werden. Angenommen, man wartet in einem Flugzeug auf den Start und der Flugbegleiter verkündet, der

Kapitän habe gar nicht fliegen gelernt. Dann würde man über Leichen gehen, um aus der Maschine rauszukommen. Angenommen, man liegt unter den ersten Wirkungen des Betäubungsmittels auf dem Operationstisch und die Schwester verrät, dass eine ältere Dame ohne medizinische Ausbildung die Operation durchführen wird. Egal, wie stark die Sedierung bereits ist, würde man sich die Schläuche abreißen und wie ein junger Hirsch vom Tisch springen.

Wir verlangen absolute Sicherheitsstandards bei der Autoherstellung, absolut zuverlässige Gesundheitskontrollen für unsere Lebensmittel und absolut korrektes Finanzgebaren bei unserer Bank. Energisch fordert man die absolute Einhaltung der Regeln bei Sportereignissen. Man geht sogar so weit, Spielszenen in Zeitlupe zu wiederholen, um sicher zu gehen, dass die Regeln absolut eingehalten wurden.

Wir leben in einer Welt, die auf fundamentale und absolut geltende Gesetze angewiesen ist. Die gleiche Welt aber vergißt zu unserem Erschrecken jede Logik, indem sie nicht akzeptiert, dass es universelle moralische Gesetze gibt. Das Ergebnis sind emotionale und soziale Katastrophen.

In einer Rede in Harvard sagte Alexander Solschenizyn: „(Im Westen) hat man einer destruktiven und unverantwortlichen Freiheit grenzenlosen Raum gewährt. Es stellt sich heraus, dass sich die Gesellschaft kaum gegen den Abgrund menschlicher Dekadenz verteidigen kann."[2]

Wenn wir der moralischen Anarchie Einhalt gebieten wollen, dann müssen wir uns auf irgendeine universelle Definition von Moral verständigen – auf eine Definition mit absoluter Gültigkeit – und diesen Maßstab anstreben. Wer natürlich die Existenz absoluter Werte abstreitet, wird behaupten, dass eine solche absolut gültige Festlegung die persönliche Freiheit beeinträchtigt, die Kreativität zerstört und Intoleranz erzeugt. Tatsache aber ist, dass ein genussvolles Leben auf einem absolut gültigen Wertesystem beruhen muss. Absolute Werte berauben uns nicht etwa der Freiheit und der Erfüllung. Vielmehr verstärken sie erst unsere Chance, beides zu erlangen. Wer danach strebt,

seinem Potenzial voll gerecht zu werden, kommt ohne absolute
Werte nie ans Ziel.

Zügellosigkeit hat ihren Preis

Gottes Liebe und Führung gibt mehr Raum für Freiheit, als man
ein ganzes Leben lang beschreiben könnte. Trotzdem halten wir
uns länger mit der Frage auf, wo dieser Bereich endet, als mit
der Erkundung der Freiheit selbst.[3] Dieses Verhalten erinnert
mich an die Kühe, die wir früher auf unserer Farm in Minnesota
hatten. Die Tiere kehrten ihrer riesigen, üppig grünen Weide den
Rücken zu und reckten die Hälse durch den Stacheldrahtzaun,
um an den staubigen, vertrockneten Unkräutern am Straßen-
rand zu knabbern.

Die Grundhaltung des Menschen hat sich seit Adam und Eva
nicht verändert. Sie bekommen das Paradies als Lebensraum.
Gott versorgt sie reichlich mit abwechslungsreicher Nahrung in
Überfluß. Die schönsten Pflanzen und Tiere zieren den Garten
Eden. Kein Konflikt trübt die Beziehungen der Menschen, weder
miteinander noch mit dem Schöpfer. Sie dürfen überall hingehen und alles tun – eine Freiheit, die uns unvorstellbar ist. Sie
mussten sich weder mit Verwaltungsauflagen noch mit kompli-
zierten Gesetzen plagen. Gott legte ihnen nur eine einzige For-
derung ans Herz: Er gab ihnen vor, nicht von dem Baum mitten
im Garten zu essen.

Abgesehen davon gehörte die Welt ganz allein ihnen. Was für
eine Freiheit! Und doch wurde der verbotene Baum schnell zum
Mittelpunkt ihrer Aufmerksamkeit. Statt sich am „Himmel auf
Erden" zu erfreuen, standen sie wie hypnotisiert vor dem einen
Baum hinter dem einzigen „Zaun" des ganzen Universums. Ihre
Faszination von dem verbotenen Baum, ihre Blindheit für die
grenzenlose Herrlichkeit um sie herum, ihre Weigerung, Gottes
einziges Gesetz zu achten – all das stieß die Tür zu einem Leben
voller Konflikte und Leid auf, für sie selbst und alle, die nach
ihnen kamen. Mit einer einzigen unbedachten Handlung zer-

störten sie ihre Freiheit und versklavten sich zeitlebens an die Tretmühle.

Genauso ist es auch heute. Indem die Menschen sich einer absoluten Moral verweigern, geraten sie in die Gefangenschaft gerade durch die Errungenschaften, die als Ausdruck der Freiheit gelten. Man beteiligt sich am Abriß der letzten moralischen Schranken und brüstet sich noch damit, die „überholten" Werte losgeworden zu sein. Man hält sich für frei, weil man die natürlichen Grenzen nicht anerkennt, die das Leben (und die Gesellschaft) zusammenhalten.

Doch das ist keine Freiheit. Wie Adam und Eva sind die Menschen auch heute noch nackt, verletzlich und verloren.

Sinn und Unsinn

Es hat seinen Preis, wenn die Gesellschaft sich den Konsequenzen verweigert, die mit den moralischen Werten einhergehen. Die sexuelle Revolution zum Beispiel hat nicht die verheißene Freiheit gebracht. Stattdessen ist Angst, Misstrauen und Krankheit daraus entstanden.

Auch auf andere Bereiche des Lebens hat der Verfall schon übergegriffen. Ich erinnere mich noch, wie ich in den frühen sechziger Jahren zum ersten Mal ein modernes Kunstwerk gesehen habe. Es sah aus, als ob eine Buntstiftfabrik explodiert wäre. Farbe und Wachs waren per Zufall auf eine leere Leinwand gespritzt worden. Ich fragte den Künstler nach der Bedeutung.

„Es stellt alles dar, was man darunter verstehen will", erklärte er.

„Und was stellt es Ihrer Meinung nach dar?", hakte ich nach.

Er sah mich an, als hätte ich gerade seine Mutter beleidigt. „Gar nichts", sagte er verächtlich und wandte sich ab, um mit etwas aufgeklärteren Menschen zu reden.

Irgendjemand hat für diese Schmiererei zum Thema Nichts ein kleines Vermögen bezahlt. Ein paar Monate später aber wurde ein Affe geholt und durfte nach dem Zufallsprinzip Farbe auf eine Leinwand verspritzen. Das Affenbild brachte sogar noch mehr ein als das Kunstwerk des menschlichen Malers. Wenn ich an die Hinterlassenschaften unserer Viehherden von damals denke – hätte ich bloß eine Leinwand in den Stall gelegt, dann wäre ich heute ein reicher Mann!

Die Welt der Kunst ist so tief gesunken, dass ein „Künstler" heutzutage ein Kruzifix in ein Glas mit Urin legen, ein Foto machen und das Machwerk „Kunst" nennen kann.

Ich will damit Folgendes sagen: Wenn man sich darum drückt, etwas zu definieren – wenn man also die Grenzen nicht anerkennt, die eine Sache einzigartig machen –, dann hört diese Ausdrucksform in einem sehr realen Sinne auf zu existieren. Wenn die Grenzen der Schönheit und handwerklichen Gestaltung in der Kunst aufgehoben werden, dann ist alles Kunst und das heißt: Es gibt keine Kunst mehr. Nach Meinung des Kunsthistorikers H. R. Rookmaker ist genau das der modernen Kunst zugestoßen.[4] Kreativität und Freiheit sind verloren gegangen, ganz zu schweigen von Schönheit und Wahrheit. Ebenso hört unser Wertesystem auf zu existieren, wenn man den absolut gültigen Rahmen für moralische Richtlinien aufhebt.

Rookmaker hat wörtlich gesagt: „Die Krise in den Künsten ist Ausdruck einer viel größeren Krise in unserer ganzen Kultur. Diese große Krise ist geistiger Art und wirkt sich auf alle Aspekte der Gesellschaft aus, wie Wirtschaft, Technologie und Ethik".[5]

Durch unsere Ablehnung absoluter Werte wurde die Krise heraufbeschworen, von der Rookmaker redet. Wenn man nicht mehr definieren kann, was Moral ist, geben wir unser Recht auf, irgendetwas als moralisch oder unmoralisch zu bezeichnen. Wer bei bestimmten Akten der Unmoral selektiv wegschaut, ansonsten aber versucht, bei anderen Abscheulichkeiten Widerstand zu leisten, befindet sich, philosophisch gesehen, auf dünnem Eis. Man kann nicht Sex mit Tieren für moralisch unbedenklich erklären, Pädophilie aber verdammen. Entweder gibt es ein absolutes Wertesystem oder es gibt keines. Wenn nicht, dann darf man sich überhaupt kein moralisches Urteil erlauben.

Ohne die Maßstäbe eines absolut gültigen Wertesystems wären Mord und Pädophilie genauso akzeptabel wie Ehebruch. Obwohl ein absolut gültiges Wertesystem offensichtlich notwendig ist, wird so etwas in unserer Gesellschaft meist als Rückfall in ein unaufgeklärtes Zeitalter abgewertet.

Das Evangelium des neuen Jahrtausends ist uneingeschränkte Toleranz. Jeder soll tun, was er für richtig hält. Das Ergebnis ist ein moralisches und soziales Chaos.

Die Welt spielt verrückt

Bei uns steht manches auf dem Kopf. Man zwinkert sich schelmisch zu, wenn jemand sexuell über die Stränge schlägt. Für das Recht aber, ein Kind zu töten, das dabei entsteht, geht man auf die Straße. Wir geben Millionen dafür aus, um Wale zu retten, drehen aber jeden Pfennig zweimal um, der für die Sanierung von Sonderschulen gebraucht würde.

Als Barbara Schoener, Mutter von zwei Kleinkindern, vor nicht allzu langer Zeit in der Nähe von Sacramento joggen ging, wurde sie von einem Pumaweibchen angegriffen und getötet. Ein paar Sportler taten sich zusammen und sammelten 9.000 Dollar als Spende für die verwaisten Kinder. Für das verwaiste Junge des Puma, der erschossen worden war, kamen 22.000 Dollar zusammen.

Wenn unser Wertesystem verwässert wird, dann siegt die Herzlosigkeit. Die Abschaffung absoluter Werte gilt also als Fortschritt für die aufgeklärte Gesellschaft. Warum werden dann unsere Zukunftsaussichten immer düsterer?

Mona Charen stellt dazu eine Frage: „Und was haben wir in der modernen Gesellschaft dadurch bewirkt, dass wir die traditionellen Wertmaßstäbe über Bord geworfen haben? Wir erleben eine Sozialstruktur, die sich zersetzt, in der kriminelles Verhalten überhand nimmt, Familien zerbrechen und Drogenmissbrauch, Selbstmord und Geschlechtskrankheiten wie Seuchen um sich greifen.

Lassen wir die Fakten reden: Von 1960 bis 1990 . . . ist die Bevölkerung der Vereinigten Staaten um 41 % gewachsen, und das Bruttosozialprodukt hat sich fast verdreifacht. Gleichzeitig hat die Zahl der Gewaltverbrechen in diesen entscheidenden dreißig Jahren um 560 % zugenommen, die Zahl der unehelichen Kinder um mehr als 400 %; die Scheidungsrate hat sich vervierfacht sowie die Selbstmordrate bei Jugendlichen verdoppelt . . . Wir sind so tief gesunken, dass wir uns nicht einmal mehr einigen können, welche Werte Gültigkeit haben . . . In unserem Zeitalter herrscht ein moralisches Chaos – und das kommt uns teuer zu stehen."[6]

Es gibt ein altes Schlagwort, das immer noch als Totschlag-Argument gegen gesunden Menschenverstand und moralische Werte verwendet wird: „Man kann die Moral nicht zum Gesetz erheben." Dazu eine einfache Tatsache: Jede Form von Gesetzgebung beruht auf einer Moral. Franky Schaeffer drückt das so aus: „Jede Rechtsprechung ist im Grunde eine Art Moral in Gesetzesform. Die Frage ist, wessen Moral sich durchsetzt."[7]

Unsere Gesellschaft beweist deutlich, dass Gleichgültigkeit gegenüber absoluten Werten kein besseres Leben bewirkt, sondern nur einen schalen Ersatz dafür. Echte Freiheit ergibt sich dagegen aus der Erkenntnis und dem Beharren auf der Wahrheit. In der Bibel steht es am klarsten: „(Ihr) werdet die Wahrheit erkennen, und die Wahrheit wird euch frei machen" (Johannes 8,32).

Wie eigentlich passiert das? Wie macht uns die Wahrheit einer absoluten Moral frei?

Grenzen sind nützlich

Eine Landkarte für moralische Abgründe

Jay Kesler, Präsident der Taylor-Universität, erzählt die Geschichte einer Mutprobe bei den Pfadfindern. Der „prüfungswillige" Junge wird mit verbundenen Augen durch den Wald zu einer alten, verlassenen Hütte geführt. Seine Freunde behaupten, es gebe einen alten, trockengelegten Brunnen im Raum – einen besonders tiefen Brunnen. Dann tischen sie ihm Lügenmärchen über unvorsichtige Kinder auf, die darin zu Tode gestürzt sind. Um das zu untermauern, legen sie ihm einen Stein in die Hand. Er solle sich vorsichtig vornüber beugen und ihn in den Brunnen werfen. Wenn er den Stein fallenlässt, fängt ihn einer der Jungen lautlos auf. Ein paar Sekunden später wirft ein zweiter am anderen Ende des Raums einen Stein auf den staubigen Boden. Für das Opfer hört es sich so an, als sei der Stein in einen sehr, sehr tiefen Brunnen gefallen.

Nachdem sie ihn ein paarmal im Kreis gedreht haben, damit er die Orientierung verliert, sagen sie ihm, er werde nicht in die Gruppe aufgenommen, wenn er die Augenbinde abnehme. Natürlich gelte das auch für den Fall, dass er sich in den Brunnen zu Tode stürze. Dann verlassen sie die Hütte und schauen durch die Fenster und die offene Tür aus einiger Entfernung zu, was passiert.

Die meisten Neuen, die dieser Mutprobe unterzogen werden, rühren sich einfach nicht von der Stelle. Wenn sie erst einmal von den andern „allein gelassen" werden, bleiben sie die ganze Zeit wie erstarrt in der Hütte stehen. Sie sind praktisch gelähmt. Warum? Weil sie nichts sehen und keine Ahnung haben, wo sich der gefährliche Brunnen befindet. Sie wissen nur, dass jeder Schritt in die falsche Richtung der letzte sein kann.

Natürlich gibt es gar keinen Brunnen – das ganze ist nur ein Streich!

So weit, so gut. Doch im wahren Leben gibt es viele echte und lebensgefährliche Abgründe. Millionen von Menschen unserer Generation ertasten sich ihren Weg durch das Leben blind, ohne Orientierung, ohne Ziel, ohne Lebensfreude. Sie fürchten ständig, der nächste Schritt könnte der letzte sein, weil sie nicht wissen, wo die Abgründe sind. Andere haben sich verletzt oder starben, weil sie einfach drauflos gegangen sind. Sie glaubten, es gebe keinen Abgrund. Sie haben sich geirrt.

Warum machen so viele Menschen einfach weiter, wenn doch für Missachtung oder Leugnung absoluter Werte so ein hoher Preis zu zahlen ist? Wie schon gesagt: weil man gegen die Gültigkeit absoluter Werte den Einwand erhebt, dass sie die persönliche Freiheit einschränken, die Kreativität zerstören und Intoleranz fördern.

Die absoluten Werte aus Gottes Wort beeinträchtigen also die persönliche Freiheit? In seinem bahnbrechenden Werk *None of These Diseases* („Keine dieser Krankheiten") hat der Arzt S. I. McMillen eine schier unglaubliche Beweisflut gesammelt, mit der aufgezeigt wird, wie viele der göttlichen Gesetze uns buchstäblich davor bewahren, uns selbst umzubringen. Zur Zeit Moses starben Männer und Frauen wie die Fliegen, weil sie sich an die gesundheitsschädlichen pseudo-medizinischen Praktiken der Ägypter hielten und unter anderem folgende Substanzen als „Medikament" anwendeten: „Eidechsenblut, Schweinezähne, verwestes Fleisch, ranziges Fett, Ohrenschmalz von Schweinen, Eselshufe, tierische Fette unterschiedlichster Herkunft, tierische und menschliche Exkremente, darunter von Eseln, Antilopen, Hunden, Katzen und sogar Fliegen."[8]

Solche abscheulichen Anwendungen halfen nicht nur nicht, sondern sorgten im Gegenteil sogar für die Entstehung von Krankheiten, die zu den schlimmsten der Menschheitsgeschichte gehören.

Als aber Mose die Israeliten aus Ägypten führte, gab ihm der Herr ein ganz bemerkenswertes Versprechen für das neue Volk:

„Achtet genau auf das, was ich, euer Gott, euch sage, und handelt danach! Befolgt alle meine Anordnungen und Gebote und tut, was ich für recht erklärt habe. Dann will ich euch keine der Krankheiten schicken, mit denen ich die Ägypter geplagt habe. Ich, der Herr, bin euer Arzt" (2. Mose 15,26).

Diese Anweisungen waren nicht nur frei von schädlichen Praktiken, sondern wiesen viele detaillierte positive Empfehlungen auf. Unter anderem sagt Gott, welche Quarantänemaßnahmen bei ansteckenden Krankheiten zu befolgen seien, welche ungesunden Nahrungsmittel und welche schädlichen Sexualpraktiken gemieden werden sollten. Er erteilte sogar Anweisungen zur persönlichen Hygiene. Hätte man diese immer befolgt, hätten viele Menschen wahrscheinlich gesünder und länger gelebt!

In der ganzen Bibel gibt es kein einziges Gesetz, das den Zweck hatte, dem Leben seine Freude und Spannung zu rauben. Gottes absolute Werte hatten einen positiven, keinen negativen Sinn: Er wollte den Menschen, die er liebte, Maßstäbe geben, mit denen sie die ganze Fülle des Lebens auskosten konnten.

Ein Pilot, der die Sicherheitsbestimmungen nicht anwenden will, geht in den Tod und nimmt seine Passagiere mit. Ein Chirurg, der medizinische Grundsätze außer Acht lässt, verletzt nur, statt zu heilen. Ein Mensch, der die absoluten moralischen Werte des Lebens ignoriert, kann nicht sein volles Potenzial entfalten. Wir ernten, was wir gesät haben.

Sprungbrett zur Kreativität

Eins der Argumente gegen absolute Werte lautet: Das erstickt die Kreativität. Doch alle Lebenserfahrung beweist das Gegenteil. Wahre Freiheit und echte Kreativität wachsen auf der Grundlage absoluter Werte. Ohne Frage ist ein diszipliniertes Leben in Sachen Kreativität dem ziellosen Zappeln eines Menschen überlegen, der sich gegen moralische Schranken verwahrt.

Beim Sport zum Beispiel ist es die Präzision und Kunstfertigkeit des Olympiaathleten, die uns fast Tränen in die Augen steigen lassen. Hinter dem eleganten Schwung des Schlittschuhläufers und der Anmut der Turnerin stehen Jahre disziplinierten Trainings. Wer sich nicht dazu hergibt, seinen Körper zu trainieren und die Grundlagen seines Sports von der Pike auf zu lernen, kann kein erfolgreicher Sportler sein. Würden Sie sich Eintrittskarten kaufen, um faulen, ungeschickten und disziplinlosen Männern oder Frauen zuzuschauen, die ihren Sport zum Gespött machen? Wahrscheinlich nicht. Die Zuschauer im Stadion bewundern doch diejenigen, die die Grundlagen so diszipliniert trainiert haben, dass sie die Freiheit haben, spontan auf ungewohnte und anstrengende Situationen im Wettbewerb zu reagieren.

Das gleiche trifft für einen Musiker zu. Er ist dann wahrhaft kreativ, wenn er sein Fach so gründlich versteht und meistert, dass er frei improvisieren und individuelle Schönheit in die Kunstform legen kann. Die Grundlage davon ist die absolute Beherrschung der fundamentalen Ordnung der Musik und ihrer Gesetze. Niemand ruft „Bravo!", wenn ein Orchester die Instrumente stimmt. Es ist die Beherrschung der schwierigen Takte, die uns bei der symphonischen Aufführung rühren. Disziplin führt in jedem Lebensbereich zu hervorragenden Leistungen. Sie erfordert aber auch ein absolutes Wertesystem.

Nichts zu verbergen

Was hat ein Kapitel über absolute Werte in einem Buch zu suchen, in dem es um das volle Ausschöpfen des Lebens geht? Was hat das alles mit Ihnen zu tun?

Nicht mehr als so viel: Wenn wir Gottes absolute Werte anerkennen und uns der Disziplin unterwerfen, nach seinen Gesetzen zu leben, erarbeiten wir uns die Voraussetzung für ein genussvolles Leben. Für ein Leben ohne Heimlichkeit ist moralische Integrität erforderlich. Wer sich nicht auf Gottes absolute Maßstäbe einlässt, wird bald etwas zu verstecken haben.

„Laß den Herrn die Quelle deiner Freude sein; er wird dir jeden Wunsch erfüllen" (Psalm 37,4). Menschen, die Gottes Gesetz kennen und ihre Lust daran haben, lassen sich nicht so einfach in die Irre führen. Sie kennen die moralischen Abgründe und wissen, wie man sie meidet. Und ihre Wünsche sind die wahren Wünsche des Herzens, kein billiger Ersatz, der einen leer zurücklässt. Wer sich an Gottes Gesetz orientiert, hat einen inneren Kompass für ein genussvolles Leben.

Glauben Sie nicht der Idee, dass absolute Werte nicht mehr „in" sind und uns vom wahren Leben abhalten. Lassen Sie sich auf Gottes Grundsätze ein und widmen Sie sich der Erkundung

der Freiheit, die darin liegt. Erforschen Sie sein Wort nach Maßstäben, die ein pralles Leben Wirklichkeit werden lassen. Mit der
Kraft, die in Gottes Versprechen liegt, kommt Feuer in Ihr Leben!

Anmerkungen

[1] Information über naturwissenschaftliche Gesetze findet sich
bei Thomas Kuhn, Die strukturwissenschaftlichen Revolutionen,
Suhrkamp 1973

[2] Alexander Solschenizyn, Politik und Moral am Ende des
20. Jahrhunderts, Carl Winter 1993

[3] Siehe Vernard Eller, The Mad Morality, Nashville 1970, S. 7–9

[4] H. R. Rookmaker, Modern Art and the Death of a Culture,
Downers Grove 1970, S. 161

[5] H. R. Rookmaker, Art Needs No Justification, Downers Grove 1978,
S. 15

[6] Mona Charen, „Virtue Vanishing from National Character"
in: Rocky Mountain News, April 1993, S. 53

[7] Franky Schaeffer, A Time for Anger, Wheaton 1982, S. 25

[8] S. E. Massengill, A Sketch of Medicine and Pharmacy,
Bristol 1943, S. 16, zit. nach S. I. McMillan, None of These Diseases,
Old Tappan 1963, S. 9

7

Sünde hat ihren Preis

Wenn man Sünde nicht bekennt,
brennt sie wie eine ätzende Säure ein Loch ins Herz.

Ich weiß noch gut, wie ich den Stift zum ersten Mal gesehen hatte. Es war das tollste, verführerischste, schönste Ding, das mir je unter die Augen gekommen war. Das Unterteil war herrlich smaragdgrün, und das Oberteil war mit einer klaren Flüssigkeit gefüllt. Darin schwebten ein kleiner Baseball-Spieler und ein winziger Baseball. Wenn man den Stift auf den Kopf stellte, sank der kleine Ball ganz bis in die Spitze. Drehte man ihn dann vorsichtig wieder um, konnte man den Baseball-Spieler den winzigen Ball fangen lassen.

Diesen Stift musste ich unbedingt haben! Der Junge, dem er gehörte, war großzügig. Er ließ mich damit spielen, wann ich Lust dazu hatte. Aber ich wollte mehr – ich wollte den Stift *besitzen*. Dieser Wunsch verfolgte mich auf Schritt und Tritt, und eines Tages, als alle draußen spielten, schlich ich mich in die Klasse und stahl den Stift.

Als der Unterricht wieder anfing, zitterte ich richtig. Das Leben zeigte mir plötzlich seine häßliche Seite. Als der Lehrer mich aufrief, zuckte ich erschrocken zusammen. War es soweit? War ich entdeckt worden? Bestimmt wussten meine Klassenkameraden Bescheid – so, wie die mich anschauten! Seltsam, dass sich niemand über den gestohlenen Stift aufregte; vielleicht hatte der Junge, dem er gehörte, keine Verlustmeldung gemacht. Aber mein dunkles Geheimnis machte mir zu schaffen.

In den nächsten Tagen versteckte ich den Stift an den unterschiedlichsten Stellen, wo ich ihn nie lange ließ. Eigentlich wollte ich ihn gar nicht mehr haben; mein Wunsch danach war von schlechtem Gewissen und Angst längst abgetötet worden. Eigentlich wartete ich auf eine Gelegenheit, ihn zurückzugeben. Aber ich wartete zu lange – irgendwann hatte ich ihn an einem so sicheren Ort versteckt, dass ich ihn selbst nicht mehr fand

Bis heute überschattet meine Tat die Erinnerung an dieses Schuljahr. Von dem Augenblick an, als ich den Stift in meine Tasche steckte, war sein Reiz dahin. (Seit dem Diebstahl hatte ich keine Möglichkeit mehr gehabt, damit zu spielen.) Die Angst und das schlechte Gewissen nach dem Diebstahl wurde wochenlang zur zentralen Realität meines Lebens. Vielleicht denken Sie jetzt: *Meine Güte, Ken – es war doch nur ein Stift!*

Stimmt; mein Verbrechen war im Vergleich zu anderen sicher unbedeutend. Unabhängig von der Schwere meiner Sünde waren aber die Auswirkungen die gleichen. Sünde in jeder Form und Größe zerstört. Verborgene Sünde wirkt sich katastrophal aus. Wenn man etwas verheimlichen muss, hängt es einem wie ein Mühlstein um den Hals.

Leider blieb der gestohlene Stift nicht das einzige Geheimnis, das mir das Leben erschwerte. Ich erlebte es auch als Erwachsener, dass mir verborgene Sünde alle Lebensfreude und Unbeschwertheit raubte. Es gab eine Phase, als mein kirchliches Auftreten und mein sonstiges Leben weit auseinander klafften. Ständig jonglierte ich mit meinen unterschiedlichen Lebensweisen und verbarg die Bruchstellen. Allmählich fragte ich mich, wer ich eigentlich wirklich war. War ich der brave Christ, den ich in der Kirche vorführte? War ich eher die Person, die meine Freunde in den Clubs kennengelernt hatten? Jedesmal, wenn das Telefon klingelte, fragte ich mich, ob man mir auf die Schliche gekommen war.

Jemand sagte einmal, das Schöne an der Wahrheit sei, dass man sich nie erinnern müsse, was man gesagt hatte. Das Schöne an einem Leben ohne Heimlichkeit ist die Freiheit, einfach nur man selbst zu sein – man braucht niemandem etwas vorzumachen, nicht zu betrügen, keine Angst vor Entdeckung zu haben. Die Menschen um einen her haben es genau mit dem Typen zu tun, den sie kennen.

Schlechte Motive

Als ich mich endlich aus dem Versteckspiel befreit hatte, konnte ich anderen offen von meinen Erfahrungen berichten. Ich habe festgestellt, dass viele Männer und Frauen unter dem gleichen lähmenden Problem leiden. Mir wird traurig zumute, wenn ich an einen Freund denke, der so lange seine heimlichen Affären durchzog, bis seine Ehe und seine Familie kaputt waren. Andere gaben sich heimlich mit Pornografie ab und merkten schließlich, wie sehr diese Sucht ihr ganzes Leben beherrschte. Wieder andere pflegten ihren Zorn und Ärger so lange, bis Hass daraus wurde und ihr ganzes Leben vergiftete. Ich habe das Leid von verborgenem Alkoholismus und von heimlicher Spielsucht gesehen. Viele sind unbemerkt in die Medikamentenabhängigkeit geraten.

Tatsache ist: Die Sünde bringt uns um. Sie tötet nicht nur körperlich, sondern auch emotional und geistlich. In der Bibel steht: „Seid wachsam und nüchtern! Euer Feind, der Teufel, schleicht um die Herde wie ein hungriger Löwe. Er wartet nur darauf, dass er einen von euch verschlingen kann" (1. Petrus 5,8).

Sie glauben, dass ich übertreibe? Hören wir uns einmal an, wie Charles Stanley die folgenden Verse aus dem Jakobusbrief kommentiert:

„Es sind die eigenen Wünsche, die den Menschen ködern und fangen. Wenn einer ihnen nachgibt, wird sein Begehren gleichsam schwanger und gebiert die Sünde. Und wenn die Sünde sich auswächst, führt sie zum Tod (Jakobus 1,14–16)".

Sünde ist ein Verfallsbeschleuniger. Wo die Sünde sich einnistet – sei es in Beziehungen, in Gemeinschaften oder bei einzelnen Personen –, da schwinden Ordnung und Produktivität. Der Begriff Verfall beschreibt das allmähliche Abgleiten von einem guten Zustand in eine ungesunde Richtung. Das ist das Wesen der Sünde. Satan hat sich das Ziel gesetzt einzureißen, was Gott geschaffen hat. Die Sünde bewirkt genau das. Die erste Sünde des Menschen reichte, um eine Kettenreaktion in Gang zu setzen, deren Schockwelle noch heute die gesamte Schöpfung durchzieht.[1]

Auch die Sünde kennt die Steigerung. Erst gibt es die scheinbar harmlose Unüberlegtheit. Dann folgt die Verführung. Schließlich stellt sich der Tod ein – auf jeden Fall im geistlichen und emotionalen Bereich, möglicherweise auch der körperliche Tod. Dieser Fortschritt findet allerdings nicht ohne unsere Mittäterschaft statt; wir müssen die Sünde pflegen und nähren. Heimlichkeit ist auch eine Voraussetzung für ihr Gedeihen. In dem Maße, wie wir zulassen, dass die Sünde sich in unserem Leben breitmacht, übernimmt sie die Macht und zerfrisst unsere Fähigkeit, das Leben zu genießen. Statt es zu genießen, setzt der Fäulnisprozess ein. Das, was ursprünglich so unschuldig und harmlos aussah, kommt nach und nach mit all seinem Verwesungsgestank zu Tage – die Chancen sind vertan, die Liebe ist verloren, das Vertrauen zerstört und die Freude längst vergessen.

Die destruktive Wirkung der Sünde kann nur durch die Vergebung Gottes überwunden werden. Diese Vergebung steht uns zum Glück jederzeit als großzügiges Geschenk zur Verfügung. Wir brauchen sie nur anzunehmen und uns an ihr zu freuen.

Die Sünde also bringt uns nur dann um, wenn wir uns immer wieder als ihre Komplizen betätigen. Sie lässt sich ganz einfach überwinden, indem wir sie bekennen und Gottes Vergebung annehmen. Warum erweist sie sich dann in unserem Leben als so hartnäckig und einflussreich? Weil der gefährlichste Aspekt an ihr ihre Raffinesse ist.

Der Verführer erhebt sich nicht aus der Höllengrube, schwingt ein Schwert und schreit: „Mach dich auf dein Ende gefasst!" Nein, er ist viel subtiler. Er lächelt, bietet Vergnügen, Bequemlichkeit, geht auf Kompromisse ein. „Das macht doch jeder", flüstert er. „Du willst dein Leben genießen? Ich zeige dir Abenteuer, von denen du nicht einmal zu träumen wagst."

Seine Argumente sind verführerisch. „Dein kleines Geheimnis ist gar nichts im Vergleich zu den heimtückischen Verbrechen, die andere begangen haben", säuselt er. „Was soll's, wenn dabei niemand zu Schaden kommt?"

Doch seine Motive sind immer dieselben. Es geht ihm um Zerstörung. Ein Leben voller Begeisterung? Das gerät dabei völlig außer Reichweite. Er kann uns nicht umbringen. Wenn es ihm aber gelingt, uns zum Nachgeben zu bewegen, unsere Fehler zu verheimlichen und zu hätscheln, dann ist er geradewegs dabei, uns am Ruder abzulösen. Satan hat kein Interesse daran, uns echte Freude zu verschaffen. Aber unsere aufflammenden Wünsche erfüllt er gern, um uns auf den Weg in den Abgrund zu locken.

Der Lohn der Sünde

Verborgene Sünde höhlt unsere Chancen auf ein pralles Leben aus. Hier sind ein paar typische Folgen:

Sünde entfremdet uns von Gott. Erstens und vor allem trennt uns Sünde von Gott. Gott zieht sich nicht von uns zurück – allerdings von der Sünde; immerhin hasst er sie. Lesen Sie dazu Psalm 5,5 und Römer 1,18. Doch Gott geht dem Sünder immer noch nach, wie in Römer 5,8 und in 2. Petrus 3,9 erklärt wird. Seine Liebe ist bedingungslos, und seine Vergebung ist uns immer zugänglich. Doch Satan setzt die Sünde dazu ein, Hindernisse zwischen uns und Gott aufzustellen.

In meinem Leben ist es noch nie anders gewesen, als dass ich diese Mauer zwischen mir und Gott verspürt habe, wenn ich ihm ungehorsam war. Gott selbst hat zu der Mauer keinen einzigen Stein beigesteuert. Das war ganz allein mein Werk. Dazu wurde ich vom großen Betrüger verführt. „Jetzt kann er dich nicht mehr lieben, nach allem, was du getan hast", flüstert Satan uns ein. Voller Scham und Selbstekel fällt es uns schwer, dem liebenden Gott ins Gesicht zu schauen. Also verstecken wir uns.

Wie reagierten Adam und Eva auf Gott, der sie immer noch liebte, nachdem sie gesündigt hatten? „Und sie hörten Gott den Herrn, wie er im Garten ging, als der Tag kühl geworden war. Und Adam versteckte sich mit seinem Weibe vor dem Angesicht des Herrn unter den Bäumen im Garten" (1. Mose 3,8).

Adam und Eva versteckten sich genauso wie wir vor Gott.

Wenn Sie jemanden betrügen, der sie liebt, dann fühlen Sie sich in der Gegenwart dieses Menschen nicht wohl. Seine Liebesbekundungen machen die Situation nur noch unerträglicher. Wir versuchen uns zu erinnern, wo wir selbst in dieser Beziehung ungerecht behandelt wurden, damit unser schäbiges Wesen eine Entschuldigung findet, vielleicht sogar eine gewisse Befriedigung daraus zieht. „Siehst du", so unsere Überlegung, „du hast es nicht anders verdient."

Wie aber wollen wir vor dem heiligen Gott bestehen, der nichts getan hat, um unseren Verrat zu verdienen?

Also müssen wir uns entscheiden. Entweder wir bleiben bei der Sünde, oder wir halten uns an den Erlöser. Beides zugleich ist unmöglich. „Niemand kann zwei Herren dienen: entweder er wird den einen hassen und den andern lieben, oder er wird an dem einen hängen und den andern verachten" (Matthäus 6,24). Wenn wir unsere Fehler lieber geheimhalten und ihrer Verführung nachgeben, wenn wir uns bewusst dazu entscheiden, lieber weiter das Falsche zu tun, als Gott zu gehorchen, dann wenden wir uns von der einzigen Möglichkeit der Erlösung ab.

Sünde höhlt unser Vertrauen in Gottes Macht aus. Wegen unserer Fehler geht uns auch das Vertrauen auf Gottes Macht verloren. Wenn wir dem Bösen Angriffsmöglichkeiten auf unser Leben zugestehen, reagieren wir instinktiv damit, Gott die Schuld zu geben, dass er uns nicht von der Bindung befreien konnte. *Warum kann ich nicht aufhören zu trinken, wenn er so mächtig ist? Warum mache ich meine Mitmenschen andauernd fertig? Warum gebe ich meiner Lust immer nach? Warum bekomme ich so schnell schlechte Laune?*

Tatsache ist, dass Gott uns nicht aufgegeben hat. Jesus hat uns durch seinen Tod und seine Auferstehung die Kraft verliehen, nein zur Sünde zu sagen: „Die Proben, auf die euer Glaube bisher gestellt worden ist, sind über das gewöhnliche Maß noch nicht hinausgegangen. Aber Gott hält sein Versprechen und läßt nicht zu, daß die Prüfung über eure Kraft geht. Wenn er euch auf die Probe stellen läßt, sorgt er auch dafür, daß ihr bestehen könnt" (1. Korinther 10,13).

Wenn ich auf mein Leben zurückschaue, kann ich mich genau an den Augenblick erinnern (manchmal zwei oder drei Situationen), als Gott mir einen Ausweg aus der Sünde gewährte. Leider weiß ich auch noch ganz genau, wann ich dieses Angebot der Befreiung ausgeschlagen habe. Das galt sogar für den besagten Stift, den ich damals gestohlen hatte. Bevor ich ihn in die Tasche steckte, gab es eine bewusste Sekunde, in der ich eine leise Stimme sagen hörte: „Leg ihn wieder hin." In den Minuten, bevor meine Mitschüler wieder in die Klasse kamen, hatte ich wieder mehrere Gelegenheiten, ihn zurückzulegen. Dann noch einmal: Als alle wieder da waren, sprach mich der Junge an, dem er gehörte: „Hast du meinen Stift gesehen?" Ich hätte einfach sagen können: „Ja, ich hab gerade damit gespielt. Hier ist er." Da wäre keine Lüge nötig gewesen. Aber jedesmal, wenn Gott mir einen Ausweg eröffnet hatte, wandte ich mich ab.

Besonders großen Ehrgeiz entwickelt der Widersacher darin, Unkraut auf dem Pfad zwischen Gott und uns wachsen zu lassen. Wenn er uns Gott nicht dadurch entfremden kann, dass wir uns aus Scham verstecken, dann versucht er, Zweifel in unseren Verstand zu säen.

Sünde zerstört das Selbstvertrauen. Wenn wir bei der Sünde bleiben und sie beharrlich verstecken, dann taucht eine weitere Gefahr auf: unser Selbstvertrauen wird zerrüttet und stirbt schließlich ab.

Im besten Fall bewirkt verborgene Sünde, dass wir unsere Selbstbeherrschung verlieren. Wenn aus der Spielerei eine Gewohnheit wird und aus der Gewohnheit eine Sucht, dann ergreift uns Hoffnungslosigkeit. Harry Shaumburg, Autor des Buches *False Intimacy* („Falsche Intimität"), stellt fest, dass die meisten Männer und Frauen, die an sexuellem Suchtverhalten leiden, irgendwann zu der Überzeugung gelangen, dass sie nicht mehr existieren können, ohne ihre Phantasien auszuleben. Ihr gesamtes Leben wird von ausufernden Gewohnheiten und Wunschvorstellungen beherrscht.[2] Das Gleiche lässt sich für fast jede andere Sucht sagen und auch in geringerem Maße von anderen Gewohnheiten, die unser Leben beherrschen.

Gott hat jeden Menschen mit einem Willen und einer ungeheuren Bereitschaft ausgestattet, diesen Willen für Entscheidungen einzusetzen, die uns das volle Leben ermöglichen. Egal, welche Sünde uns umgarnt: Wenn wir ihr nachgeben, wenn wir sie verbergen, dann schwächen wir unsere Fähigkeit, diesen Willen auszuüben. Wenn das passiert, dann empfinden wir uns als machtlos und klein. Unsere Schwäche ekelt uns selbst an. Irgendwann verabscheuen wir uns. Daraus ergibt sich ein gestörtes Selbstvertrauen, was wiederum fatale Auswirkungen auf unsere Arbeit, unsere Beziehungen und alles andere hat, was wir anpacken.

Ist es so weit, dann steht die Depression vor der Tür. Mit unserer Kreativität geht es abwärts. Alles wird von der Besessenheit überschattet, der Versuchung nachzugeben. Ständig kämpfen wir gegen die Auswirkungen der Sünde an. Bei vielen von uns ist jeder wache Moment durch diesen Prozess getrübt.

Vor kurzem hatte ich mit Freunden zu tun, die seit Jahren rauchen. Der gesamte Zeitplan ihres Tages drehte sich um ein paar Gramm Tabak. Unterwegs mussten Rauchpausen eingelegt werden. Es musste Geld ausgegeben werden. Sie mussten sich Medikamente besorgen, um die Auswirkungen des Rauchens einzudämmen. Wir mussten Restaurants links liegen lassen, weil man dort nicht rauchen durfte. Fragen Sie mal jemand, der gerade versucht, sich das Rauchen abzugewöhnen, wie oft er täglich an Zigaretten denkt.

Diese ganze Energie und Zeit wäre sinnvoll verwendet, wenn sie für einen nützlichen Zweck eingesetzt würde. Aber nur, um dem unkontrollierbaren Drang nachzugeben, an einem mit qualmendem Unkraut gefüllten Papierröllchen zu saugen? Ganz abgesehen davon, dass mit diesem Unkraut auch das Leben durch den Schornstein geht? Ich nehme das Rauchen hier als Beispiel, weil diese Gewohnheit so charakteristisch für Sünde ist. Wenn man damit anfängt, macht es keinen Spaß. Eigentlich finden die meisten die erste Zigarette ziemlich ekelhaft. Es bedarf einer entschlossenen Anstrengung, um damit weiterzumachen, man gibt dafür viel Geld aus und nimmt viele üble Nebeneffekte in Kauf, von denen der Ruin der Gesundheit nicht gerade der geringste ist.

Ich kann mir viele andere Sünden vorstellen, die dem Betroffenen merklich mehr Spaß bringen. Es ist doch irrational, sein Leben von einem Kraut beherrschen zu lassen. Trotzdem lassen Millionen intelligenter Männer und Frauen zu, dass gerade diese Gewohnheit ihnen ihre gesamte Lebensweise vorschreibt. Ich weiß Bescheid; ich bin auch Raucher gewesen. Obwohl diese Angewohnheit so dumm ist, gibt es bis heute Augenblicke, wo ich attackenartig den Drang verspüre, wieder damit anzufangen.

So steht es mit der Macht der Sünde. Wir sind selbst dann versucht, uns darauf einzulassen, wenn wir die Gefahren kennen. Ein Kind fasst den heißen Ofen normalerweise nur einmal an. Nach dieser einen schlechten Erfahrung wird es die Gefahr meiden. Obwohl wir wegen unserer Sünden oft den unglaublichsten Schmerz erleiden, kehren wir trotzdem immer wieder an den Punkt zurück, an dem wir uns verbrannt haben. Das ist die Strategie des Einen, der uns vernichten will. Und sie scheint aufzugehen. Wenn wir uns in diesem selbstzerstörerischen Teufelskreis verfangen haben, sind wir wohl zu machtlos, um auszusteigen – aber noch klug genug, um die eigene Dummheit zu durchschauen. Und dann verachten wir uns wegen unserer Schwäche.

Jim trat aus dem Massagesalon in Los Angeles in die strahlende Sonne. Es war nicht das erste Mal, dass er eine hier tätige Prostituierte aufgesucht hatte, aber diesmal sollte es das letzte Mal gewesen sein. Der starke Drang, der ihn immer wieder an diesen Ort trieb, war erst einmal besänftigt und gab der traurigen Erkenntnis Raum, dass er wieder einmal sich selbst und die Menschen hintergangen hatte, die er liebte. Seine Abscheu vor sich selbst war kaum zu ertragen, und der Widersacher beeilte sich, diese Gefühle zu verstärken. Jim kam so zu dem Schluss, er sei nicht mehr zu retten, einfach hoffnungslos. Hundertmal hatte er sich gesagt „Nie wieder". Es dauerte allerdings nie lange, bis er wieder herkam. Außer ihm selbst kannte keiner seine verborgene Sünde und jetzt konnte er die Last nicht mehr allein ertragen. Diesmal schämte er sich zu sehr.

Der Zettel auf dem Nachttisch im Hotel war das einzige, was dieser früher so vitale Mann voller Potenzial hinterließ. Wie erwartungsvoll die Dämonen der Hölle zugeschaut haben mussten, als Jim seine letzten Worte schrieb! Und als er den Abzug drückte, sprangen sie wahrscheinlich auf und jubelten laut. Satan selbst lachte aus vollem Hals. Diesmal hatte er nicht nur das Selbstvertrauen, sondern sogar das Leben seines Opfers gewonnen. Und das ist sein höchster Sieg.

Sünde verhärtet das Herz. Zu den unheimlichsten Wirkungen verborgener Sünde gehört die Gefahr, sich innerlich so zu verhärten, dass wir Gottes Warnungen nicht mehr hören.

Ich war immer wieder verblüfft über einen bestimmten Vers, der sich in der Geschichte von Jona findet: „Aber Jona war hinunter in das Schiff gestiegen, lag und schlief" (Jona 1,5). Was ist daran so seltsam? Erinnern wir uns daran, dass Jona gerade von Gott beauftragt worden war, nach Ninive zu gehen und gegen die Stadt zu predigen, weil dort die Bosheit überhand nahm. Statt auf Gottes Befehl zu hören, eilte Jona nach Jaffa und bestieg ein Schiff in die entgegengesetzte Richtung. Gerade war man aus dem Hafen gekommen, als ein gewaltiger Sturm das Schiff zu vernichten drohte. Jona lief vor Gott weg! Er befand sich mitten im Sturm, sein Leben war extrem gefährdet, doch er merkte nichts davon – er schlief!

Wenn wir Gott wegen irgendeiner kleinen Sünde zum ersten Mal den Rücken kehren, dann klopft uns das Herz und wir grübeln fieberhaft darüber nach, wie wir nur den liebevollen und mächtigen Gott hintergehen konnten. Tagelang macht uns das schlechte Gewissen zu schaffen. Beim nächsten Mal aber klopft das Herz schon nicht mehr so schnell. Immerhin haben wir es schon einmal getan, ohne von himmlischen Blitzen erschlagen worden zu sein. Niemand von unseren Angehörigen hat sich in eine Salzsäule verwandelt. Die einzige Konsequenz war ein kaum merklicher Wandel in unserer Beziehung zu Gott. So ähnlich geht es uns, wenn wir Menschen, denen wir Unrecht getan haben, nicht mehr richtig in die Augen schauen können. Unser Gewissen ist nicht ganz ruhig und dieses ungute Gefühl hält uns davon ab, zu beten und in Gottes Wort zu lesen.

Dazu drängen sich Satans beharrliche Lügen auf. „War doch nicht so schlimm", flüstert er. „Tut ja auch niemandem weh." Wir machen es ein zweites Mal mit der Ausrede, dass Gott uns schließlich liebt und vergibt. Er ist ja immer noch für uns da.

Natürlich fällt es uns diesmal leichter. Immer noch kein Blitz vom Himmel! Noch ein paarmal gesündigt und wir fragen uns, warum so ein bisschen Quatsch uns anfangs so sehr zu schaffen gemacht hat. Allmählich wird unser eingebautes Frühwarnsystem nutzlos. Wir finden es immer einfacher, den Alarm zu überhören und uns Gottes Stimme zu verschließen.

Dieser Weg ist gefährlich. Wir geraten in Situationen, in denen unsere Familie, unser Beruf, unsere geistige Gesundheit, unser Ruf und manchmal das Leben selbst auf dem Spiel stehen. Aber bis dahin sind wir schon so gleichgültig geworden, dass wir nichts mehr mitbekommen. Wie Jona schlafen wir im Unterdeck eines Schiffes, das von lebensgefährlichen Stürmen umhergeworfen wird.

Gott sei Dank für seine Gnade. Er hätte Jona mit gutem Recht vernichten können. Doch dann spie der Fisch den rebellischen Propheten auf den Strand. „Und es geschah das Wort des Herrn zum zweitenmal zu Jona" (Jona 3, 1). Gott gab ihm noch eine Chance.

Betrachten wir aber Gottes Gnade nicht als selbstverständlich! Wenn wir weiterhin in geheimen Sünden verharren, müssen wir mit einer weiteren Gefahr rechnen. Und die ist schlimmer als Gleichgültigkeit und Taubheit für den Geist Gottes:

Gott lässt uns machen, was wir wollen. Am meisten erschrecken mich diese biblischen Worte: „Gott überließ sie ihrem Tun." Zum Volk Israel hat Gott gesagt: „Aber mein Volk hat nicht auf mich gehört, Israel wollte nichts von mir wissen. Darum überließ ich es seinem Starrsinn; es sollte seine eigenen Wege gehen" (Psalm 81,12–13).

Wer glaubt, das sei typisch alttestamentlich und beziehe sich nicht auf uns neutestamentliche Christen, sollte in die Predigt des Stephanus in Apostelgeschichte 7, Verse 39, 42 und 51 hineinhören: „Unsere Vorfahren aber wollten Mose nicht gehorchen, sondern lehnten sich gegen ihn auf . . . *Da wandte sich Gott von ihnen ab und ließ es zu,* daß sie die Sterne am Himmel anbeteten . . . Ihr Starrköpfe, am Körper seid ihr beschnitten, aber euer Herz ist unbeschnitten, und eure Ohren sind verschlossen für Gottes Botschaft." Dann setzte Stephanus die Worte hinzu, die ihn das Leben kosten sollten: „Genau wie eure Vorfahren widersetzt ihr euch ständig dem Geist Gottes."

Die Zuhörer gerieten bei Stephanus' Predigt so in Wut, dass sie ihn steinigten. Damals stand ein Mann namens Saulus in der Menge, eine der Schlüsselfiguren der Christenverfolgung. Dieser Saulus sollte später eine Begegnung mit dem lebendigen Gott haben und er wurde ein Apostel, der für die gleiche Sache wie Stephanus starb. Saulus erkannte nicht nur, wie wahr Stephanus geredet hatte; er wiederholte sogar warnend dessen Worte, als er den Christen in Rom schrieb:

„Aber obwohl sie Gott kannten, gaben sie ihm nicht die Ehre, die ihm zusteht, und dankten ihm nicht. Ihre Gedanken gingen in die Irre, und in ihren unverständigen Herzen wurde es finster. Sie bildeten sich etwas auf ihre Klugheit ein, aber in Wirklichkeit wurden sie zu Narren . . . Darum hat Gott sie ihren Leidenschaften preisgegeben, so daß sie ihre eigenen Körper schänden. Sie beteten an, was Gott geschaffen hat, anstatt ihn selbst als Schöpfer zu ehren . . . Und weil sie dadurch die Wahrheit über

Gott gegen eine Lüge eintauschten, lieferte er sie entehrenden Leidenschaften aus" (Römer 1,21–25).

In der Geschichte bestätigt sich die Vorstellung, dass der Menschheit nichts Schlimmeres passieren kann, als den eigenen Machenschaften ausgeliefert und sich dabei der Macht eines befreienden Gottes nicht bewusst zu sein. Ohne seinen Einfluss verschafft sich die fehlerhafte Natur des Menschen schnell Raum. Es dauert nicht lange, bis auch die Vernunft über Bord geworfen wird. Geht man bis zum Äußersten, dann führt so eine „gottleere Zone" zu den übelsten Horrorszenarien der Menschheit. In Hesekiel 20 kann man nachlesen, wie das Volk anfing, die eigenen Kinder zu opfern und dabei Orgien zu feiern. Der Serienmörder Ted Bundy behauptete, dass seine eher passive und scheinbar harmlose Beschäftigung mit Gewaltpornografie die Besessenheit bewirkt habe, aus der heraus er schließlich gemordet und vergewaltigt hatte. James Dobson kam der Gedanke, dass die Kaltblütigkeit, mit der weltweit im Moment unschuldige Babys millionenfach getötet werden, aus dem gleichen hartnäckigen Widerstand gegen Gott entspringt. Es schüttelt mich, wenn ich daran denke, was als Nächstes kommt, wenn wir auf diesem schrecklichen Weg bleiben.

Was auch immer Sie von Pornografie und Abtreibung halten, das Wort Gottes stellt doch eines deutlich fest: Wenn wir unsere Sünde verbergen, wenn wir ihrer Verlockung nachgeben, statt auf die vergebende Liebe Gottes zu reagieren, dann wird Gott uns ab einem bestimmten Punkt unseren eigenen selbstzerstörerischen Machenschaften überlassen. Von da an ist es nur ein kleiner Schritt bis zur Entdeckung, dass aus der harmlosen Sünde ein heimtückisches Monster geworden ist. Wir können es nicht mehr beherrschen, es beherrscht vielmehr uns. Zu diesem Schluss war auch Jim gekommen, als er seinen Abschiedsbrief schrieb.

Nichts zu verbergen

Im Lauf dieses Kapitels habe ich Begriffe wie „Sucht" und „Drang" verwendet. Vielleicht zucken Sie mit den Schultern und argumentieren, dass diese Ausdrücke auf keine Ihrer Erfahrungen zutreffen. Wenn das so ist, dann sind Sie besonders gefährdet, auch ohne von den erwähnten Abhängigkeiten betroffen zu sein. Man verfehlt das volle Potenzial, das Gott im Sinn hatte, ganz gleich, in welchem Ausmaß man Sünden verheimlicht und im eigenen Leben wirksam werden lässt oder wie akzeptabel diese Sünde in den Augen der Mitmenschen sein mag. Verborgene Sünden machen immer anfällig für den Feind, der sich daran freut, uns zu zerstören. Werfen Sie mir keine Übertreibung vor. Ich habe den heißen Atem des Widersachers selbst oft genug gespürt und musste zusehen, wie er alles bedrohte, was mir lieb und teuer war (wobei ich nichts gegen ihn unternahm). Deshalb bitte ich Sie: Wachen Sie auf! Es ist nie zu spät, Gottes rettende Hand zu ergreifen.

„Na ja", könnten Sie antworten, „Gottes Vergebung ist gut für die Sünder. Ich bin aber Christ und kämpfe schon jahrelang mit dieser Sünde, ohne dagegen anzukommen. Ich weiß, welches Opfer Gott gebracht hat. Gerade das macht meine andauernde Niederlage so schlimm. Ich habe keine Hoffnung mehr – ich habe ja schon Gottes Hilfsangebot angenommen, aber es nützt nichts."

Wenn Sie so denken sollten, dann handelt es sich um eine Lüge aus der gleichen Quelle, die Sie in die gegenwärtige Falle gelockt hat. Die Wahrheit: Nach wie vor sind Sie ein Sünder, der aus Gnade gerettet wird. Es gibt immer noch Gottes Gnade für Sie. Wachen Sie auf, greifen Sie nach der Vergebung, die er bereithält. Nur eins kann neue Kraft verleihen und Sie zum Sieg führen: seine Liebe.

Auch den Christen gilt die gute Nachricht: „Der Geist, der in euch wirkt, ist mächtiger als der Geist, der diese Welt regiert" (1. Johannes 4,4). Wenn Sie das Leben voll auskosten wollen und Kraft gegen die Sünde brauchen, in der man sich so schnell verfängt: diese Kraft steht zur Verfügung. Nicht, weil Sie es sich vornehmen. Auch nicht aufgrund der Einsicht, wie groß der Verlust an Lebensqualität ist, den die Sünde kostet. Sondern deshalb, weil der Eine den Preis bezahlt hat.

Heute wäre der richtige Zeitpunkt, die Kraft des Heiligen Geistes in Anspruch zu nehmen und ein Leben führen zu können, wie Gott es uns zugedacht hat. Sie haben die Wahl.

Anmerkungen

[1] Charles Stanley, Winning the War Within, Nashville 1988, S. 26

[2] Siehe Harry W. Schaumburg, False Intimacy, Colorado Springs 1992, 1. Kap.

Das Papierherz aus der Schublade

8

Obwohl wir als Christen durch Jesus Gerechtigkeit erlangt haben, sorgt unser ureigenes, fehlerhaftes Wesen dafür, dass wir Gottes Ideal nicht gerecht werden.

Martin Luther hat dieses Paradoxon so erklärt: „Auf dieser Seite der Ewigkeit sind wir gleichzeitig ganz und gar gerecht (in Christus) und ganz und gar sündhaft.“[1]

Deshalb ist unser Versagen vorgezeichnet. Wie wir mit solchen Niederlagen umgehen, entscheidet darüber, ob wir innerlich verkrüppeln oder Kraft für ein erfülltes Leben schöpfen. Wir können zulassen, dass die Schuld unserem Leben die Kraft raubt, wir können Perfektion vortäuschen und mit dem Verbergen der Wahrheit vor uns selbst und anderen viel Energie verschwenden. Wir haben aber auch die Möglichkeit, trotz unserer Schwäche die Gnade Gottes zu erkennen, die uns dazu befreit, sein Ziel mit uns anzustreben. Und darin liegt der Widerspruch: Unsere Kraft, nach Gottes Wort zu leben, entsteht nicht aus dem Bemühen, „gut“ zu sein, sondern vielmehr aus dem demütigen Bewusstsein, dass Gott uns trotz unserer Mängel liebt. Gott ist die einzige Quelle unserer Kraft und seine Gnade wirkt so wunderbar, dass er selbst aus unseren Fehlern noch etwas Gutes schaffen kann (Römer 8,28).

Nur Menschen, die nichts zu verbergen haben, sind in der Lage, ihrem vollen Potenzial gerecht zu werden. Und solch ein Leben ohne Heimlichkeit ist nur möglich, wenn wir wahrnehmen, was Gottes Gnade für uns bedeutet. Ohne diese Erkenntnis verschwenden wir das Leben, indem wir uns einem schlechten Gewissen und ständigem Selbstbetrug ausliefern.

Die Wahrheit tut weh

Schuld kann töten. Sie treibt uns dazu an, ungeheure Energie-
mengen darauf zu verschwenden, die Wahrheit vor uns selbst,
anderen und sogar vor Gott zu verbergen. Es gibt für das Gift der
Schuld nur ein Gegenmittel: bedingungslose Vergebung.

Wir Christen nehmen oft das Wort Gnade in den Mund,
bedenken aber nur selten, was es bedeutet. Gnade wird definiert
als „unverdiente Gunst, die den Sündern durch Jesus Christus
verliehen wird". [2]

Kein Wunder, dass wir so selten über die Bedeutung der
Gnade nachdenken. Schon aus der Begriffsdefinition geht hervor, dass sie eine gewisse Schulderkenntnis voraussetzt. Zu
leugnen oder verheimlichen, dass wir Sünder sind, hieße, dass
wir Gottes Angebot der Gnade verwerfen. Und doch verschwenden wir unzählige Stunden gerade darauf. Zwar sind wir uns der
biblischen Wahrheit bewusst, dass Gott uns seine Liebe schon
erwiesen hat, als wir noch Sünder waren (Römer 5,8). Trotzdem
versuchen wir immer noch, durch gute Taten und pralle Ter-
minkalender zu beweisen, dass wir seine Liebe verdient haben.
Mit diesem Zeit- und Kraftaufwand bewirken wir im Hinblick
auf die Beziehung zu Gott gar nichts. Vielmehr wird dadurch
eine Nebelwand zwischen uns und der Wahrheit hochgefahren:
Wir sind hilflose Sünder und unbedingt auf einen Erlöser angewiesen.

Als Kind hatte ich eine Methode im Umgang mit solchen
Problemen. Wenn eine meiner Schwestern etwas sagte, was ich
nicht hören wollte, schloss ich die Augen, steckte mir die Finger
in die Ohren und summte so laut wie möglich vor mich hin. Niemand konnte mehr zu mir vordringen; der Lärm in meinem
Kopf war zu groß.

All unsere Bemühungen, unser wahres Wesen zu verbergen –
zur Kirche zu gehen, die gröbsten Sünden zu meiden oder sich
als Säule der Gesellschaft zu erweisen –, all das ist nicht anders,
als mit den Fingern in den Ohren zu summen. Dadurch ändert
sich nichts an unserer Bedürftigkeit. Eigentlich ist die ganze

Mühe, Gott und Mitmenschen mit unserem Gutsein zu beeindrucken, ein Hinweis auf unseren Unglauben. Das, was Jesus am Kreuz auf sich genommen hat, wird auf diese Weise verdrängt. Vielleicht deshalb beschreibt Gott unsere armseligen Versuche, gerecht zu wirken, als schmutzigen Lumpen: „Aber nun sind wir alle wie die Unreinen, und alle unsere Gerechtigkeit ist wie ein beflecktes Kleid. Wir sind alle verwelkt wie die Blätter, und unsere Sünden tragen uns davon wie der Wind" (Jesaja 64,5, Luther).

Unaufhörlich kämpfen wir gegen eine unbestreitbare, einfache, schmerzhafte Wahrheit an: Wir sind bedürftige Sünder und Gott liebt uns so, wie wir sind. Wir können uns seine Liebe nicht verdienen. Das zu akzeptieren ist vielleicht hart, doch genau das macht die Gnade zu einem Wunder: Sie kostet uns nichts! Wer sich auf sie beruft, wird vom Zugriff der Sünde befreit. Durch diese Freiheit erst schöpfen wir das Leben voll aus.

Die Wirkung der Gnade

Gnade befreit vom Zweifel. Mir sind so manche ehrliche Christen begegnet, die nicht an die Wirksamkeit des Lebens mit Gott glauben. Als Beweis führen sie die eigene Unfähigkeit an, rechtschaffen zu leben. Immer wieder haben sie versucht, sich als „gute Christen" zu erweisen. Ihr ganzes Leben lang sind sie den eigenen Erwartungen nicht gerecht geworden, geschweige denn den Maßstäben Gottes.

Satan bedient sich dieses Missverständnisses gern, um Menschen zu lähmen. Er verweist auf unsere Launenhaftigkeit, unsere Selbstsucht, unsere unlauteren Motive und Gedanken, den Kampf mit dem Alkohol oder die Konflikte mit Frau und Kindern. Dann spottet er: „Warum musst du immer noch gegen die Sünde ankämpfen, wenn doch Gott angeblich so viel Macht hat?"

Die Antwort ist ganz einfach: Wir sind Sünder. Warum sollte uns das schockieren? Die Sache ist längst bekannt, seit mehr als zweitausend Jahren. Unsere Fehlerhaftigkeit ist der Grund, warum Gott seinen Sohn geopfert hat. Wir sagen, dass wir daran glauben – doch wer zu beweisen versucht, dass er Gottes Vergebung verdient hat, statt sie einfach anzunehmen, stellt das ganze Evangelium in Frage. Man reagiert auf Satans Spott mit dem Vorsatz, es das nächste Mal besser zu machen.

Haben Sie schon einmal so gebetet: „Herr, ich tu das nie wieder"? Solch ein Gebet wird meist mehr als nur einmal gesprochen – und immer wieder geht es um die gleiche Sache. In Wirklichkeit sind wir für diese Sache, was immer es auch sei, so anfällig, dass wir bis zum Tod immer wieder damit zu tun haben werden. Gibt es also keine Hoffnung? Gott sei Dank doch! Die Macht Gottes, und sie allein, kann uns zum Sieg über unsere Lieblingssünde verhelfen. Aber dieser Sieg wird erst Wirklichkeit, wenn wir zugeben, dass unsere eigenen Bemühungen vergeblich sind, dass wir ohne Gott vollkommen machtlos sind. Jesus sagt: „Ich bin der Weinstock, ihr seid die Reben. Wer in mir bleibt und ich in ihm, der bringt viel Frucht; denn ohne mich könnt ihr nichts tun" (Johannes 15,5, Luther).

Konzentrieren wir uns nicht auf uns selbst, weder auf die eigenen Leistungen noch auf die eigene Sünde. Wir sollten uns vielmehr ganz außer Acht lassen und uns auf Gott und seine Anliegen konzentrieren. Aus ihm allein entspringt unsere Freiheit von der Sünde. Paulus hat diese Wahrheit begriffen, als er schrieb: „Ich vermag alles durch den, der mich mächtig macht" (Philipperbrief 4,13). Wenn wir damit Zeit verschwenden, uns am eigenen Schopf aus dem Sumpf ziehen zu wollen, dann haben wir diese Wahrheit nicht begriffen. Wir reißen uns dabei höchstens die Haare aus.

Unsere Gesellschaft meidet Ausdrücke wie „Sünde" und „Schuld", weil man fürchtet, das würde Wert und Würde des Menschen vermindern. Gäbe es keinen Gott oder hätte er weder Liebe noch Vergebung für uns, dann wäre diese Einschätzung richtig. Es gibt aber einen Gott, der uns vergibt! Unsere Würdelosigkeit macht den Wert, den sein Opfer für uns hat, nur um so größer. Unser Wert leitet sich nicht von unserem, sondern von *seinem* Handeln ab – trotz unserer Verfehlungen. Wenn sich jemand vor der Konfrontation mit seinen Fehlern drückt, wird er immer Schwierigkeiten damit haben, Gottes Vergebung am eigenen Leib zu erfahren. In dem Maße, wie wir meinen, uns Gottes Gnade verdient zu haben, mindern wir ihren Einfluss auf unser Leben.

Gnade befreit zur Liebe. Gute Werke sind nicht das, was wir Gott bieten, damit er uns liebt. Es gibt keine Leistung, die dazu großartig genug wäre. Welche Rolle also spielen die guten Werke? Sie gehören natürlich als wichtiger Teil zu einem erfüllten Leben – das steht klar und deutlich in der Bibel. Aber mir geht es darum, die Perspektive zurechtzurücken. Tatsache ist, dass bei der richtigen Motivation großartige Errungenschaften möglich werden, nicht etwa umgekehrt. Wenn wir mit unseren Leistungen beweisen wollen, dass wir vor Gott und Mitmenschen etwas wert sind, dann verführt uns das zu dem Glauben, gute Taten würden aus uns einen guten Menschen machen. Diese Sichtweise bringt Schuldgefühle und Enttäuschungen mit sich. Dazu Martin Luther: „(Der Christ) tut die Werke aus freier Liebe im Gehorsam gegenüber Gott. Siehe, aus dem Glauben strömt daher Liebe und Freude im Herrn, und aus Liebe ein fröhlicher, bereitwilliger und freier Sinn, der dem Nächsten willig dient und nicht auf Dankbarkeit oder Undankbarkeit rechnet, auf Lob oder Tadel, auf Gewinn oder Verlust.“[3]

Wenn wir das richtige Motiv haben, haben wir die Freiheit zu guten Taten. Wir sind weniger anfällig für Zweifel und ein schlechtes Gewissen, von dem so viele erstickt werden. Worin aber besteht diese Motivation und wie erhält man sie? Es gibt nur ein Motiv, das uns zur äußersten Freiheit führt, die Gott uns zugedacht hat: eine leidenschaftliche Liebe zu Gott. Wie aber liebt man Gott? Warten wir darauf, dass die Gefühle für ihn uns eines Tages plötzlich überwältigen? Sollen wir gute Werke tun, um unsere Liebe für ihn zum Ausdruck zu bringen?

Dieser Versuch kann ins Auge gehen. Wir versagen immer wieder darin, gut zu sein, und diese Niederlagen führen uns zu der Überzeugung, dass wir unfähig sind, Gott zu lieben. Entweder überschlagen wir uns in hektischer Aktivität, die uns nicht weiterbringt, oder wir geben auf und kehren dem Einzigen den Rücken, der uns wahres Lebensglück bringen kann.

Vor einigen Jahren hatten meine Frau Diane und ich einen Termin bei einem Eheberater. Damals hatte mich meine eigene Unfähigkeit zur Verzweiflung gebracht. Ich fühlte mich absolut hilflos beim Bemühen, ein besserer Ehemann und Vater zu werden – ein besseres Kind Gottes. Die Kluft zwischen dem, der ich sein wollte, und dem, der ich war, kam mir unüberbrückbar vor. Ich hatte keine Hoffnung mehr, den Kampf um meine geistliche und persönliche Entwicklung zu gewinnen. Ich fühlte mich wie Paulus, als er sagte: „Denn ich weiß, daß in mir, das heißt, in meinem Fleisch, nichts Gutes wohnt. Denn das Gute, das ich will, das tue ich nicht" (Römer 7,18, Luther). Paulus hatte auch einmal gesagt, er sei der Größte unter den Sündern (in 1. Timotheus 1,15). Aber ich war sicher, ihn überrundet zu haben.

Bei dieser Beratungssitzung fragte ich, wie ich meine Liebe zu meiner Frau besser zeigen könne.

„Es ist unsere Sehnsucht, Gott zu lieben und gehorchen", erwiderte der Berater, „die für die Motivation sorgt, in der Ehe auf der richtigen Bahn zu bleiben."

Ich verlor den Mut. Mein geistliches Leben befand sich schon in Auflösung. Oft hatte ich kaum noch den Wunsch, Gott zu lieben und gehorchen, oder zumindest nicht den Glauben, ich könne das schaffen. Selbst wenn sich die Sehnsucht danach meldete, wurde sie oft von Versuchungen oder Umständen abgewürgt, die mich völlig falsch reagieren ließen. Schließlich fragte ich den Berater ganz frustriert: „Wie bleibt mir diese Sehnsucht erhalten? Ich will Gott mehr lieben, weiß aber nicht wie. Wächst die Liebe durch Gehorsam oder durch Bibellesen? Oder wenn ich mich mehr in der Kirche engagiere? Mehr bete? Mehr Gutes tue?"

In Wirklichkeit hatte ich all das schon probiert und nicht das Gefühl gehabt, dass sich dadurch die Liebe zu Gott vertiefte. Eigentlich hatte ich es satt, immer nur Gutes zu tun. In mir wuchs die tiefe Überzeugung, meine Schwäche sei genug Beweis dafür, dass ich Gott nicht liebte, und daran sei nichts zu ändern. Und wenn ich Gott nicht liebte, dann fiel es ihm vermutlich auch schwer, mich zu lieben.

Wie die meisten Seelsorger gab mir mein Gegenüber keine direkte Antwort (ich hasse so etwas!). Meine eigene Frage ging mir noch wochenlang durch den Kopf. Ich geriet in eine tiefe Depression. Ich schleppte mich von Tag zu Tag. Es war das einzige Mal in meinem Leben, dass ich an Selbstmord dachte.

Tief innen kannte ich die Wahrheit: Gott einfach zu gehorchen hilft uns nicht dabei, ihn zu lieben. Es ist die Liebe zu Gott, die uns dazu treibt, in seinem Sinne zu handeln. Und darum geht es letzten Endes bei einem erfüllten Leben.

Es half mir nicht, all das zu wissen, weil mir der erste Teil der Gleichung fehlte. Woher kommt die Liebe zu Gott?

Die Antwort auf diese Frage war eine Buntstiftzeichnung. Im dunkelsten und gefährlichsten Moment meines Kampfes nahm ich mir die Zeit, meinen Schreibtisch aufzuräumen. Gott nutzte diesen Augenblick zum Eingreifen. Als ich den Inhalt einer Schublade sortierte, der sich dort in einigen Jahren angesammelt hatte, fand ich ein Herz, aus rotem Millimeterpapier ausgeschnitten. Ich erkannte es als mein eigenes Werk, das wahrscheinlich noch aus dem Kindergottesdienst übriggeblieben war. Die krakeligen, mit Buntstift geschriebenen Buchstaben ergaben folgenden Satz: „Laßt uns lieben, denn er hat uns zuerst geliebt" (1. Johannes 4,19).

Als Kind hatte ich diese Wahrheit anscheinend gelernt. Warum habe ich mich dann bloß mein ganzes Leben lang abgestrampelt, als ob in der Bibel stehe: „Wir lieben Gott, indem wir ihm beweisen, dass wir seiner Liebe würdig sind"? Gute Werke (und ein erfülltes Leben) strömen aus unserer Liebe zu Gott. Die Liebe zu Gott ergibt sich nicht aus unserem Handeln. Wie liebt man Gott? Die Antwort: Wir lieben Gott, wenn wir immer daran denken, dass er uns zuerst geliebt hat und uns trotz allem liebt.

Tief durchatmen – das Geheimnis ist gelüftet! Wir sind Sünder, die Gott nichts vorzuweisen haben, damit er uns liebt. Wir haben nichts zu verbergen und brauchen nichts zu beweisen. Nichts zu verbergen, weil das traurige Wesen unserer Natur schon bekannt ist – es hat keinen Sinn, etwas zu verstecken, das längst kein Geheimnis mehr ist. Und wir brauchen nichts zu beweisen, weil wir unseren Wert gar nicht beweisen können. Unser Wert ist allein in Gottes Liebe zu uns begründet.

Eine Warnung: Wenn wir Gottes Vergebung nicht annehmen können, kann echte Einsicht in den bösen Zustand unseres Herzens unserer Gesundheit schaden. Die Folge wären Depressionen und Verzweiflung ohne Hoffnung auf Besserung. Der Widersacher lauert auf diesen verwundbaren Augenblick. Nichts wäre ihm lieber, als wenn Sie die Tragweite Ihrer Fehlerhaftigkeit erkennen, ohne die Möglichkeit der Vergebung im Blick zu haben. Das ist der Augenblick, wo er uns zum Aufgeben überreden wird – wie bei unserem Freund Jim im letzten Kapitel vielleicht sogar zum Selbstmord.

Ich konnte damals meiner Verzweiflung nur entkommen, weil mich der Heilige Geist Gottes im dunkelsten Augenblick auf ein Papierherzchen gestoßen hat, auf das ich mit Buntstift geschrieben fand: „Laßt uns lieben, denn er hat uns zuerst geliebt." Dieser Wink von Gott entzündete in mir den Wunsch, ihm so zu dienen, wie ich ihm vorher nie gedient hatte. Die Jahre „n. B". (nach dem Buntstiftherzchen) eröffneten mir das pralle Leben in einer Weise, die ich so noch nie erfahren hatte.

Ich brauche nichts zu verstecken! Gott hat mich schon geliebt, als mein Zustand am allerschlimmsten war. Schlimmer kann es nicht mehr werden; er wird mich also immer lieben, egal was passiert. Die Erfahrung von Gottes Liebe und Vergebung hat mich von meiner Bindung an die Sünde und vor allem von meinem allgegenwärtigen schlechten Gewissen befreit. Jetzt bin ich dazu frei, das zu werden, wozu er mich geschaffen hat. Gottes Botschaft für mich lautet genauso wie die für Paulus: „Du brauchst nicht mehr als meine Gnade. Je schwächer du bist, desto stärker erweist sich an dir meine Macht." Also kann ich mich Paulus bei seiner Folgerung anschließen: „Jetzt trage ich meine Schwäche gern, ja ich bin stolz darauf, damit die Kraft Christi sich an mir erweisen kann" (2. Korinther 12,9).

Manchmal ist es nicht einfach, sich unserer eigenen Fehlerhaftigkeit und mangelnden Liebenswürdigkeit zu stellen – unserem wahren Wesen. Vielleicht fällt es jemandem leichter, der nach einem zerstörerischen Vorleben zum Glauben gekommen ist. Solche Menschen wissen, wovor sie gerettet wurden. Deshalb können sie die Gnade Gottes in ihrem Leben besser erkennen als jemand, der von Geburt an einigermaßen „respektabel" gelebt hat. Viele aber sind in guten christlichen Elternhäusern aufgewachsen, haben Sonntagsschule und Jugendfreizeiten besucht, waren bei allen Gottesdiensten anwesend, haben weder geraucht oder getrunken noch Kontakt zu Drogen gehabt. Sie können nur schwer ihre eigene Fehlerhaftigkeit einsehen. Dabei bleibt die Wahrheit bestehen: „Nichts ist so abgründig wie das menschliche Herz. Voll Unheil ist es; wer kann es durchschauen?" (Jeremia 17,9).

Wir neigen viel zu sehr dazu, uns für relativ annehmbare Typen zu halten. Wir möchten gern glauben, dass Gott uns wegen unseres guten Kerns liebt. Andererseits verstehen wir nicht, warum Gott den „wirklich bösen" Menschen Liebe und Vergebung gewähren kann. Liebt Gott allen Ernstes Massenmörder? Liebt er auch jemanden, der Kinder missbraucht? Liebt er Saddam Hussein? Wenn einer aus dieser Riege behaupten würde, zum Glauben gefunden zu haben, kämen bei uns Zweifel und sogar Abscheu auf. Wir würden gern glauben, dass es Menschen gibt, die einfach zu schlecht für Gottes Vergebung sind. Das soll natürlich nicht für uns gelten – wir gehören locker in die Rubrik, die noch akzeptabel ist.

Ist der stolze Pastor einer großen, gut angesehenen Kirche weniger ein Sünder als der Drogendealer? Dazu steht klipp und klar in der Bibel: Wir sitzen alle im gleichen Boot. Sünde ist Sünde.

Damit will ich nicht sagen, dass jedes üble Verhalten zu den gleichen Konsequenzen führt. Mord oder Vergewaltigung sind eindeutig schlimmere Vergehen als Notlügen oder verkehrswidriges Parken. Aber beide Kategorien von Sünde sind Symptome eines geistlichen Problems, tief verwurzelt in allen, die sich solche Fehltritte leisten. Jede Sünde, ob groß oder klein, trennt uns von unserem gerechten und heiligen Gott.

Luis Palau kam in einem Artikel, den er für die Zeitschrift *Christianity Today* schrieb, zu folgenden Einsichten: „Der aufrichtige Evangelikale wird ... sein Misstrauen zugeben, wenn er hört, dass ein Dodd (ein Kinder-Serienmörder) oder ein Noriega sich zu Jesus bekehrte und Vergebung erlangte. Obwohl wir uns an den Vers halten: ‚Wer den Namen des Herrn anrufen wird, soll gerettet werden' (Römer 10,13), benehmen wir uns so, als sei das Evangelium nur für die wirklich anständigen Menschen gedacht.

Wenn es uns seltsam vorkommt, dass die Gnade Gottes auch Kindermörder und Drogenhändler erretten kann, dann haben wir noch nicht annähernd Gottes Ozean der Liebe zu uns Menschen ergründet. Auch haben wir noch nicht lange genug in unser eigenes Herz geschaut. Die richtige Antwort ergibt sich erst dann, wenn ich tatsächlich glaube, dass Gott mit mir einen Schuft errettet hat, nicht einen eigentlich netten Kerl, der nur ein paar Problemchen hat."[4]

Als Kind war ich einmal im Park in einer großen Stadt. Dort hörte ich zum ersten Mal, wie jemand angesichts der alkoholisierten Landstreicher am Rand des Parks sagte: „Da würde ich auch landen, wenn Gott nicht so gnädig wäre." Ich habe auch so gedacht. Jetzt aber, nachdem ich gezwungen war, mich mit der Bosheit meines eigenen Herzens auseinanderzusetzen, sehe ich das anders. Die Redensart scheint zu besagen: „Wenn Gott mir nicht gnädig wäre, dann könnte ich auch so eine verkrachte Existenz werden." Tatsache ist, dass ich eigentlich jetzt schon nicht besser bin als der letzte Penner dieser Welt.

Wenn die Gnade Gottes nicht dem größten Sünder gelten würde, dann würde sie auch Ihnen und mir nicht gelten. Welches Merkmal macht uns seiner Zuwendung denn würdiger? Wohl kaum unsere Güte im Vergleich zur Bosheit unserer Umwelt. Wenn das zuträfe, dann müssten wir mit unserem

Leben ständig etwas beweisen, und wenn wir darin versagen, dann hätten wir etwas zu verstecken. Zurück ins Hamsterrad!

In Minnesota, wo ich herkomme, haben wir ständig gegen den Löwenzahn angekämpft. Im Sommer fing er an zu blühen und verunstaltete den grünen Rasen mit gelben Tupfern. Genussvoll warf ich den Rasenmäher an und zerstörte systematisch die ganze gelbe Pracht in unserem Garten. Weil die sichtbaren Symptome verschwunden waren, dachte ich fälschlicherweise, das Problem sei aus der Welt geschafft. Doch schon nach einer Woche war der Löwenzahn wieder da, diesmal noch sattgelber als vorher. Warum? Weil ich nur die Blüten abgemäht, aber nichts gegen die Wurzeln getan hatte.

Mit der Sünde ist es ganz ähnlich. Wir konstruieren geistige Kategorien, mit denen wir unsere Sünde in unterschiedliche Bosheitsgrade einteilen. Je größer die Löwenzahnblüte – mit anderen Worten, je offensichtlicher und hässlicher die Folgen unseres Tuns –, desto schlimmer die Sünde. Selten finden wir, dass unsere eigene Sünde zu den besonders schweren gehört. Diese Methode aber ist Selbstbetrug. Jede Sünde wächst aus der gleichen Wurzel, und um eben diese Wurzel geht es Gott. Die Wurzel der Sünde – Unglaube und Auflehnung gegen Gott – kann einen Massenmörder oder einen unbarmherzigen Vater hervorbringen. Die meisten würden letzteren für den geringeren Schuft halten. Und doch entstammen beide Fehlverhalten der gleichen Wurzel und die Sünden des einen haben genauso sehr wie die des anderen den Tod Christi am Kreuz nötig gemacht.

In der Bibel wird betont, dass wir unsere Sünde und Unwürdigkeit einsehen und bekennen sollen. Das ist kein Verdammungsurteil gegen die Menschheit – vielmehr liegt darin die Bestätigung von Gottes bedingungsloser Liebe. Gott will nicht, dass wir den Kopf hängen lassen und erklären: „Ich bin nur ein Wurm." Er sehnt sich danach, dass wir ohne Beweiszwang und Heimlichkeiten leben und ihm für seine wunderbare Liebe dankbar sein können.

„Wer ist schon bereit, auch nur für einen schuldlosen Menschen zu sterben? Allenfalls könnte sich einer entschließen, für einen besonders guten Menschen den Tod auf sich zu nehmen. Christus aber starb für uns, als wir noch Gottes Feinde waren. Damit hat Gott uns gezeigt, wie sehr er uns liebt. Wenn wir aber schon jetzt bei Gott angenommen sind, weil Christus für uns starb, dann werden wir erst recht durch ihn vor Gottes zukünftigem Strafgericht bewahrt werden. Als wir noch Gottes Feinde waren, hat Gott durch den Tod seines Sohnes unsere Feindschaft überwunden. Nachdem wir nun Gottes Freunde geworden sind, wird uns das neue Leben seines vom Tod auferweckten Sohnes erst recht vor seinem Strafgericht schützen" (Römer 5,7–10).

Das ist die großartige Wahrheit. Die Reaktion auf solch eine Liebe ist mehr als bloß gutes Benehmen – gefragt ist ein Charakter, der zutiefst von Gott geprägt ist. Was sich daraus an verändertem Verhalten ergibt, hängt nicht vom Versuch ab, ein besserer Mensch zu sein, sondern von einem zerbrochenen und zutiefst dankbaren Herzen. Wörtlich und einfach lieben wir, weil er uns zuerst geliebt hat.

Einmal habe ich gegenüber dem Pastor einer der größten Kirchen Amerikas die Bemerkung gemacht, dass ich seine moralische Integrität während seiner langen Leiterschaft zu schätzen wisse. „Bitte keine Komplimente", sagte er. „Das sollte man von jedem Leiter erwarten."

Vielleicht. Seine Antwort aber hat mich seltsam berührt. Sollten wir nicht auf die Knie gehen und Gott jedesmal für seine Gnade danken, wenn wir eine seiner Charaktereigenschaften gezeigt haben? Ehrlichkeit, Liebe, Freundlichkeit, Demut – das sind nicht unsere Naturtalente. Wenn wir diese Eigenschaften aufweisen, ist es der Widerschein eines liebenden Gottes in uns.

Wenn wir einen Penner in der Gosse liegen sehen, dann sehen wir uns selbst. Es ist ganz ähnlich wie beim Löwenzahn: Unsere spezielle Sünde entspringt der gleichen Wurzel. Statt hervorzuheben, dass wir nicht so schlecht sind wie dieses arme Wrack, sollten wir vielleicht lieber Gott danken, dass seine Gnade groß genug für uns beide ist.

Wenn wir unsere eigene Unfähigkeit erkennen könnten, Gottes Ideal gerecht zu werden, so würden wir ein ganz neues Bewusstsein für die Tiefe seiner Liebe erlangen. Unsere Reaktion wäre nichts als eine Antwort darauf – nicht, um seinen Beifall zu erheischen oder unsere Liebenswürdigkeit zu beweisen. Gute Taten ergeben sich dann als Nebenprodukt aus der Erkenntnis seiner Liebe. Ein Gefühl von Erbarmen für unsere Mitmenschen wäre auch so ein Nebenprodukt.

Die Wurzel aller Sünde liegt im Unglauben an die Liebe Gottes. Eva hatte nicht geglaubt, dass seine liebevolle Fürsorge genügen würde. Sie gab der Lüge Satans nach, der Mensch brauche mehr. Sie meinte, mit der Frucht vom verbotenen Baum etwas zu gewinnen, was der Schöpfer ihr nicht geben könne. Wir lassen uns genauso betrügen, wenn wir glauben, dass sein Opfer am Kreuz nicht reichte, so dass wir noch versuchen müssten, um ihm zu gefallen und seine Liebe zu gewinnen. Erst wenn wir seine unermessliche Liebe erkennen und seine bedingungslose Vergebung für uns annehmen, sind wir zu einem Leben ohne Heimlichkeit befreit. Unsere Unvollkommenheit darf dann bekannt werden. Die Erfahrung von Gottes Vergebung und Liebe drängt uns dazu, bereitwillig und fröhlich auf den Erlöser einzugehen, der so liebevoll auf uns eingegangen ist. Dann können wir, vielleicht zum ersten Mal, ohne Heimlichkeit leben.

Anmerkungen

[1] Martin Luther, Der Römerbrief, Römer 4, 1–7, Vandenhoek & Ruprecht, 1963

[2] in: The Zondervan Pictorial Bible Dictionary, Hrg. Merrill C. Tenney, Grand Rapids 1967, S. 322

[3] in: Martin Luther's Basic Theological Writings, Hrg. Timothy F. Lull, Minneapolis 1989, S. 611

[4] Luis Palau, „Notorious Conversions" in: Christianity Today, März 1993, S. 20

9 Die Grundlage für Veränderung

„Wer mit Jesus Christus verbunden ist,
braucht das Strafgericht Gottes nicht mehr zu fürchten.
Denn das Gesetz, das durch den Geist und in der Verbindung
mit Jesus Christus zum Leben führt, hat euch befreit vom Gesetz,
das durch die Sünde in den Tod führt"
(Römer 8,1–2).

Wenn wir Gottes Gnade begreifen und annehmen, eröffnet sich die Tür zu einer Freiheit, die auf anderen Wegen nicht zu erlangen ist. Dadurch können wir unser Leben auf dem stabilsten aller Fundamente errichten; wir werden frei von Zwängen und Regeln und richten unser Leben nicht mehr danach aus, Gebote einzuhalten, sondern Gott zu lieben. Und unterwegs gibt Gott uns die Kraft zu gehorchen.

Unsere Bemühungen reichen nicht, um das Gesetz einhalten zu können, aus dem sich Disziplin und Freiheit ergibt. Vielmehr ist es Gottes Gnade, die uns das Motiv liefert, zu lieben und zu gehorchen. Obwohl das Einhalten von Gottes Regeln, seinen Richtlinien und Verhaltensgrundsätzen eine Voraussetzung für echten Lebensgenuss ist, wird jeder enttäuscht aufgeben müssen, der sich aus eigener Kraft daran versucht. Liebe ist das einzige Motiv, das uns auf dem Pfad zur Freiheit hält. Damit sei nicht gesagt, wir müssten gar keine Anstrengungen auf uns nehmen und nur Gott vertrauen, dass er alles für uns regelt. Wir müssen durchaus unseren Teil beitragen. Doch unsere Mühen können nicht der Ausgangspunkt sein.

Unsere Fähigkeit, diesen Prozess zu verstehen und ihn fortwährend auf unser Leben anzuwenden, hängt zum Teil vom richtigen Verständnis dafür ab, wozu das Gesetz Gottes gedacht war. Warum hat er es ursprünglich erlassen?

Dafür gibt es drei Gründe. Erstens hat uns Gott das Gesetz nicht als Mittel zur Erlösung gegeben. Als er die Gesetze erließ, wusste er bereits, dass wir sie nicht erfüllen konnten. Paulus schreibt den Römern: „Da ist keiner, der gerecht ist, auch nicht einer" (Römer 3,10). Später, im gleichen Brief, vertieft er diese Aussage: „Vor Gott gibt es keinen Unterschied. Alle sind schuldig geworden und haben die Herrlichkeit verscherzt, die Gott ihnen geschenkt hatte" (Römer 3,22–23).

Zweitens ist das Gesetz nicht als Zehn-Stufen-Plan erlassen worden, um Gottes vollen Segen zu erlangen. Paulus liegt dieser Punkt sehr am Herzen: „Wenn ihr vor Gott bestehen wollt, indem ihr das Gesetz befolgt, habt ihr die Verbindung mit Christus verloren und die Gnade vertan" (Galater 5,4).

Drittens war das Gesetz nicht als Maßstab gedacht, mit dem sich menschliche Qualität ermessen lässt. Dazu sagt Paulus: „Kein Mensch hat getan, was das Gesetz fordert, darum kann keiner vor Gott bestehen. Durch das Gesetz wird nur die Macht der Sünde sichtbar" (Römer 3,20).

Warum also wurde das Gesetz überhaupt erlassen, wenn ohnehin niemand Gottes hohem Ideal gerecht werden kann? Das Gesetz soll zeigen, wie hilflos und verloren wir ohne Jesus sind. Es ist Zeuge für die Unfähigkeit, auch nur annähernd Gottes Ideal für unser Leben gerecht zu werden. John Stott hat das in wenigen Worten zusammengefasst: „Nichts kann uns so sehr von unserer Sündhaftigkeit überzeugen wie das erhabene, gerechte Gesetz Gottes."[1]

Allerdings gibt es auch eine erfreuliche Kehrseite dieser Medaille: Indem das Gesetz unsere Fehlerhaftigkeit bloßstellt, vergrößert es auch die Bedeutung der Gnade Gottes und treibt uns dazu, uns an ihn zu wenden.

Paulus erklärt: „Aber jetzt ist eingetreten, was das Gesetz selbst und die Propheten im voraus angekündigt hatten: Gott hat so gehandelt, wie es seinem Wesen entspricht. Er hat selbst dafür gesorgt, daß die Menschen vor ihm bestehen können. Er hat das Gesetz beiseite geschoben und will die Menschen annehmen, wenn sie einzig und allein auf das vertrauen, was er durch Jesus Christus getan hat" (Römer 3,21–22).

Mit der Entscheidung für Gottes Gnade ist aber noch nicht die Frage beantwortet: Wie erarbeite ich mir die Disziplin, mir bestimmte Maßstäbe zu setzen und sie dann auch einzuhalten? Die Lösung liegt nicht darin, es eben noch stärker zu versuchen, sondern im stärkeren Vertrauen auf Gott. Der Wechsel vom einen Ziel (eigene Leistung) zum anderen (Gottes Gnade) kann in gewisser Hinsicht unmerklich sein, doch in diesem Wechsel liegt der Unterschied zwischen wachsender Reife und toter, hoffnungsloser Gesetzlichkeit.

Wenn es sowieso nur darum geht, Gott zu lieben und seine Gnade anzunehmen – warum dann eigentlich nicht einfach drauflos sündigen? Gottes Gnade steht uns doch sowieso immer zur Verfügung.

Die Christen in Rom rangen vor fast 2000 Jahren mit dieser Frage. Paulus beeilte sich, den Irrtum zu klären, der hinter dieser Frage stand. Es ist ja gerade unsere Konzentration auf Gottes Gnade, die den Wunsch erst auslöst, das Gesetz zu halten. Paulus erklärt zunächst ausführlich, wie Gottes Gnade einzig und allein in der Lage ist, uns vor Gott gerecht zu machen. Dann sagt er den Römern: „Für uns steht fest: Gott nimmt die Menschen an, obwohl sie die Forderungen des Gesetzes nicht erfüllt haben. Er nimmt jeden an, der sich auf das verläßt, was er durch Jesus Christus getan hat. Man wirft mir vor, daß ich damit das Gesetz außer Kraft setze. Das Gegenteil ist richtig! Gerade so bringe ich zur Geltung, was das Gesetz sagt" (Römer 3,28,31).

Paulus betont immer wieder, dass ein von Gesetzlichkeit befreites Leben keineswegs in hemmungslose Sünde führt. Das Gegenteil trifft zu. Gottes Gnade bewirkt in uns den Wunsch, in seinem Sinne zu leben. Es ist diese Art Heiligkeit, die eine Einheit mit Gottes ursprünglicher Absicht mit uns schafft und ein Leben voller Genuss möglich macht.

„Was folgt daraus für uns? Sollen wir ruhig weitersündigen, damit die Liebe Gottes sich um so mächtiger erweisen kann?

Nein, ganz gewiß nicht! Für die Sünde sind wir tot. Wie können wir dann weiter unter ihrer Herrschaft leben?

Liefert keinen Teil eures Körpers der Sünde aus, damit sie ihn nicht als Waffe gegen das Gute benutzen kann. Stellt euch vielmehr Gott zur Verfügung als Menschen, die aus dem Tod ins neue Leben gelangt sind. Gott soll euch mit all euren Fähigkeiten als Waffe im Kampf für das Gute benutzen können. Die Sünde hat künftig keine Macht mehr über euch. Denn ihr lebt nicht unter dem Gesetz, sondern unter der Gnade Gottes" (Römer 6,1–2.13–14).

Wir halten nicht etwa das Gesetz, um Gottes Gnade zu erlangen. Nur durch Gottes Gnade halten wir das Gesetz.

Philip Yancey kam in der Zeitschrift *Christianity Today* auf diese Frage zu sprechen. „Wenn wir Gott mit der Einstellung kommen: ,Welche Sünde kann ich mir gerade noch leisten?', dann beweist das, dass wir gar nicht verstanden haben, was Gott für uns im Sinn hat." Wer Gottes Vergebung wahrhaft erlebt hat, wird eine ganz andere Haltung haben, erklärt Yancey. „Wenn wir das Wunder der Liebe Gottes begreifen, dann kommen uns die abwegigen Fragen nie in den Sinn, auf die Römer Kapitel 6–7 eingeht. Wir würden den ganzen Tag lang Gottes Gnade ergründen, nicht ausnutzen."[2]

Angenommen, ich sage Ihnen zu, Sie dürften alles mit mir machen, was Sie wollten – wenn Sie mich von ganzem Herzen liebten. Nehmen wir weiter an, Sie lieben mich tatsächlich von ganzem Herzen. Wofür entscheiden Sie sich? Die Liebe bringt Sie dazu, nur das zu tun, was mir Freude macht. Gleichermaßen wird es unsere Liebe zu Gott sein, die uns die Kraft und Disziplin verleiht, im Sieg über die Sünde zu leben.

In diesem Kapitel werden fünf notwendige Schritte besprochen, mit denen wir uns in der moralischen Disziplin festigen, Gottes Maßstäbe zu befolgen und weiter in ein erfülltes Leben vorzudringen:

1. Auf der richtigen Grundlage anfangen.
2. Die Maßstäbe bestimmen, nach denen wir leben wollen.
3. Gegenseitige Unterstützung mit anderen Christen anstreben.
4. Erkennen, dass die Überwindung der Sünde ein langer und schmerzhafter Prozess ist, in dessen Verlauf Niederlagen nicht ausbleiben.
5. Nie die wahre Quelle unserer Kraft aus den Augen verlieren.

Charakterbildung von innen nach außen

Wenn wir uns allein darauf konzentrieren, Regeln zu gehorchen, werden die moralischen Schranken unseres Lebens von außen beherrscht, nämlich von denen, die die Regeln aufstellen und unsere Linientreue überwachen. Auch dann, wenn es sich um Gottes Maßstäbe handelt, sind sie doch nicht mit Gott selbst identisch – mit anderen Worten, wir lassen uns von jemand oder etwas regieren, das nicht Gott selbst ist. Aus dieser Situation heraus kann sich ein Wandel der äußeren Kräfte, die für Einhaltung der Maßstäbe sorgen, nachhaltig auf unsere Fähigkeit und Motivation zur Linientreue auswirken.

Dazu ein Beispiel: Als ich bei *Youth for Christ* aufhörte und eine „weltliche" Tätigkeit aufnahm, durchlebte ich eine ungeheuer schwierige Phase. Moralisch gesehen ging es mit mir im Sturzflug bergab. Erst, als ich mich wieder einigermaßen gefangen hatte, wurde mir klar, was passiert war. Tatsache war, dass ich mich nie um die richtige Basis meines moralischen Daseins gekümmert hatte. In meinem christlichen Dienst pflegte ich einen Lebensstil, der mehr von äußerem Druck als von der Beziehung zu Gott geprägt war. Mein Verhalten und meine Urteilsfähigkeit entsprangen eben nicht meiner Dankbarkeit und dem freiwilligen Entschluss, Gott so zu lieben, wie er mich liebt. Vielmehr reagierte ich auf meine Umgebung und bemühte mich, den Erwartungen meiner Mitmenschen gerecht zu werden. So kam es, dass ich in meiner ersten Lebenshälfte von Christen umgeben war, die Anständigkeit mit Lob und Akzeptanz belohnten. Benahm ich mich daneben, fiel ich in Ungnade. Meine Kirche, meine Familie und die Kollegen setzten mir die Grenzen meines Verhaltens. Das hatte nichts mit Gott und meinem unmittelbaren Verhältnis zu ihm zu tun. Die Mitchristen waren daran nicht schuld, sondern ganz allein ich.

Weil meine Lebensführung von den Vorstellungen und Reaktionen meiner Mitmenschen abhängig war, änderte sich mein Verhalten, als sich meine Umgebung änderte. Beim Einstieg in die Unterhaltungsbranche ergab sich, dass die neuen Freunde nicht die gleichen moralischen Ansprüche stellten wie die Christen bei *Youth for Christ*. Mein „christliches" Verhalten wurde nicht mehr belohnt. Jetzt musste ich „dazugehören", um anerkannt zu werden. Vom Aspekt der Motivation her hatte sich nicht viel geändert. Nach wie vor waren es die anderen, die meine Maßstäbe bestimmten. Geändert hatte sich nur die Umgebung.

Es war ein unsanftes Erwachen, als ich merkte, dass mein Glaube viel schwächer war, als ich gedacht hatte. Mein Leben war weder vom Sinn her geleitet noch von inneren Zielsetzungen beherrscht. Ich richtete mich nach dem rein äußeren Druck der Gruppe, auf die ich jeweils Eindruck machen wollte.

Gott hat nie gewollt, dass eine Gruppe zur moralischen Grundlage unseres Lebens wird, wer auch immer es ist. Nur durch eine Motivation von innen heraus ist man stark genug, Versuchungen und Niederlagen standzuhalten. Sie kann nur aus einer lebendigen, liebevollen Beziehung zu dem Gott entstehen, der in uns wohnt.

In dem Film „A Stranger Among Us" (Ein Fremder unter uns) spielt Melanie Griffith die Rolle einer Frau, die sich in einen frommen Juden verliebt. Er befindet sich in der Ausbildung zum Dienst als Rabbi. Unübersehbar hat auch er sich in sie verliebt. In einer Szene reagiert er auf ihre Verführungskünste mit den Worten:

„Das kann ich nicht."

Sie gibt zurück: „Du meinst, du willst nicht?"

Verwirrt fragt er: „Gibt's da einen Unterschied?"

Der Unterschied ist riesig. Jahr für Jahr gehen Tausende von Teenagern aus dem Haus und fangen an zu studieren oder eine Ausbildung zu absolvieren. So beginnt ihre Lebensreise als Erwachsene. Kaum sind einige Monate vergangen, da haben viele dieser jungen Leute schon den „Glauben ihrer Väter" abgelegt: Traurig, aber nicht überraschend. Ihr Leben ändert sich deshalb so drastisch, weil sie sich eben dem Glauben und den moralischen Grundsätzen ihrer Umgebung angepasst hatten. Dieser Glaube war eigentlich nie ihr eigener geworden. Es war nur die Hülle des wahren Glaubens, die sich durch äußere Einflüsse gebildet hatte. Als sie noch auf der Schule waren, reagierten sie auf Versuchungen wahrscheinlich so: „Ich kann nicht – meine Eltern erlauben das nicht." Vielleicht auch so: „Ich kann nicht – das lässt meine Religion nicht zu." Diese Art Motivation funktioniert allerhöchstens so lange, wie die Eltern oder die Kirche noch einen direkten Einfluss auf den Jugendlichen haben. Deshalb sind die ersten Semester auf der Universität oft durch dramatische und manchmal traumatische Veränderungen gekennzeichnet. Zum ersten Mal sind die Kids weit weg von allen Menschen, unter deren Einfluss sie bisher immer standen. Nur die ganz persönlichen Überzeugungen halten jetzt stand – das, was von innen kommt; die eigenen statt der elterlichen Einstellungen. Bei diesen persönlichen Standpunkten heißt es dann nicht mehr „Ich kann nicht", sondern „Ich *will* nicht".

Ein Mann, der sich im Hotelzimmer normalerweise keine Pornovideos anschaut, weil das gegen seine Religion verstößt, wird eines Tages feststellen, dass es sich weder auf seine Religion noch sein Auftreten in der Kirche auswirkt, wenn er in der Abgeschiedenheit seines Zimmers gewisse Entscheidungen trifft. Wenn es soweit gekommen ist, wird er von da an sehr anfällig auf die Verführungskraft solcher Videos sein. Entsprechend haben viele der Versuchung zum Ehebruch nachgegeben, obwohl „ihre Religion das verbietet". Sie lösen den moralischen Zwiespalt dadurch auf, dass sie einfach aus der Kirche austreten und jeden Anschein von Glauben ablegen, der sie zuvor vom Ehebruch abgehalten hat. Das geht ganz schnell!

Wenn erst einmal der äußere Druck schwindet, können die Maßstäbe einfach fallengelassen werden.

Wer aber im Lauf der Zeit und unabhängig von seiner Umwelt sein Augenmerk auf Jesus und seine Liebe richtet, wirkt von einem stabilen Fundament aus. Das Geheimnis eines solchen Menschen ist die Kraft des Heiligen Geistes und die positive Motivation, die aus der erlebten Liebe Christi entsteht. Wenn die Versuchung anklopft, lautet die Reaktion: „Ich will nicht – und deshalb gehe ich nicht darauf ein." Der Mensch „will" nicht, weil sein Wunsch, Gott dankbar zu sein, stärker ist als die stärkste Versuchung. Nur Maßstäbe, die aus diesem „inneren" Ausgangspunkt der Liebe erwachsen, wirken stark genug, um uns in der Spur zu halten. Eine von innen heraus entstandene Motivation lässt sich durch äußeren Druck nicht so leicht beeinflussen.

Gott hat uns das Gesetz gegeben, damit wir unseren fehlerhaften Zustand erkennen. Aus dieser Verwundbarkeit heraus sind wir in der Lage, die unergründliche Gnade wahrzunehmen und zu schätzen, die er uns erwiesen hat. Wenn wir das Wesen von Gottes bedingungsloser Liebe kennengelernt haben, finden wir in uns die Motivation, ihm mit einer inneren Einstellung zu dienen, die stärker in uns verankert ist als alles andere. Selbst bei Niederlagen drängt uns diese Liebe dazu, uns wieder aufzurappeln, Gottes Vergebung anzunehmen und ihm weiterhin zu gehorchen. Wer sein Leben auf die Liebe gegründet hat, bekommt zwar keine Garantie für Vollkommenheit, nähert sich aber Gottes Plan mit ihm, nämlich einem erfüllten Leben. Eine charakterliche Schulung auf anderen Grundlagen trägt nicht so weit.

Der erste Schritt also zu einem gefestigten Leben, in dem wir Erfüllung finden, ist die richtige Grundlage. Diese Grundlage bildet die bedingungslose Liebe, die Jesus uns anbietet. Erforschen Sie einmal ehrlich Ihr Leben und machen Verhaltensweisen dingfest, die sich aus bloß äußerlichen Einflüssen ergeben. Geben Sie alles auf, was im Widerspruch zu Gottes Einstellung steht. Die guten Eigenschaften und Gewohnheiten sollten Sie ebenfalls feststellen und Gott um seinen Beistand bitten, so dass sie sich von innen heraus festigen. Nach und nach werden Sie feststellen, dass Sie bei Versuchungen stark bleiben können, vorausgesetzt, Sie bleiben in ständigem Kontakt mit Gott und lassen sich immer wieder von ihm auf Ihrem Kurs korrigieren.

Standfestigkeit üben, solange dazu Zeit ist

Der zweite Schritt hin zur Standfestigkeit besteht darin, gute Gewohnheiten einzuüben, bevor das wirkliche Leben zuschlägt. Kaum eine Einstellung ist gefährlicher als diese: „Wenn ich erst mal an der Schlucht bin, wird sich schon zeigen, wie ich rüber komme." Wer nicht abstürzen will, muss sich lange vor dem Abgrund entscheiden, wie er hinüberkommt.

Man muss wissen, auf welcher Seite man steht, bevor man zur Entscheidung gezwungen ist. Aus diesem Grundsatz heraus wurden Männer wie Daniel und seine drei jungen Freunde zu Helden, als man sie als Gefangene in ein fremdes, heidnisches Land führte. Bald sahen sie sich vor eine doppelte Versuchung gestellt – Macht und Reichtum. Außerdem drohte ihnen die Todesstrafe, wenn sie sich nicht an die babylonischen Gebräuche hielten, die Gottes Willen direkt widersprachen.

Doch diese vier jungen Männer hatten sich im Voraus feste Maßstäbe gesetzt. Sie waren entschlossen, und zwar schon vor der Gefangenschaft, weder Dinge zu tun noch zuzulassen, die gegen Gottes Willen waren. Hätten sie abgewartet, bis sie „erst einmal an der Schlucht" waren, dann wären sie aller Wahrscheinlichkeit nach als blasse Schatten in die Geschichte eingegangen, unbedeutende Restgestalten einer untergegangenen Kultur, die hinnehmen mussten, dass ihre Religion von einem brutalen Eroberervolk vernichtet wurde. Doch diese vier waren durch ihr Engagement auf den Tag X vorbereitet: „Aber Daniel nahm sich in seinem Herzen vor, dass er sich mit des Königs Speise und mit seinem Wein nicht unrein machen wollte, und bat den obersten Kämmerer, dass er sich nicht unrein machen müßte" (Daniel 1,8).

Grundsatzentscheidungen müssen vor dem Schlachtgetümmel getroffen werden. Daniel hatte sich vorher entschlossen, sich nicht durch verbotene Nahrung zu verunreinigen. Aufgrund seiner Charakterstärke brachten er und seine Freunde es zu bemerkenswerten Leistungen. Der Erfolg war teilweise der Tatsache zuzuschreiben, dass sie sich nicht unvorbereitet auf diese Proben einließen. Sie hatten Grundsätze verinnerlicht, die im 3. Kapitel besprochen wurden. Jetzt waren sie ihnen zu Lebensgrundlagen geworden. Das ist etwas anderes als die Einstellung „Erst mal abwarten". Das hatte Auswirkungen. Bei Androhung der Todesstrafe weigerten sie sich standhaft, das unreine Essen zu sich zu nehmen, das der König herbeischaffen ließ. Und Gott belohnte die Treue und segnete sie mit einer gesunden Hautfarbe, einem gesundem Körper und einer Weisheit, die alle Gleichaltrigen in den Schatten stellte.

Später, als Nebukadnezar den drei Freunden Schadrach, Meschach und Abed-Nego befahl, sein goldenes Ebenbild anzubeten, boten sie ebenso festen Widerstand. Wiederum drohte die Todesstrafe für den Ungehorsam gegen den Befehl des Königs. Wiederum war die Zuversicht in ihrer Antwort nicht zu überhören:

„Da fingen an Schadrach, Meschach und Abed-Nego und sprachen zum König Nebukadnezar: ‚Es ist nicht nötig, daß wir dir darauf antworten. Wenn unser Gott, den wir verehren, will, so kann er uns erretten; aus dem glühenden Ofen und aus deiner Hand, o König, kann er erretten. Und wenn er's nicht tun will, so sollst du dennoch wissen, daß wir deinen Gott nicht ehren und das goldene Bild, das du hast aufrichten lassen, nicht anbeten wollen'" (Daniel 3,16–18, Luther).

Die drei brauchten keine Besprechung, um sich zu einigen, was sie antworten sollten. Lange vor der Versuchung hatten sie schon entschieden, welche Reaktion die richtige war.

Als Daniel später bei Androhung der Todesstrafe seine Gebete einstellen sollte, gab er nicht nach. Auch hier hatte er unerschütterliche Grundsätze. Seine täglichen Gebete sprach er nicht nach Lust und Laune. Sie gehörten als fester Bestandteil zu seinem Leben, weil er Gott respektieren und schätzen gelernt hatte.

„Als nun Daniel erfuhr, dass ein solches Gebot ergangen war, ging er hinein in sein Haus. Er hatte aber an seinem Obergemach offene Fenster nach Jerusalem, und er fiel dreimal am Tag auf seine Knie, betete, lobte und dankte seinem Gott, wie er es auch vorher zu tun pflegte" (Daniel 6,11, Luther).

Daniels moralische Standfestigkeit war für keinen Kompromiss anfällig. Es gab einen Grund dafür, dass die Statthalter des Darius den König zum Erlass dieses Gesetzes überlistet hatten, mit dem das Gebet kriminalisiert wurde: anders konnte man Daniel nicht zu fassen bekommen. Seine Lebensführung war mit einer Beharrlichkeit durchleuchtet worden, die eines Kenneth Starr würdig gewesen wäre – ohne einen Makel zu entdecken. Um Daniel dingfest zu machen, musste erst eine legale Handlung für illegal erklärt werden, denn Daniel hatte nichts zu verstecken:

„Da trachteten die Fürsten und Statthalter danach, an Daniel etwas zu finden, das gegen das Königreich gerichtet wäre. Aber sie konnten keinen Grund zur Anklage und kein Vergehen finden; denn er war treu, so daß man keine Schuld und kein Vergehen an ihm finden konnte. Da sprachen die Männer: ‚Wir werden keinen Grund zur Anklage gegen Daniel finden, es sei denn wegen seiner Gottesverehrung'" (Daniel 6,5–6).

Was für ein Zeugnis! Käme es wohl zum gleichen Ergebnis, wenn die Spezialagenten des Geheimdienstes ihre Ermittlungskünste einsetzen würden, um bei uns eine „Leiche im Keller" zu entdecken? Soviel kann ich sagen: Ich hoffe, dass mein Leben niemals mit solcher Gründlichkeit durchkämmt wird. Daniel konnte man nicht einmal Halten im Parkverbot vorwerfen. Was hat Ihrer Meinung nach Daniel die Kraft verliehen, so ein beispielhaftes Leben zu führen? Ich komme einfach zu dem Schluss, dass in erster Linie seine Treue Gott gegenüber dieses Engagement bewirkte. Sein Leben war keine Serie von zufälligen Reaktionen auf jeden Wechsel des Windes. Er war ganz bewusst auf das eingestellt, was Gott aus ihm machen wollte.

Deshalb rettete Gott ihn aus der Löwengrube und vor dem Zugriff böser Menschen; deshalb verlieh er ihm fast unbegrenzte Macht.

Dass meine Frau Diane und ich kürzlich unsere Silberhochzeit feiern konnten, hat unter anderem mit unserem Eheversprechen zu tun. Als wir damals vor dem Altar standen, versprachen wir einander, uns nur durch den Tod scheiden zu lassen. Wenn es Druck gab und wir in Situationen gerieten, die viele Ehen scheitern lassen, war es wegen dieses Eides für uns beide undenkbar, Reißaus zu nehmen. Heute wird bei vielen Eheschließungen der Satz „bis dass der Tod uns scheidet" gar nicht mehr erwähnt. Man nimmt sich nicht mehr vor, so ein Versprechen auch nur zu geben, geschweige denn, es einzuhalten – und folglich hält die Ehe auch nicht. Man heiratet mit der vagen Vorstellung, es schon irgendwie gemeinsam zu schaffen, wenn man vor dem Abgrund steht. Der kleinste Konflikt, die geringste Unbequemlichkeit, die erste Versuchung, und die Ehe ist dem Untergang geweiht. Timothy George beschreibt, welche Kraft ein echtes Eheversprechen entfalten kann:

„Es kommt die Zeit in jeder auf Dauer angelegten Ehe, wenn die Rosen welken, die Musik verhallt und das Kerzenlicht flackert. Man schaut einander bei Tisch an und weiß, jetzt zählt allein die Tatsache, dass man einmal in der Gegenwart des allmächtigen Gottes einander gesagt hat: ‚Ja, ich will'."[3]

Neulich sah ich im Fernsehen, wie einige Astronauten erfolgreich ihren Auftrag ausführten, das Hubbell-Weltraumteleskop zu reparieren – für die dazu notwendige Technologie und Präzision fehlt mir jede Vorstellungskraft. Eine falsche Bewegung und das ganze Unternehmen (mit Kosten von vielen Millionen) wäre gefährdet. Doch der Erfolg der Mission war durch viele hundert Stunden aufreibender Simulation vorbereitet worden. Immer wieder wurde in den Wochen vor dem Start jede Aufgabe einschließlich aller Eventualitäten eingeübt. Als die eigentliche Arbeit anfing, wussten die Astronauten ganz genau, was zu tun war.

Unserer Reise durchs Leben gebührt die gleiche Aufmerksamkeit. Wenn wir ohne Heimlichkeiten leben wollen, wenn wir auch nur ansatzweise Herr über unsere Aktionen und Reaktionen werden wollen und mindestens annähernd an Daniels beispielhafte Integrität heranreichen möchten, dann muss jeder Grundsatz eingeübt werden, *bevor* der Ernstfall eintritt. Wir sollten uns im Klaren darüber sein, wie wir auf bestimmte Situationen reagieren werden. Überschreiten wir gedanklich jede Brücke, *bevor* wir an den Abgrund kommen. Dann wird die eigentliche Überquerung uns leichter fallen.

Es gibt ein ganz außerordentliches Beispiel für eine solche Hingabe, einen Daniel unserer Tage. In einem Zeitalter, wo die Presse die Integrität jedes Predigers genau unter die Lupe nimmt und auch das kleinste Körnchen Schmutz zu Tage fördert, muss man nicht lange suchen, bis man fündig wird. Praktisch jedes Mal, wenn man einen Stein umdreht, zeigt sich Habgier, Heuchelei und himmelschreiende Unmoral. All das wird zu Recht verurteilt. Ein Mann aber hat so gelebt, dass er sich sogar den Respekt der Medien verdient hat: Billy Graham.

Ich konnte mir erstmals ein Bild von seiner Aufrichtigkeit machen, als er einen „Feldzug" in Denver unternahm. Mir entging nicht, dass die Presse alles tat, um irgendwelche „Enthüllungen" über sein Leben ans Tageslicht zu bringen. Es fand sich kein Körnchen Schmutz. Inmitten des Gestanks, den die Untersuchungen bei gewissen Fernsehpredigern aufwarfen, war das Leben von Billy Graham wie ein Hauch reiner Luft. Schließlich war es auch seine einzigartige Integrität, die Schlagzeilen machte. Genau das wurde der Zeitungsaufmacher anstelle irgendwelcher Skandale.

Wie kann ein Mann mit solchem Einfluss und damit verbundener Macht angesichts der Versuchungen stark bleiben, die ihm tagtäglich in die Quere kommen? Was ist sein Geheimnis? Vielleicht liegt es daran, dass er als junger Mann die Hand Gottes deutlich auf sich spürte (eine Hand, die übrigens auch bei uns anderen eingreift) und seinem Herrn das Versprechen gab, ein heiliges Leben zu führen. Das ist die Erklärung. Von Anfang an verpflichteten sich Billy Graham und sein Team zur Offenlegung ihrer Buchhaltung, um sich vor finanziellen Versuchungen zu schützen. Von Anfang an wurde festgelegt, dass Billy Graham ein bescheidenes Gehalt beziehen und eher einfach leben würde. Lange vor den Sexskandalen, die die „christliche" Medienlandschaft in den Grundfesten erschütterten, schloss Billy Graham mit seinem Team ein gegenseitiges Abkommen, dass keiner sich erlauben dürfe, mit einer anderen Frau als seiner eigenen in einem Zimmer oder Auto allein zu sein. Sie warteten nicht ab, was geschehen könnte, wenn sich brenzlige Situationen ergeben sollten; stattdessen übten sie einen Schlachtplan gegen alle möglichen Angriffe und Taktiken des Widersachers ein. Sie warteten nicht darauf, dass der Teufel sie in die Ecke drängte. Sie identifizierten die Ecken im Voraus und trafen Vorsorge, um niemals hineinzugeraten.

Billy Graham genießt den Respekt der Menschen nicht, weil er der begabteste Redner aller Zeiten ist. Sein Ruf und Einfluss sind nicht wegen einer kompetenten Public-Relations-Abteilung intakt geblieben. Aus Treue und Dankbarkeit Gott gegenüber legte er sich darauf fest, weder seinen Körper noch das Evangelium Jesu Christi besudeln zu lassen. Er plante seine Reaktion auf Satans Angriffe im Voraus und sammelte eine Schar Gleichgesinnter um sich, die einander im Hinblick auf diese Verpflichtungen verantwortlich hielten. Vielleicht ist er deswegen auch in der heutigen säkularen Gesellschaft einer der meistrespektierten Zeitgenossen. Er und sein Mitarbeiterstab führen ein Leben ohne Heimlichkeiten.

Nicht auf eigene Faust

Weder Billy Graham noch Daniel haben auf eigene Faust gehandelt. Daniel und seine Freunde legten ähnlich wie Dr. Graham und seine Mitarbeiter voreinander Rechenschaft ab.

Von Anfang an ist es im Sinne Gottes gewesen, dass die Menschen einander beistehen. Im Garten Eden schuf er für Adam eine Partnerin. Jesus schickte seine Jünger zu zweit auf Missionstour; auch forderte er die Gläubigen auf, einander mit all ihren Kräften zu helfen. Aus der ganzen Bibel geht hervor, dass Gott sein Volk als einen Körper betrachtet, der dann am besten funktioniert, wenn alle Teile zusammenarbeiten. Wenn jemand sich vornimmt, ganz auf sich selbst gestellt ein gutes und beispielhaftes Leben zu führen, ist er wahrscheinlich zum Scheitern verurteilt. Das ist demnach der dritte Schritt auf dem Weg zu moralischer Standfestigkeit: Man muss sich mit gleichgesinnten Männern und Frauen umgeben und in dieser Beziehung voreinander Rechenschaft ablegen.

Vielleicht haben Sie schon mal ein Footballspiel im Fernsehen gesehen. Dabei gibt es immer wieder Spielunterbrechungen, in denen die Spieler sich sammeln. Wenn das Team die Köpfe zusammensteckt, entwickelt es einen Aktionsplan. Jeder im Team kennt seine Rolle und Aufgabe, bevor das Spiel anfängt. Nach dem Spiel geht das Team wieder auf Tuchfühlung, damit die Sportler sich für ihre Leistung voreinander verantworten, sich neu gruppieren und das weitere Vorgehen besprechen können.[4]

Machen Sie es auch so. Wenn Ihnen klar wird, nach welchen Grundsätzen Sie leben wollen, gehen Sie mit vertrauenswürdigen Freunden auf Tuchfühlung und bitten Sie ihn oder sie um Hilfe. Die Anonymen Alkoholiker tun auch deshalb eine so erfolgreiche Arbeit, weil die Mitglieder einander Hilfe gewähren. Droht die Versuchung, „das Boot zu verlassen", dann rufen sie einen Freund an, dem sie vertrauen, und berichten von ihren Nöten. Viele erkennen in dieser gegenseitigen Verantwortlichkeit eine Kraft, die sie verlässt, wenn sie es allein schaffen wollen.

Diese Art Teamwork leistet noch mehr, wenn es gut funktioniert. Wir brauchen Freunde nicht nur als Helfer, wenn Not am Mann ist. Sie sollten auch wachsam (und willens) genug sein, uns schon vorher Bescheid zu sagen, wenn wir uns in eine ungute Richtung bewegen. Gehen Sie miteinander Ihre Schwachstellen durch. Wo sind Sie für Angriffe anfällig? Finden Sie gemeinsam eine Strategie. Mir stehen ein paar Männer zur Seite, die sich in geistlicher Hinsicht um mich kümmern. Sie warten nicht, bis ich völlig verzweifelt anrufe. Wenn sie mich ansprechen, dann reden sie nicht um den heißen Brei herum. Sie haben keine Angst, offen auszusprechen, in welcher Gefahr sie mich sehen. So etwas macht mir keinen Spaß. Man fühlt sich leicht verletzt und lehnt sich gegen diese „Einmischung" auf. Trotzdem bin ich darauf angewiesen.

Bei unserem Kampf gegen Versuchungen geht es um Leben und Tod. Unserem Widersacher kommt es nicht nur darauf an, uns den Lebensgenuss zu rauben – er hat Spaß an unserer totalen Vernichtung (siehe 1. Petrus 5,8).

Schön ist es natürlich nicht, wenn uns jemand auf Lebensbereiche aufmerksam macht, die einfach nicht in Ordnung sind. Noch schwerer fällt es uns, wenn man uns auf eindeutige Sünden anspricht. Ohne das objektive Eingreifen fürsorglicher Freunde lässt sich Fehlverhalten sehr leicht rationalisieren und man gerät schnell in eine innere Isolation, die man aufsucht, um insgeheim sündigen zu können. Leider kann man jahrelang Gemeindemitglied sein, ohne sich um eben die Beziehungen zu kümmern, die für eine solche helfende Korrektur nötig sind. Es ist nicht die Schuld der Gemeinde, dass wir keine solchen Beziehungen haben; meist haben wir es nicht anders gewollt. In seinem Buch „Inside Out" erklärt Larry Crabb:

„Wir entwerfen Strategien, um freundlich miteinander umzugehen, dabei aber auf sicherer Distanz zu bleiben. Es kommt uns darauf an, voneinander zu profitieren, uns aber vor allem zu schützen, was uns vermeintlich bedroht."[5]

Es wird Ihnen nicht leicht fallen, solche intensiven Beziehungen zu schaffen und zu pflegen. Dazu braucht man viel Zeit, Energie und Mut. Dennoch sind sie in unserer Welt überlebenswichtig. Denn immer noch gilt: „Nichts ist so abgründig wie das menschliche Herz. Voll Unheil ist es; wer kann es durchschauen?" (Jeremia 17,9). Deshalb ist es fast unmöglich, sich selbst gegenüber absolut ehrlich zu sein. Dazu Lewis Smedes: „Selbstbetrug lässt sich deshalb so schwer überwinden, weil wir uns nie bewusst vornehmen, uns zu belügen. Ein Lügner steht vielleicht morgens auf und sagt sich: ‚Heute belüge ich meine

Frau.' Niemand aber würde sagen: ,Ich glaube, ich sollte mich heute mal selbst belügen.' Darin liegt die doppelte Lüge des Selbstbetrugs: erst belügen wir uns, dann reden wir uns ein, dass wir uns eben nicht belogen haben."[6]

Andere haben einen besseren Blick für die Nebelwand, mit der wir uns die Konfrontation mit der eigenen Schuld ersparen wollen. Wer uns nahe steht, bemerkt Schwächen an uns, für die wir blind sind. Ich denke dabei an einen Test im College, bei dem von mir verlangt wurde, meine Selbstwahrnehmung zu Papier zu bringen. Die Mitstudenten sollten sich Notizen machen, wie sie mich wahrnahmen. Als wir die Beschreibungen verglichen, wurde deutlich, dass diejenigen, die mir besonders nahe standen, Eigenschaften in mir sahen, für die ich total blind war.

Wenn wir ohne Heimlichkeiten leben wollen, müssen wir zulassen, dass vertrauenswürdige Freunde auch solche Bereiche unseres Lebens aufdecken, die uns selbst verborgen sind. Aus der liebevollen Perspektive unserer Brüder und Schwestern gewinnen wir die nötige Kraft, in der Versuchung unseren Stand zu wahren.

Hoffnung für Versager

Trotz größter Mühe, trotz der aufrichtigen Motivation, Gott zu lieben, weil er uns zuerst geliebt hat, werden wir gelegentlich krass versagen. Manchmal wiederholen sich diese Niederlagen selbst direkt nach den besten Vorsätzen. So ein chronisches Versagen bringt häufig Entmutigung und Verzweiflung. Dabei kann es passieren, dass jemand Gott den Rücken kehrt – dem, der seine einzige Hoffnung ist.

Der vierte Schritt auf dem Weg zur Standfestigkeit ist die Erkenntnis, dass die Überwindung der Sünde ein langer und schmerzhafter Prozess ist, bei dem man oft und immer wieder Niederlagen einstecken muss.

Wir dürfen drei Merkmale der Sünde nicht übersehen. Erstens müssen wir einsehen, dass „Vollkommenheit" sich auf

Erden nicht verwirklichen lässt. Johannes schrieb: „Wenn wir behaupten, ohne Schuld zu sein, betrügen wir uns selbst, und die Wahrheit lebt nicht in uns" (1. Johannesbrief 1,8).

Zweitens dürfen wir nie vergessen, dass Gott unsere Sünde vergibt. „Wenn wir aber unsere Schuld eingestehen, dürfen wir uns darauf verlassen, dass Gott Wort hält: Er wird uns dann unsere Verfehlungen vergeben und alle Schuld von uns nehmen, die wir auf uns geladen haben" (1. Johannesbrief 1,9).

Drittens müssen wir erkennen, dass die Überwindung von Gewohnheitssünden ein Prozess ist. Oft kann das sehr lange dauern. Wer eine Gewohnheitssünde jahrelang betrieben hat, braucht möglicherweise auch Jahre, um sie abzulegen. Lewis Smedes schreibt zur Abhängigkeit von Sünde folgendes:

„Es wäre ausgesprochen klug zu erkennen, dass viele von uns auf dem Weg in die Abhängigkeit und wieder zurück drei Phasen durchlaufen.

Erste Phase: Wir geben uns freiwillig für etwas her, das uns Vergnügen macht. Weil sich das Vergnügen sofort einstellt, wiederholen wir die Sache immer wieder.

Zweite Phase: Wir verlieren die Fähigkeit zum Neinsagen. Wir stecken in der Falle – vielleicht schnappt sie schnell zu, vielleicht erst nach Jahren. Wie auch immer: die Kontrolle ist uns entglitten.

Dritte Phase: Wir gestehen uns ein, dass uns die Kontrolle entglitten ist, dass wir sie auf eigene Faust nicht mehr erlangen können. Wir sehen der Tatsache ins Auge, dass wir gebunden sind. Und je nach Intensität des Leidens suchen wir Trost in unserer Hilflosigkeit.

Der Weg zurück zur Selbstbeherrschung ist lang und anstrengend, für manche zu weit und zu schmerzhaft, um ans Ziel zu kommen. Wer es aber schaffen will, muss sich zuvor eingestanden haben, dass er sich verirrt hat."[7]

Es ist eine lange und anstrengende Wegstrecke, doch wir haben die Verheißung, dass Gott uns Mittel und Durchhaltevermögen zur Verfügung stellt, damit wir ans Ziel kommen (siehe 1. Korinther 10,13). Natürlich stolpert man immer wieder, aber das ist noch lange kein Grund, die Reise aufzugeben. Wenn ein Kind laufen lernt, fällt es andauernd hin. Trotzdem rappelt es sich auf und ist bald wieder unterwegs. Der Lernprozess vom Krabbelalter zum Laufen dauert seine Zeit. Es ist eben ein Prozess. Das gleiche gilt für den Reifevorgang unseres Lebens.

Viele Christen haben jahrelang mit Gewohnheitssünden gekämpft, schließlich aber durch Ausdauer doch gewonnen. Im Artikel „I Found Freedom" (Ich habe die Freiheit gefunden) berichtet Colin Cook, wie er eine jahrelange Bindung an homosexuelle Praktiken überwunden hat. Erst einmal musste er sich mit zwei Tatsachen vertraut machen: dass er hilflos war und mit Gottes Hilfe von der Macht der Sünde befreit werden musste. Cook schreibt: „Wie durch einen Schalter wurde meine negative in eine positive Einstellung gewandelt. Noch nie seit meiner Bekehrung hatte ich die Größe Gottes so stark verspürt ... (Die) Wirklichkeit, die ansonsten durch Erfahrungen jahrelang gebraucht hätte, sich in mir zu entfalten, wurde mir innerhalb von Wochen klar. Die Gefängnistür war offen. Egal, wie lange es noch dauern sollte, wusste ich doch, dass ich letzten Endes befreit werden würde."[8]

Cooks Verwandlung von einem schuldgeplagten, an Sünde gefesselten Christen in jemanden, der den Segen der Freiheit genießen konnte, verlief weder schnell noch glatt. Durch viel Ausdauer und Gebet und mit der stetigen Unterstützung seiner Frau erlebte er langsam immer mehr Freiheit vom Zugriff der Sünde. Cook erklärt: „Obwohl ich oft gestolpert bin, hat Gott mich nicht losgelassen."[9]

Was sollen wir tun, wenn wir ganz elend versagen? Wir müssen unsere Sünde bekennen, auf Jesus schauen, uns an Freunde um Hilfe wenden und im Vertrauen darauf, dass Gott uns nicht fallen lässt, beharrlich weitergehen.

Nicht vergessen: Die wahre Kraftquelle

Anleitungen, wie man den Sieg gegen die Sünde davonträgt, sind gut und schön. Wenn die Handhabung aber nicht aus der richtigen Motivation erwächst und wenn sie nicht aus der echten Kraftquelle schöpft, dann schlägt sie unweigerlich fehl. Die beste Zusammenfassung dessen, worin das Wesen dieses Kampfes besteht und wie wir uns darauf vorbereiten können, steht im Brief des Paulus an die Christen in Ephesus. Dort sagt Paulus: „Noch ein letztes Wort: Werdet stark durch die Verbindung mit dem Herrn. Laßt euch stärken von seiner Kraft!" (Epheser 6,10).

Man beachte, woher die Kraft stammt: Sie erwächst nicht aus unserer Disziplin, nicht aus unserer Beharrlichkeit. Dieser Vers hält uns nicht dazu an, die Ohren steif zu halten, weiterzumachen, nie aufzugeben oder uns am eigenen Schopf aus dem Sumpf zu ziehen. Er trägt uns auf, stark im Herrn zu sein und in der Macht seiner Stärke. Nur seine Liebe, seine Gnade und seine Macht helfen uns, die Oberhand zu gewinnen. Das also ist der fünfte Schritt: Vergessen Sie nie die wahre Quelle unserer Kraft und erkennen Sie, dass wir ohne sie machtlos sind.

Paulus spricht in diesem Brief weiter von der Rüstung, die uns vor dem Teufel schützt. Doch selbst diese Rüstung ist zum größten Teil die Verteidigung, mit der uns Gott ausrüstet, um in einer Schlacht jenseits unseres Begriffsvermögens nicht ausgelöscht zu werden. In dieser Schlacht sind wir ohne Gottes Kraft einfach nicht fähig zu gewinnen.

Wir erlangen das erfüllte und sinnvolle Leben, nach dem wir uns sehnen, erst dann, wenn wir lernen, ohne Heimlichkeit zu leben. Lassen Sie Jesus in die versteckten Winkel Ihres Lebens hinein. Lassen Sie zu, dass er alles findet, was sich ändern muss. Machen Sie sich jede greifbare Waffe zunutze, um sich im Lauf dieser Veränderungen von negativen Einflüssen zu befreien. Ein Gebet aus den Psalmen und ein Versprechen aus dem Römerbrief verdeutlichen die Einstellung, aus der heraus der Wandel geschieht und das Vertrauen auf Gott gefestigt wird:

„Durchforsche mich, Gott, sieh mir ins Herz,
prüfe meine Wünsche und Gedanken!
Und wenn ich in Gefahr bin, mich von dir zu entfernen,
dann bring mich zurück auf den Weg zu dir!"
(Psalm 139,23–24)

„Überall hat man davon gehört, daß ihr euch im Gehorsam Gott unterstellt habt. Darum bin ich glücklich über euch. Nun möchte ich, daß ihr immer vertrauter werdet mit dem Guten und euch von allem Bösen rein haltet. Es dauert nicht mehr lange, bis Gott, der uns Frieden schenkt, euch den endgültigen Sieg über den Satan geben wird. Jesus Christus, unser Herr, schenke euch seine Gnade!" (Römer 16,19–20)

Anmerkungen

[1] John R. W. Stott, Christen auf dem Weg ins nächste Jahrtausend, Brendow 1996

[2] Philip Yancey, „Why Be Good?" in Christianity Today, März 1994, S. 28–29

[3] Timothy George, „Cause I Was Called, You Fool!" in Christianity Today, Dez. 1993, S. 15

[4] „The Defense Never Rests" ist erhältlich bei der Organisation „Coalition for Christian Action" in Pittsburgh, USA

[5] Larry Crabb, Von innen nach außen, Brunnen 1992

[6] Lewis B. Smedes, A Pretty Good Person, San Francisco 1990, S. 74

[7] Ebd.

[8] Colin Cook, „I Found Freedom" in Christianity Today, August 1989, S. 23–24

[9] Ebd., S. 24

Ein Leben
ohne Heimlichkeiten

10

Der Mann war unschuldig.

Obwohl sich die Hölle gegen ihn aufgetan hatte, obwohl ihm feindliche Stimmen Hoffnungslosigkeit und Rachegefühle ins Ohr flüsterten und Befreiung von allem Übel versprachen – wenn auch nicht umsonst –, ließ er sich niemals auf die ungeheuerlichen Versuchungen ein, die seine ganze Mission zunichte gemacht hätten. Sein Ziel war vor der Entstehung des Universums beschlossen worden. Er wich nicht von seinem Pfad ab.

Jetzt lag er am Boden, Schmutz und Blut auf den Lippen, und versuchte, wieder zu Atem zu kommen. Seine Beine hatten unter ihm nachgegeben. Die Schläge, die körperliche Anstrengung und die emotionale Qual der letzten Tage forderten ihren Tribut.

Die kleine, doch lärmende Menge hinter ihm war plötzlich verstummt, als er fiel. Langsam drängten sich die Menschen um ihn und fragten sich, was er jetzt unternehmen würde. Er vernahm das Klirren der metallenen Rüstungen und das Singen des Schwertes, das nun gezogen wurde; er merkte, wie die Menge zurückflutete. Ein Soldat zerrte ihn mit höhnischer Grimasse auf die Füße, riss ihm fast den Arm aus der erlahmten Schulter. Zwei andere Soldaten hoben das grobe Kreuz an, das ihn zu Boden gezwungen hatte, und legten es einem Mann auf die Schulter, der nicht weit genug zurückgewichen war.

Selbst ohne das Gewicht des Kreuzes wankte der Mann, als man ihn den Hügel hinauf schob. Als die Stelle erreicht war, wo er sterben sollte, mischten sich auf seinem Gesicht Blut, Schweiß und Tränen. Als die Soldaten die Nägel in seine Hände trieben, ließen sie keine Regung erkennen. Doch so mancher, der ihm gefolgt war, musste sich abwenden.

Es brach denen das Herz, die ihn kannten und seine erstickten Schmerzensschreie hörten. Alles war so schnell geschehen. Dieser Mann, auf den so viele ihre Hoffnung gesetzt hatten, war jetzt in einen Strudel der Ungerechtigkeit geraten, der sich nicht aufhalten ließ.

Plötzlich durchschnitten die herzzerreißenden Schreie seiner Mutter die zunehmende Dunkelheit. Die Geschehnisse nahmen ihren unaufhaltsamen Lauf.

Sogar seine Nachfolger ahnten, dass jetzt kein Bote des Himmels erscheinen und ihn in letzter Minute erlösen würde. Das war es, was an diesem Augenblick so unglaublich grauenhaft wirkte: Er selbst war der Erlöser. Wenn er sich nicht selbst retten konnte, wer dann?

Als das Kreuz knarrend aufgerichtet wurde, schlossen sich die Augen des Mannes vor Schmerzen. Ein Spötter lief vor und spuckte an den Stamm des Kreuzes. Verächtlich rief er einen gotteslästerlichen Spruch.

Da öffnete der Erlöser die Augen. Er schaute dem Spötter direkt ins Gesicht, dem die Worte im Hals stecken blieben. In den Augen des Mannes am Kreuz sah er weder Hass noch Rachegefühle, auch kein Heischen um Mitleid. Er sah nur Liebe. Er wollte weglaufen, konnte aber nicht. Er stand wie angewurzelt, als Jesus rief: „Vater, vergib ihnen, denn sie wissen nicht, was sie tun!"

Der Mann stand immer noch da, als Jesus ein letztes Mal aufschrie und starb. Doch sein Trotz war gebrochen. Er warf sich mit dem Gesicht zu Boden und weinte. Wie konnte es sein, dass ihn jemand so sehr liebte?

Das Sterben Christi geht mir immer wieder in vielen Varianten durch den Kopf. Ich frage mich: Wie hat es sich aus der Sicht seiner Mutter abgespielt? Aus der Perspektive seiner Nachfolger? Wie hat es auf die Soldaten gewirkt oder auf die schaulustige Menge? Hatten sie auch nur einen blassen Schimmer, was hier geschah? Hatten sie ein Gespür für die Heiligkeit des Mannes, den sie ans Kreuz nagelten?

Manchmal frage ich mich auch: Was war die Todesursache? Sicherlich die körperlichen Schmerzen, die Wunden. Aber war das die eigentliche Ursache?

Psychologen und Ärzte berichten, dass es im Leben kaum eine Macht gibt, die so zerstörerisch wirken kann wie Schuld. Die Menschen verstecken sich vor dem Wissen um ihr eigenes Fehlverhalten und verdrängen es so lange, bis daraus Krankheiten erwachsen können oder sogar der Tod. Männer und Frauen schrecken vor verbindlichen Beziehungen zurück und erleben nie den Reichtum einer vertrauensvollen Bindung, weil sie panische Angst vor eben der Intimität haben, die sie sich gleichzeitig ersehnen. Denn sie fürchten den Schmerz, abgewiesen zu werden. Lieber verheimlicht man die quälende Schuld, weil man nicht weiß, dass es die Chance auf Vergebung gibt.

Unerledigte Schuld fordert einen schrecklichen Tribut. Aus ärztlicher Sicht bekommen Tausende von Menschen Jahr für Jahr Krankheiten, die dem Körper nur deshalb etwas anhaben können, weil mit Schuldgefühlen ein hohes Maß an Stress einhergeht. Die Last der Schuld kann Tür und Tor für Depressionen öffnen, finsterer als das schwärzeste Loch im All. Das psychische und geistliche Leid unerledigter Schuld geht weit über die meisten körperlichen Schmerzen hinaus. Jahr für Jahr begehen tausende von Menschen Selbstmord, weil sie ihre eigene Schuld nicht mehr ertragen können.

Wir alle haben in gewissem Maß diese Hölle auf Erden kennen gelernt. Rufen Sie sich einmal ihre eigenen Schulderfahrungen in Erinnerung und denken Sie mit diesen im Hinterkopf über das Folgende nach.

Am Kreuz hat Jesus die Schuld für jede Sünde auf sich genommen, die Sie und ich begangen haben, dazu die Sünden aller Menschen, die jemals gelebt haben und noch leben werden. Wie hätte Jesus mit seinem sterblichen menschlichen Körper überleben können, wenn er die Schuld der ganzen Welt wirklich auf sich genommen hat? Selbst ohne die körperliche Qual der Kreuzigung hätte er durch diese Last sterben müssen. Ein Autopsiebericht hätte vermeldet: Todesursache: Gebrochenes Herz durch Leid und emotionales Trauma unerträglicher, unverdienter Schuld.

Was für ein Motiv hatte Jesus, all das zu erleiden? Er starb, damit wir nicht sterben müssen. Er wusste, dass die Strafe für die Sünde letztendlich der Tod ist. Er starb, damit nicht wir unter all unserer Schuld leiden und diesen Preis zahlen müssen.

Schuld ist ein Abfallprodukt. Sie ergibt sich daraus, dass man Sünde nicht bekennt und verheimlicht. Solange wir nicht zulassen, dass Gott uns von der Schuld befreit, bleibt ein glückliches Leben nur ein unerreichbarer Traum. Alle aber, die auf das vertrauen, was Jesus am Kreuz auf sich nahm, können erleben, wie die Schuld von ihnen genommen wird. Das blendend helle Licht Gottes vertreibt die Finsternis und verleiht uns die Kraft, ohne Heimlichkeit zu leben.

Die Qual und der Schrecken, die Jesus am Kreuz durchlitt, waren wegen unserer Sünde nötig. Es gab keine andere Möglichkeit, damit umzugehen. So hässlich die Ereignisse jenes Tages den betäubten und verständnislosen Zuschauern erschienen, so bargen sie doch Hoffnung und Erlösung in sich. Als Jesus am Kreuz hing, damit Schuld und Tod nie mehr unsere Seelen zerstören können, schrie jede Faser seines Körpers und jeder Tropfen Blut: „Freut euch! Ihr braucht nichts mehr zu verbergen!"

Teil 3

Nichts
zu
verlieren

11

Ohne Einsatz kein Gewinn

Die Angst vor dem Tod bewahrt uns nicht vor dem Sterben, sie hält uns nur vom Leben ab.
(Paul C. Roud)

Noch bevor sich der Staub gelegt hatte, war schon ein Polizist am Ort des Geschehens. Er stellte fest, dass es den reichen jungen Mann gerade noch aus dem Mercedes geschleudert hatte, bevor der Wagen die schroffe Klippe hinabstürzte und tief unten auf den Felsen explodierte. Nun stand er an der Straße oben auf den Klippen und weinte. Er blutete heftig aus dem Stumpf an der Schulter. Sein Arm war abgerissen worden.

„Mein Mercedes! Mein Mercedes!", jammerte der junge Mann.

„Seien Sie doch dankbar, dass Sie überlebt haben", sagte der verblüffte Polizist.

„Er war aber noch zwanzigtausend Dollar wert", wimmerte der Mann und konnte die Augen nicht von dem brennenden Wrack am Fuß der Klippe lassen.

„Es gibt Wichtigeres als ein blödes Auto", sagte der Polizist mit Nachdruck und führte den Verletzten vom Abgrund fort. „Wir müssen Sie in ein Krankenhaus bringen. Ihr Arm ist abgerissen worden – Sie verbluten mir noch!"

Der junge Mann schaute hinunter und merkte jetzt erst, dass ihm der Arm fehlte. Entsetzt schrie er auf: „Meine Rolex! Meine Rolex!"

Leicht übertrieben? Vielleicht – aber nicht sehr. Die Zeitungen bringen andauernd Berichte von Menschen, die sich ihr Leben zerstören, weil sie Angst hatten, ihren Besitz zu verlieren. Sie morden, um die Lebensversicherung einzustreichen, betrügen, um mehr Einfluss zu gewinnen, und sie stehlen, um Sachen zu bekommen, die sie doch nicht behalten können. Wegen irgendwelcher Dinge setzen sie alles aufs Spiel – doch die Angst verbietet ihnen, die Dinge aufs Spiel zu setzen, um ihr Leben zu gewinnen. Dieses größte und lohnenswerteste Risiko gehen sie nicht ein.

Angst – das ist eine der tödlichen Waffen Satans und er verwendet sie dazu, uns von einem Leben abzuhalten, in dem es nichts zu verlieren gibt. Er schwingt diese Waffe in drei Hauptbereichen unseres Lebens: Angst vor Niederlagen, Angst vor Leid und Angst vor dem Tod.

Weil wir Niederlagen fürchten, setzen wir uns unter Beweisdruck. Wir häufen Besitztümer und Errungenschaften an, um unseren persönlichen Wert zu untermauern. Die Angst vor Leid führt zu Heimlichkeiten. Man setzt auf leichte Lösungen statt auf den eher leidvollen, aber wirksamen Prozess, mit Fehlern, mit kaputten Beziehungen und notwendigen Veränderungen ehrlich und gründlich umzugehen.

Direkt unter der Oberfläche unseres Bewusstseins lauert ständig die Angst vor dem Tod. Wir wissen um diese Angst, wollen uns aber nicht damit auseinandersetzen. Immer fleißig, immer lächeln, immer mehr schaffen – bloß nicht das Unvermeidliche anerkennen. Folglich sterben wir schon lange vor unserem eigentlichen Tod. Wir leben, als würde es ewig so weiter gehen. Dabei verpassen wir die Freuden des Augenblicks. Wir versäumen die Chance, die Beziehungen mit den Menschen zu vertiefen, die wir lieben. Vor allem aber verkaufen wir die Chance auf ein erfülltes Leben und tauschen es gegen einen billigen Ersatz ein.

Paul C. Roud hat Recht: Die Angst vor dem Tod bewahrt uns nicht vor dem Sterben, sie hält uns nur vom Leben ab.

Die Auswirkungen der Angst haben eine vernichtende Wirkung auf uns. Wenn es eines gibt, das von einem tragenden Glauben bewirkt werden sollte, dann ist es die Verbannung der ständigen Angst aus unserem Leben. Wer nichts zu verlieren hat, der lässt nicht zu, dass er von Angst beherrscht wird. Er vertraut Gott, ist risikobereit und nimmt jede Unannehmlichkeit auf sich, die mit emotionalem und geistlichem Wachstum einhergeht. Verständlich, dass mancher von uns Risiko und Leid scheut. Immerhin ist beides unangenehm – aber für ein erfülltes Leben absolut notwendig. Tatsächlich setzt Gott oft beides ein, um uns zur Reife gelangen zu lassen, wie in 1. Petrus 1,6–7 erläutert wird: „Deshalb seid ihr voll Freude, auch wenn ihr jetzt für kurze Zeit leiden müßt und auf die verschiedensten Proben gestellt werdet. Das geschieht nur, damit euer Vertrauen auf Gott sich bewähren kann. Wie das vergängliche Gold im Feuer auf seine Echtheit geprüft wird, so wird euer Vertrauen, das viel kostbarer ist als Gold, im Feuer des Leidens geprüft. Wenn es sich als echt erweist, wird Gott euch mit Ehre und Herrlichkeit belohnen an dem Tag, an dem Jesus Christus sich in seiner Herrlichkeit zeigt."

Im Jakobusbrief kommt eine ähnliche Haltung zum Ausdruck: „Meine Brüder! Nehmt es als Grund zur Freude, wenn ihr auf vielerlei Weise auf die Probe gestellt werdet. Denn ihr wißt: Wenn euer Glaube auf die Probe gestellt wird, führt euch das zur Standhaftigkeit; die Standhaftigkeit aber soll euch zur Vollkommenheit führen, damit ihr in jeder Hinsicht fehlerlos und untadelig seid" (Jakobus 1,2–4).

Hört man aber zu, wenn Christen sich unterhalten, könnte man den Eindruck bekommen, dass Risiko und Leid wahrhaftig nichts Positives an sich haben. Die meisten Zeugnisse in den heutigen Gemeinden folgen einem bekannten Schema: „Ich erlebte die und die unangenehme Situation – aber ich habe gebetet, und alles wurde gut!"

„Wir hatten kein Geld mehr und ich hatte immer noch keine Arbeit gefunden. Wir hatten schon Angst, unser Haus verkaufen zu müssen. Und dann hat Gott eingegriffen und ich bekam eine Arbeit, die sogar besser bezahlt ist als meine letzte Stelle!"

Damit will ich nicht sagen, dass Gott unsere Bitten nicht erhört oder für materielle Bedürfnisse nur Spott übrig hat. Doch der Tenor unserer Gebete und Zeugnisse weist in mancher Hinsicht nur auf unsere eigene Idee von Sicherheit und Vertrauen hin: persönliches Wohlergehen, gesicherte Finanzen und Gesundheit. Häufig genug hört es sich an, als könnten wir es uns nicht leisten, unsere Statussymbole zu verlieren. Ist Gott etwa nur eine Versicherungspolice, die uns vor Verlusten schützt, wenn sonst alles versagt hat? Mit so einer Einstellung drücken wir aus, wie wenig wir Gottes Idee von einem erfüllten Leben verstanden haben.

Eigentlich geht es uns doch darum, dass Gott uns den Schnuller der Kindheit zurückgibt. Die modernen Christen fürchten das Risiko. In manchen christlichen Kreisen wird es für „ungeistlich" gehalten, wenn nicht alles so klappt, wie man es möchte. Wir glauben, dass ein Christ, der seinen Job verloren hat oder sich mit rebellischen Kindern plagt, etwas falsch gemacht haben muss – schließlich braucht ein „echter" Christ doch nicht zu leiden!

Das hätten die Apostel hören sollen! Wie haben sie denn gelebt, die Nachfolger von Jesus? Zu den Fischern sagte er: „Laßt eure Netze fallen (übersetzt: gebt euren erlernten Beruf auf) und folgt mir nach." Zu der Ehebrecherin sagte er: „Geh hin und sündige nicht mehr." An uns alle appelliert er: „Nimm dein Kreuz auf und folge mir." Die meisten christlichen Helden, von denen wir uns inspirieren lassen, haben teuer dafür bezahlt, dass sie sich an Gottes Anweisungen gehalten haben. Sie gaben ihre Gemütlichkeit und finanzielle Sicherheit auf und wurden wegen ihrer Entscheidungen ausgegrenzt. Meinen wir denn im Ernst, sie würden, falls man sie heute interviewte, so antworten: „Ich wünschte, ich wäre weniger auf Jesus eingegangen und hätte ein bisschen mehr Bequemlichkeit und Wohlstand genießen können"?

Wo ist heute der Geist des Vertrauens, des Glaubens bei uns Christen geblieben? Wie würden wir reagieren, wenn Jesus selbst morgen bei uns klingeln und sagen würde: „Lass alles stehen und liegen und komm mit mir. Ich biete dir ein Leben voller Abenteuer und Erfüllung, ein Leben, wie du es nie zu träumen gewagt hast"?

Ich weiß, welche irrwitzigen Gedanken mir gleich durch den Kopf gehen würden: „Ich habe doch jahrelang hart gearbeitet, um da zu stehen, wo ich jetzt bin. Mein Haus muss abgezahlt werden. Wie soll ich meine Familie versorgen? Was sollen die Nachbarn denken?"

Und doch hat er genau das von seinen Jüngern verlangt: „Lasst alles liegen und folgt mir nach." Das haben sie auch getan. Für Fischer war es nichts Geringes, ihr Netz fallenzulassen. Es war ihre einzige Einkommensquelle. Sie taten es trotzdem – und was sie erlebten, waren wirkliche Wunder, atemberaubende Abenteuer und tiefe Erfüllung . . . aber auch harte Schläge und bohrende Konflikte, und letzten Endes hat einige ihre Treue zu Jesus das Leben gekostet.

Ob es wohl Tage gab, an denen die Jünger sich fragten, ob ihre Entscheidung richtig gewesen war? Das kann nicht ausgeblieben sein. Dennoch bezweifle ich, dass auch nur einer sich gewünscht hat, er wäre ein einfacher Fischer geblieben. Dann hätten sie wohl längst kehrtgemacht, bevor sie gezwungen waren, für ihre Treue mit dem Leben zu bezahlen.

Gott wird vermutlich nicht von uns allen verlangen, all unsere Habe aufzugeben und den Märtyrertod zu sterben. Allerdings erwartet er von uns die *Bereitschaft* dazu.

Leider verweigern wir uns oft selbst den kleinsten Anforderungen und klammern uns an irgendwelchen unbedeutenden Plunder, der gar nichts bringt. Wenn wir heutzutage wegen unseres Glaubens verächtliche Bemerkungen zu hören bekommen oder unser konsequentes Christsein ein schmaleres Einkommen oder eine niedrigere Position mit sich bringt, dann sind wir versucht, Gott zu fragen, was wir falsch gemacht haben. Wir dienen dem Erlöser, der für unsere Sünden gestorben ist, nur mit den Lippen. Im Grunde leben wir für materiellen Reichtum und soziale Sicherheit, wissen aber gleichzeitig ganz genau, dass uns das letztlich nicht retten kann.

Jim Elliot hat einmal gesagt: „Der ist kein Narr, der hingibt, was er nicht behalten kann, damit er gewinnt, was er nicht verlieren kann."

Sehr inspirierend – aber halten wir einmal inne und denken darüber nach, bevor wir der Aussage Beifall spenden. Wenn Elliot Recht hat, gibt es mehr Narren unter uns Christen, als wir zugeben wollen. Wenn er Recht hat, muss ich mich auch zu den Narren zählen. Auch mir ist ein gutes Maß des Lebensstils verloren gegangen, den Gott mir zugedacht hat. Passiert ist es dadurch, dass ich gewinnen wollte, was ich nicht behalten kann, und zwar auf Kosten des ewigen Reichtums, den Gott versprochen hat.

Theologisch korrekt ist dagegen das Motto der Bodybuilder: „Ohne Schweiß kein Preis": ohne Anstrengung gibt es keine Muskeln. Larry Crabb berührte diesen Nerv mit seinem Buch *Inside Out* („Von innen nach außen"), in dem er eine einfache Wahrheit offenlegte: „Geistliche Reife und Reife in Beziehungen sind ohne Leid nicht zu erlangen. Der Blick nach innen als Voraussetzung dazu, sich von Gott verändern zu lassen, kann ausgesprochen schmerzhaft sein. Das gilt für die Beziehung zu Gott genauso wie für die Beziehung zu anderen Menschen. Ebenso tut es weh, in einer guten Ehe gegenseitige Korrektur, Konfrontation und Intimität zuzulassen. Es ist unmöglich, ein guter Vater, eine gute Mutter zu sein, ohne sich dem Schmerz zu stellen, den bedingungslose Liebe mit sich bringt. Statt Jesus zu vertrauen, dass er uns durch die Tiefe trägt, in der bessere Beziehungen erwirkt werden, bitten wir ihn bloß, das Leid wegzunehmen – oder wir greifen zu materiellen und sozialen Ablenkungen, um uns zu betäuben."[1]

Stärker als unsere intensiven Versuche, uns um den Schmerz zu drücken, und das wahnwitzige Streben nach materiellem Erfolg, um uns vor dem Leid abzuschotten, ist der eine letzte Götze, an dem wir um jeden Preis hängen: das Leben selbst. Wir hängen am Leben, als glaubten wir nicht an die Auferstehung. Wir klammern uns daran, als ließe es sich auf diese Weise irgendwie bewahren. Jesus sagte: „Wer nicht sein Kreuz auf sich nimmt und folgt mir nach, der ist meiner nicht wert. Wer sein Leben findet, der wird's verlieren; und wer sein Leben verliert um meinetwillen, der wird's finden" (Matthäus 10, 38–39).

Die Angst vor dem Tod macht wirklich erfülltes Leben unmöglich. Wer dieses irdische Leben loslässt, wird das Leben gewinnen – nicht nur das ewige Leben, sondern auch das wahre Wesen dessen, was Gott unserem Leben hier auf Erden zugedacht hat. In der Bibel heißt es, dass der Tod seinen Stachel verloren hat. Es heißt darin, dass Jesus von den Toten auferstanden ist, damit wir mit ihm ein neues Leben anfangen können.

Jemand hat einmal gesagt, dass wir jeden Tag so verbringen sollten, als ob Jesus gestern geboren, heute gestorben und von den Toten auferstanden sei und morgen wiederkommen würde. Aus Gottes zeitloser, ewiger Perspektive heraus sieht es nämlich genau so aus. Wir singen davon, wir reden darüber – aber oft genug leben wir so, als ob kein Wort davon wahr wäre.

Stattdessen setzen wir unseren Glauben und unser Vertrauen auf unsere Fähigkeiten, unsere Kraft und unseren Besitz. Wir leben, als gebe es kein Morgen. Doch dieses Morgen wird kommen, strahlender, als wir es uns heute vorstellen können. Die große Verheißung ist wahr! In dem Maß, wie wir bereit sind, unsere Angst loszulassen und Gott in jedem einzelnen Lebensbereich zu vertrauen, werden wir immer mehr von dem Wunder und der Herrlichkeit von Gottes Plan mit unserem Leben erfahren.

Ein wirklich erfülltes Leben kann schon heute für alle Wirklichkeit werden, die nichts zu verlieren haben.

Anmerkung

[1] Larry Crabb, Von innen nach außen, Brunnen 1992

12

Plunder

Wenn der stirbt, der die meisten Spielsachen hat ...
dann stirbt er eben.

Vor vielen Jahren brachte der Komiker George Carlin einen wit-
zigen Sketch über den Plunder des Lebens. Als ich ihn das erste
Mal dabei erlebte, musste ich lachen, bis ich keine Luft mehr
bekam. Carlins Körpersprache, die verstellte Stimme und das
Timing waren perfekt. Im Lauf der Jahre habe ich Hunderte wit-
ziger Sketche gehört, aber nur ein paar davon haben sich eingeprägt. Dieser eine ist mir nicht im Sinn geblieben, weil er so witzig war, sondern wegen seines wahren Kerns: Wir verschwenden einen großen Teil unseres Lebens mit dem Sammeln, Auf-
bewahren und Verteidigen von Plunder. Carlin hat die Armse-
ligkeit einer materiellen Gesinnung meisterhaft porträtiert. Die
nächsten Abschnitte sind seinem Auftritt zu verdanken.

Kindern geht es so lange gut, bis wir sie mit den ersten
Geschenken versorgen. Von da an verplempern sie ungeheuer
viel Zeit und Energie mit der Verwaltung und dem Schutz ihres
Krimskrams. Zu den ersten Worten der Kindersprache gehört
„Meins!". Sind die Kleinen noch ganz jung, bekommen sie eine
kleine Kiste nur für ihre Sachen. Sie bewachen diese Kiste wie
eine Bärin, die ihre Jungen verteidigt. Ich weiß noch, wie meine
Schwester mich mal die Treppe hinunter geschubst hat, weil ich
ihren Krimskrams befingert hatte.

Später im Leben bekommt man ein eigenes Zimmer. Warum
brauchen wir eigentlich eins? Millionen Menschen im großen
Erdenrund wachsen ohne eigenes Zimmer auf und sterben
auch nicht daran. Es gibt keinen Grund, eins zu brauchen –

außer dass man mehr Platz hat, um seine Sachen aufzubewahren. Das ist unser Territorium. Der ganze Kram im Zimmer ist unser! Außer natürlich das, was wir ohne zu fragen von Brüdern und Schwestern geliehen haben.

Wenn wir erwachsen werden, bauen wir eine große Spielzeugkiste. Wir nennen sie „Haus". Das Haus enthält den ganzen Plunder, den der Erwachsene im Lauf seines Lebens angesammelt hat. Den Plunder in unserem Haus verteidigen wir genauso wie den in unserer ersten Spielzeugkiste. Bald bauen wir eine Garage, weil der ganze Kram nicht mehr ins Haus passt. Ich weiß, die Garage ist eigentlich für das Auto gedacht. Aber wenn es Ihnen so geht wie mir, dann steht das Auto meist draußen, weil die Garage voll ist.

Wo wir gerade von Autos reden – sie sind inzwischen viel mehr als ein Transportmittel. Sie sind Statussymbole. Ein großes, hochglanzpoliertes Auto ist der klare Beweis für die Nachbarn, dass der Eigentümer irgendwo tonnenweise sonstigen Plunder haben muss. Wer hat nicht schon seinen Samstagnachmittag damit vertan, aus dem Auto immer mehr Kram herauszuholen?

Manchmal gehen wir fort und überlassen unsere Sachen für kurze Zeit sich selbst. Sogar dann packen wir den Kofferraum voll, um etwas von unserem Plunder dabei zu haben. Am Ende des Lebens schließlich vermachen wir alles unseren Kindern und halten sie zu harter Arbeit an, damit sie genügend Sicherheiten haben. Sonst würden sie am Ende keinen Kredit bekommen, um ein Haus für den ganzen Plunder zu bauen, den wir ihnen hinterlassen haben ...

Dieses Bild ist witzig und tragisch zugleich, weil so viel Wahrheit darin steckt. Wir verwenden unsere Energie, Zeit und Mittel dafür, Krimskrams zu kaufen und zu verteidigen, obwohl wir ohnehin alles zurücklassen müssen, wenn wir sterben. Wir verpassen so viel vom Leben, weil wir den Plunder schützen, vor dessen Verlust wir uns fürchten.

Unsere materiellen Besitztümer werden zu unserer Identität, Sicherheit und Hoffnung – und zum Gott. Wir bewerten unsere

Chancen und Zukunftspläne nicht danach, ob wir Gott so gut wie möglich dienen können, sondern eher im Hinblick darauf, ob wir nicht noch mehr Plunder ansammeln können, der zu dem bereits vorhandenen passt. Wirkliche Freude am Leben wird sich aber nie einstellen, wenn man nicht bereit ist, sich ganz für das Leben einzusetzen, das Gott uns zugedacht hat. Unser ganzer Kram kann uns nicht eine Sekunde mehr Leben und nicht ein Jota mehr Erfüllung bringen. Gott ist so viel größer als die kleinen Götzen, denen wir zu dienen pflegen. Als Kind habe ich ein kleines Gedicht gelernt, das am besten ausdrückt, was im Leben wirklich zählt:

Es gibt nur ein Leben;
schnell ist's vorbei.
Nur was du mit Jesus
getan hast, macht frei.

Glauben wir wirklich?

Ein Mann wanderte eines Tages im Gebirge, bis er einen hohen Fel-
sen erklomm, von dem aus er meilenweit sehen konnte. Der Tag war
klar, und er blieb eine Weile oben stehen, ruhte sich aus und genoss
den Blick. Plötzlich gab ein brüchiger Stein am Felsrand unter sei-
nen Füßen nach und er stürzte ab.

Zum Glück konnte er im Fallen den Ast eines kleinen, knorrigen
Baumes ergreifen, der aus einer Felsspalte wuchs. Doch als er auf-
schaute, stellte er fest, dass es auf keinen Fall möglich war, aus eige-
ner Kraft wieder hochzuklettern.

Ihm war klar, dass er sich nicht lange halten konnte. Er brauchte
Hilfe, und zwar sehr dringend. Obwohl oben niemand zu sehen war,
schrie er: „Hilfe! Kann mir jemand helfen?"

Man stelle sich seine Überraschung vor, als eine gewaltige
Stimme ihm von ganz oben antwortete: „Ich werde dir helfen."

Doch als der Mann aufschaute, sah er niemanden. „Wo bist
du?", rief er.

Die Stimme meldete sich wieder: „Ich bin Gott und ich werde dir helfen."

„Ja, bitte, aber beeil dich!", schrie der Mann voller Angst.

„Vertraust du mir?", fragte Gott mit seiner donnernden Stimme.

Was bleibt mir denn sonst übrig?, dachte der Mann und rief zurück: „Ja, ich vertraue dir!"

„Vertraust du mir wirklich?", fragte Gott noch einmal.

„Ja, ich vertraue dir wirklich – aber bitte beeil dich, ich kann mich nicht mehr halten!"

„Wenn du mir wirklich vertraust", sagte Gott, „dann lass den Ast los."

Der Mann schwieg kurz; dann schrie er: „Ist da oben vielleicht noch jemand anders?"[1]

Ein guter Witz – aber die Pointe spiegelt die Tragik unseres Lebens wider. Gott ist unsere einzige Hoffnung; der einzige Weg zur Erlösung, zu einem erfüllten, genussvollen Leben. Und trotzdem versuchen wir erst einmal alles andere, bis wir endlich bereit sind, unsere vermeintlichen Sicherheiten loszulassen, die uns in Wirklichkeit nicht weiter bringen. Erst zuallerletzt lassen wir zu, dass Gott uns das wahre Leben zeigt. Wir hängen an den verkümmerten kleinen Ästen und können weder vor noch zurück.

Plunder und die wahren Kosten

Ein Missionar hat mir einmal folgende Geschichte erzählt: Die Ureinwohner des Landes, in dem er lebte, jagten Affen und aßen sie. Doch die Affen waren so scheu, dass es nicht in Frage kam, sie mit so primitiven Waffen wie Pfeil und Bogen oder Speer zu jagen. Die Ureinwohner kamen einfach nicht in Schussweite.

Also erdachten sie sich eine ganz besondere Falle für die Affen. Sie bohrten ein Loch in eine Kokosnuss und gossen die Milch aus. Dann legten sie eine kleine Nuss oder einen anderen Leckerbissen in die Höhlung und banden die Kokosnuss an einen Baum. Trotz ihrer Angst, die beim Geruch nach Menschen aufkam, konnten die Affen den Leckerbissen riechen, der für sie unwiderstehlich war. Der neugierige Affe geht also auf die Kokosnuss zu, steckt seine Pfote in das Loch und greift sich den Köder. Doch das Loch ist absichtlich gerade so groß, dass der Affe seine Hand hineinstecken kann, nicht aber die Faust mit dem Leckerbissen herausbekommt. Er müsste den Köder fallen lassen, dann wäre er sofort frei. Die geschlossene Faust passt nicht durch die Öffnung. Der Affe aber will unbedingt behalten, was er in der Hand hat, so dass er so lange zieht und reißt, bis das Gelenk wund wird und anfängt zu bluten. Trotzdem lässt er den Leckerbissen nicht los. Wenn die Ureinwohner mit ihren Knüppeln kommen, lässt er immer noch nicht los. Erst wenn der Tod eintritt und sich die Muskeln entspannen, ist der Affe frei von der Falle. Aber dann ist es zu spät.

Wenn der Plunder des Lebens – der Leckerbissen in der Kokosnuss, den wir auf Biegen und Brechen festhalten – das Geheimnis des Glücks wäre, dann würden wir die Auswirkungen überall im Alltag beobachten können. Je mehr die Menschen hätten, desto glücklicher und erfüllter wären sie. Warum ist dann oft genau das Gegenteil der Fall?

Der Komiker Freddy Prinze war auf der Höhe seiner Karriere, als er sich eine Pistole an den Kopf hielt und abdrückte. Die verblüfften Zeitgenossen rätselten herum, warum man sich auf einer solchen Welle des Erfolgs das Leben nehmen könne. Vielleicht gibt eine Bemerkung, die Prinze kurz vor seinem Tod machte, Hinweise auf die Lösung: Als er eines Abends nach einer sehr erfolgreichen Aufführung von der Bühne kam, sagte er: „Ich kann sie nicht mehr lachen hören."

Wie bitte? Seine Show war ohne Fehl und Tadel gewesen, und das Publikum lachte lauter als je zuvor. Vielleicht meinte er damit in Wirklichkeit: „Das Gelächter der Massen gibt mir nichts mehr." Jedenfalls hatte Prinze so viele Jahre daran gearbeitet, sich seine Position zu erwerben, dass er sich davon nicht mehr befreien konnte. Das war seine Sicherheit und die Grundlage für sein Selbstwertgefühl. Als ich ihn das letzte Mal sah, machte er einen sehr unglücklichen Eindruck. Nach wie vor klammerte er sich an eben die Sache, die ihn in der Falle hielt.

Für jeden von uns ist die Falle mit einem anderen Köder gefüllt. Vielleicht ist es der Beruf, ein bestimmtes Auto, eine Machtposition, das Einkommen oder sogar eine destruktive Beziehung. Für uns alle aber ist der Preis gleich hoch: Unser Festhalten am Köder kostet uns unsere Freiheit und die Chance, das zu werden, was Gott aus uns machen will. Das kleine Gedicht spricht von diesem Preis:

Kein Wort so traurig,
auf Papier oder Stein,
wie dieses eine:
Es hätt' können sein.

Hätten wir doch nur auf Gottes leise Stimme gehört, die nur das Beste für uns wollte. Doch wie der Affe wollen wir den Köder nicht loslassen, bis es zu spät ist.

In der Bibel wird das Ansammeln von Besitztümern präzise bezeichnet. Hier heißt es Götzendienst. Es spielt keine Rolle, ob Ihr Götze eine kleine geschnitzte Figur in einem Schrein im Wohnzimmer ist oder ein schöner Mercedes in der Garage. Was Ihnen wichtiger ist als Gott, was seinem Willen für Sie im Weg steht, muss Platz machen.

Der Verfasser des Hebräerbriefes hat uns mitgeteilt, was zu tun ist, wenn man bis zum Ende im Glauben durchhalten will. Er sagte: „Wir wollen uns von allem freimachen, was uns beschwert, besonders von der Sünde, die sich so leicht an uns hängt. Wir wollen durchhalten in dem Lauf, zu dem wir angetreten sind" (Hebräer 12,1). Man beachte, dass all das, was uns beschwert, von der Sünde gesondert erwähnt wird. Das wird deshalb so sein, weil diese Dinge an sich noch nichts mit Sünde zu tun haben müssen – sie werden zur Sünde, wenn sie uns an dem hindern, wofür Gott uns bestimmt hat.

Das Wesen des Glaubens besteht darin, all das loszulassen und Gott zuzutrauen, dass er uns mit dem Besten versorgt. Erst, wenn wir in der Lage sind, ohne Verlustängste zu leben, werden wir seine ganze Kraft und Absicht für unser Leben erfahren. Sonst gibt es für uns kein echtes Leben.

Nochmal!

Eines Tages, als meine Tochter Traci zweieinhalb Jahre alt war, fand ich sie oben auf dem Treppenabsatz. Sie schaute hinunter, als ob sie springen wollte. Dann sah sie mich mit einem gezwungenen Lächeln an und sagte: „Wenn ich da runtergucke, fühlt sich mein Bauch ganz komisch an."

Ich machte gerade den Mund auf und wollte ihr befehlen, da wegzugehen, bevor sie sich wehtat, doch dann hatte ich eine Idee: Ich wollte sehen, wie sehr sie mir vertraute. Ich stand genau unter ihr, wo sie an der Kante wippte. „Spring!", sagte ich. „Ich fang dich auf."

Sie beugte sich vor, holte tief Luft . . . und brachte sich wieder in Sicherheit. So machte sie es noch ein paar Mal und versuchte dabei, Mut zu fassen. Jedesmal versicherte ich ihr, dass ich sie niemals fallen lassen würde, und jedesmal rückte sie ein bisschen weiter vor, bevor sie zurückschreckte. Schließlich seufzte sie laut auf und beugte sich so weit vor, dass sie nicht mehr zurückkonnte. Mit wedelnden Armen und einem Schrei aus tiefster Kehle fiel sie – und ich fing sie auf wie versprochen.

Plötzlich merkte sie, dass sie sicher gelandet war. Ein Lächeln wischte die ganze Angst aus ihrem Gesicht und sie rief: „Noch mal!"

Das ist die Art Vertrauen, die Gott von uns möchte. Er will nicht, dass wir brüllen: „Jetzt aber los!", und blind ins Nichts springen. Er will nur, dass wir uns auf ihn verlassen, bis es keinen Rückzug mehr gibt. Das kann Angst machen, zahlt sich aber so sehr aus, dass wir es danach immer wieder wollen.

Uns ist erst einmal eine Aufzählung der möglichen Folgen lieber. Wir kalkulieren alle Eventualitäten durch, bevor wir irgendetwas loslassen. Doch Gott hat nie versprochen, jede kleine Kurve zu offenbaren, die unsere Zukunft bringt. Wenn er das täte, hätten wir so viel Angst, dass wir in unserer Eile, eine andere Möglichkeit zu probieren, den ganzen Entwurf zerstören würden. Was Gott aber tatsächlich verspricht, ist seine Gnade für jeden einzelnen Augenblick.

Er verlangt nicht von uns, sofort alle falschen Sicherheiten fallenzulassen, die wir angesammelt haben, und sie zu vergessen. Er bittet nur darum, das loszulassen, was uns im Augenblick belastet. Wenn dann die nächsten schwierigen Momente kommen, gibt er uns die Kraft, ihm zu vertrauen. Auf unsere Bedenken und unsere Widerspenstigkeit reagiert er so: „Quält euch nicht mit Gedanken an morgen; der morgige Tag wird für sich selber sorgen. Ihr habt genug zu tragen an der Last von heute" (Matthäus 6,34).

An anderer Stelle drückt sich Jesus noch klarer aus: „Sammelt keine Reichtümer hier auf der Erde! Denn ihr müßt damit rechnen, dass Motten und Rost sie auffressen oder Einbrecher sie stehlen. Sammelt lieber Reichtümer bei Gott. Dort werden sie nicht von Motten und Rost zerfressen und können auch nicht von Einbrechern gestohlen werden" (Matthäus 6,19–20).

Unser Schöpfer weiß, dass wir nicht in der Lage sind, unsere Loyalität zu teilen. Wir können keinem anderen als nur dem einen Gott das Herz ausschütten.

„Denn euer Herz wird immer dort sein, wo ihr euren Reichtum habt . . . Niemand kann zwei Herren zugleich dienen. Er wird den einen vernachlässigen und den anderen bevorzugen. Er wird dem einen treu sein und den anderen hintergehen. Ihr könnt nicht beiden zugleich dienen: Gott und dem Geld" (Matthäus 6,21.24).

Er weiß auch, dass nur er unsere wichtigsten Grundbedürfnisse stillen kann. Er möchte nicht, dass wir den Segen des Heute verpassen, weil wir uns an irgendwelchem wertlosen Plunder festklammern und uns Gedanken machen, wie wir morgen über die Runden kommen werden:

„Macht euch also keine Sorgen! Fragt nicht: Was sollen wir essen? Was sollen wir trinken? Was sollen wir anziehen? Damit plagen sich Menschen, die Gott nicht kennen. Euer Vater im Himmel weiß, daß ihr all das braucht. Sorgt euch zuerst darum, daß ihr euch seiner Herrschaft unterstellt und tut, was er verlangt, dann wird er euch schon mit all dem anderen versorgen" (Matthäus 6,31–33).

Jemand hat einmal die Frage gestellt: „Wie viel Glaube ist nötig, um einmal quer durch das Schwimmbecken zu schwimmen?" Ein kleiner Junge gab die Antwort: „Nur genug, um den Rand loszulassen."

Er hatte Recht. Wie meine Tochter auf dem Treppenabsatz achten wir oft mehr auf das „komische Gefühl im Bauch" als auf die Zusagen Gottes. Wir haben ungeheuer viel Angst davor, uns fallen zu lassen. Folglich machen wir nie die Erfahrung, wie sehr wir den Armen von Jesus vertrauen können. Erinnern Sie sich an den Wanderer, der den Ast nicht loslassen wollte? An was für Äste klammern Sie sich? Was hindert Sie daran, Gottes Vertrauenswürdigkeit zu entdecken? Was hält Sie davon ab, ein Leben in Fülle zu erfahren?

Sind es Freunde?

Ein Job?

Ein Auto?

Eine einflussreiche Position?

Ein Sparkonto?

Ein Hobby?

Eine Gewohnheit?

Ein Lebensstil?

Oder ist es etwas ganz anderes?

Erwarten Sie keine Gefühle besonderer Tapferkeit, wenn Sie Ihre Sicherheiten loslassen. Erst strampeln Sie und schlagen vielleicht laut schreiend um sich, wie damals meine kleine Tochter. Gott hat nie versprochen, dass es nicht weh tut oder ganz einfach ist, wenn man ihm nachfolgt. Doch er verspricht, uns aufzufangen, wenn wir ihn brauchen. Er verspricht außerdem, dass es uns mehr Freude, Erfüllung und mehr Genuss am Leben bringt, wenn wir ihm vertrauen. Das zählt mehr als alles zusammen: der ganze Plunder, die Äste und der Rand vom Schwimmbecken.

Anmerkung

[1] Ken Davis und Dave Lambert: Neuer Saft für müde Birnen, Schulte & Gerth, Asslar 1994

13

Das Geheimnis

Es gibt zweierlei Menschen auf der Welt: Die einen geben,
die anderen nehmen. Wer nimmt, hat mehr zu essen.
Wer gibt, kann besser schlafen.

Es gibt ein wohl gehütetes Geheimnis, das jedem helfen kann, dem wahren Lebensgenuss auf die Spur zu kommen. Eigentlich ist es ja gar kein Geheimnis – aber für unsere Gesellschaft ist diese Vorstellung so merkwürdig, dass es kaum jemanden gibt, der sich danach richtet. Und hier wird es gelüftet:

Die größte Erfüllung im Leben findet man, wenn man dient.

Ironie des Lebens, nicht wahr? Der Sinn, nach dem wir im Leben suchen, stellt sich ein, wenn wir geben, und zwar alles, was wir sind und was wir haben. Er entzieht sich uns, wenn wir versuchen, alles festzuhalten, was wir in die Finger bekommen. Ganz so, wie wir Sinn und Wert darin erfahren, dass wir vom Schöpfer geliebt werden, wurden wir dazu geschaffen, unsere Mitmenschen zu lieben und sie dadurch zu ihm zu ziehen. Diese Liebe ist mehr als ein warmes, süßliches Gefühl. Sie zeigt sich im Handeln, und dieses Handeln zum Wohl anderer nennt sich Dienen.

In unserer Beziehung zu Gott und zum Mitmenschen führt eine Einstellung der Einsatzbereitschaft und des Mitleids zu einem erfüllten Leben. Jesus selbst hat immer wieder von dieser Wahrheit geredet. Als die Jünger darüber stritten, wer von ihnen der Größte sei, rief er sie zu sich und sagte: „Wer der Erste sein will, der muß sich allen anderen unterordnen und ihnen dienen" (Markus 9,35).

Ginge es im Leben darum, möglichst viel Reichtum, Macht und Ansehen anzuhäufen, dann wäre es vollkommen umsonst, weil wir am Ende gar nichts davon hätten. Nach dem Tode des Multimillionärs John D. Rockefeller fragte ein Mann seinen Buchhalter: „Wie viel hat er hinterlassen?" Der Buchhalter erwiderte: „Alles."

Es hat wenig Sinn, das ganze Leben mit dem Anhäufen von Plunder zu verschwenden, den man ohnehin nicht behalten kann. Würde man Ihnen mitteilen, dass Sie nur noch ein paar Tage zu leben hätten, würden Sie wohl kaum wie ein Wilder versuchen, in der kurzen Zeit noch mehr Zeug zusammenzuraffen. Relativ betrachtet haben wir tatsächlich nur noch ein „paar Tage" zu leben. Die Uhr tickt. Und doch gibt es viel zu viele Menschen, die diese wertvollen Momente mit Dingen verschwenden, die nie Zufriedenheit gewähren können.

Da liegt die Versuchung nahe, auf dieses Dilemma so zu reagieren: „Na und? Wenn ich es nicht mitnehmen kann, dann kann ich immerhin so viel wie möglich davon genießen, solange ich noch da bin. Ich esse, trinke und bin fröhlich, denn morgen sterbe ich sowieso."

Diese Philosophie klingt erst einmal ganz gut, ist aber eine unkluge Verschwendung des Lebens an leere Vergnügungen. Wenn man nach echter Lebensfreude strebt, wird man so nicht fündig. Echte Erfüllung ergibt sich nicht, wenn man alles nimmt, was man kriegen kann, sondern daraus, dass man alles gibt, was man hat.

Unübersehbar haben die meisten unserer Zeitgenossen sich dazu entschlossen, für ihr Vergnügen zu leben, statt den Sinn des Lebens zu suchen. Warum ändern wir eigentlich nicht unseren ganzen Lebensstil und fangen an, im Dienst am Mitmenschen aufzugehen, wenn das selbstsüchtige Vergnügen so inhaltslos ist? Dafür gibt es prinzipiell zwei Gründe. Erstens kommen wir gar nicht auf den Gedanken, weil die Idee des Dienens von vielen Missverständnissen überschattet ist. Zweitens sind wir von der Kraftquelle getrennt, die uns befähigen würde, das schwierige Leben eines Dieners zu führen.

Der Kurzschluss im Denken

Wir glauben, dass nur Schwache dienen. Der bloße Gedanke, jemand anderem als uns selbst zu Diensten zu sein, ist beinahe abstoßend für uns. Diese Anschauung prägte auch die ätzenden Bemerkungen des Philosophen Friedrich Nietzsche. Weil Jesus das Dienen so betont hat, charakterisierte Nietzsche den Geist des Christseins als „Sklavenmoral", die den Menschen zur kompletten Missgeburt verkommen lasse.[1]

In unserer Gesellschaft werden Diener als Menschen aus niederen Schichten betrachtet, die zu nichts anderem als zu unwürdigen Arbeiten fähig sind. Anderen zu dienen ist nicht attraktiv, sondern ein Zwang, dem man sich beugen muss, wenn man keine andere Wahl hat. Warum Diener sein, wenn man Herr sein könnte? Warum sich dem Wohlergehen anderer widmen, wenn man auf den ersten Platz vorrücken könnte? Warum Opfer bringen, wenn man tun könnte, wozu man Lust hat?

Die Macher, die unsere Welt bewegen, dienen nicht – sie lassen sich bedienen. „Wichtige" Menschen machen sich keine Gedanken über die Bedürfnisse anderer; es sei denn, es handelt sich um ihre Zielgruppe und man kann Profit daraus schlagen.

Doch in der Bibel werden die Verhältnisse anders dargestellt. Nach ihren Aussagen unterliegt die Welt einer Fehleinschätzung von Macht und Dienerschaft. In Wirklichkeit sieht es ganz anders aus, sagt die Bibel: Dienen ist kein Zeichen von Schwäche, vielmehr von besonderer innerer Stärke. Eigentlich können nur Menschen wirklich dienen, deren persönlicher Wert nicht an oberflächlichen Merkmalen abzulesen ist. Sie brauchen keine Fassade aufrechtzuerhalten. Sie haben durch den Dienst nichts zu verlieren. Sie dienen, weil sie die Freiheit und den Wunsch dazu haben.

Wenn andererseits jemand von äußerlichen Symbolen für Wert und Macht abhängt, ist er zum Dienst unfähig. Nach außen erweckt er den Anschein von Selbstvertrauen, aber hinter der Fassade findet sich nur eine leere Schale, eine Hülle ohne

Fülle, voller Unsicherheit und Selbstzweifel. Er kann sich keine Verletzlichkeit leisten, sich nicht um andere kümmern – das würde sein „Image" beschädigen. Arbeit, Spielsachen und Machtpositionen sind seine einzigen Sicherheiten. Ohne diese Symbole ist jeder, der sich auf sie verlässt, dem emotionalen und körperlichen Verfall ausgesetzt. Wie schade: Aus seiner Position der Macht, des Wohlstands und der Autorität heraus könnte er so viel Gutes für die Machtlosen tun, wenn er nicht so sehr in seinen eigenen Belangen gefangen wäre.

Der liebevolle Vater eines neugeborenen Kindes beweist seine Autorität nicht darin, dass er das Baby zu Boden wirft. Er hält es im Gegenteil mit besonderer Zärtlichkeit und wäre bereit, notfalls sein Leben für sein Kind zu opfern. Er geht im Dienst an dem schutzlosen Kind auf, dem er mit zum Leben verholfen hat.

Ähnlich handeln Menschen, die sich dem Dienst an ihren Mitmenschen geweiht haben: Sie leben mit mehr Leidenschaft und Motivation als jeder, der nur sich selbst zu Diensten ist. Mutter Teresa, die für ihre Schutzbefohlenen alles eingesetzt hat, was sie war und besaß, strahlte zeitlebens eine Vitalität und Freude aus, die ihr Alter, ihre körperliche Erscheinung und ihre soziale Stellung Lügen strafte. In weltlichen Kategorien gemessen war sie machtlos. Sie verbrachte ihr Leben mitten unter verwahrlosten, verarmten Menschen und kümmerte sich um Kinder, die keine oder wenig Überlebenschancen hatten. Und doch machte diese kleine, runzlige Frau die Führenden dieser Welt auf sich aufmerksam. Immer wieder haben wir gestaunt, wenn sie Präsidenten zurechtwies und unpopuläre Wahrheiten verkündete. Sie erlangte eine Popularität, von der Sie und ich nur träumen können. Mutter Teresas zerbrechlicher Körper strahlte mehr Lebenskraft aus als alle braungebrannten Schönlinge auf den schicken Cocktailpartys in den Machtzirkeln dieser Welt zusammen.

Jesus hatte die Macht und Autorität, die Menschen zu vernichten, wenn er es gewollt hätte. Schon wegen unserer Sünde wäre so etwas gerechtfertigt gewesen. Und doch war er zum vollen Einsatz seines Lebens bereit. Er gab seinen Platz zur Rechten des Vaters freiwillig auf und schlüpfte in die Rolle des Dieners, um uns zu befreien. Sein Beispiel wurde zum Vorbild für Macht, Autorität und Dienerschaft – ein Vorbild, das wir als seine Nachfolger anerkennen.

Wenn wir also zugeben, dass nur die wahrhaft Mächtigen zum Dienen befähigt sind, warum ist diese Tatsache dem modernen Menschen, ja auch dem modernen Christen so fremd? Die Antwort: Wir haben den Anschluss verloren.

Wer hat den Stecker gezogen?

Wir haben unsere Fähigkeit zum Dienen oder auch nur zum Verständnis für ein Leben im Dienst verloren, weil wir von der Kraftquelle getrennt sind, die uns in die Lage dazu versetzt. Wie ein Kühlschrank, der nicht am Stromnetz ist, nehmen wir zwar Platz weg, halten aber nichts frisch.

Die Sünde hat einen vernichtenden Einfluss auf alle Lebensbereiche, aber am schlimmsten wütet sie gegen unsere Fähigkeit, Gott zu lieben und einander zu dienen. Satan muss aus vollem Hals lachen, wenn wir uns leerem Vergnügen und dem Sammeln von Plunder widmen und dabei glauben, dem Leben das Beste abzuringen. Er lacht, weil er weiß, dass wir das wahre Leben verpassen.

Ein Mensch, der nur auf sich selbst bezogen lebt, hat einen sehr beschränkten Horizont. Der gleiche Mensch gewinnt unbegrenzte Möglichkeiten, wenn er sich nach außen wendet. Leider streben wir nach den falschen Dingen, um auf emotionaler und persönlicher Ebene zu überleben – es sei denn, wir sind uns unserer Beziehung zu Gott sicher. Man nimmt, so viel man bekommen kann und gibt nur das Nötigste. Dieser egozentrische Lebensstil findet sich in allen Gesellschaftsschichten, Rassen und Religionen. Es handelt sich nicht nur um eine Seuche der Reichen und Berühmten. Man erlebt die gleiche Einstellung in Ghettos und ländlichen Gegenden. Oft schleicht sie sich auch in mein Leben. Jeden Tag gehe ich (nicht immer erfolgreich) gegen die Versuchung an, für mich selbst zu leben und das Dienen aufzustecken.

Nur dann, wenn wir an die wahre Quelle von Macht und Wert angeschlossen sind, finden wir die Kraft zu dienen. Was gibt uns genug Selbstvertrauen, ohne Ängste vor Überforderung zu dienen? Nur die Wahrheit.

Drei Gründe zum befreiten Dienen

Eine besonders ergreifende Begebenheit im Leben Christi lässt die Wahrheit durchblicken, die uns zum Dienen befreit. Im Johannesevangelium ist eine Begebenheit aufgezeichnet (Johannes 13,2–5), bei der der König der Könige seine Dienstbereitschaft in einer Weise bewies, die sogar die Jünger schockierte. Bei einem Essen mit den Jüngern legte Jesus sein Obergewand ab, nahm sich eine Schürze und wusch seinen Freunden die Füße. Diese Arbeit wurde eigentlich als eines jüdischen Mannes unwürdig betrachtet. Den Gästen die Füße zu waschen war eindeutig unangenehm, und deshalb war das die Aufgabe des niedrigsten Dieners im Haushalt.[2]

Wir können uns gut vorstellen, wie ein Sklave diese Arbeit verrichtet. Aber ein *König*? Müsste so eine niedrige Tätigkeit nicht dem Herrscher, der die Macht über das Universum in der Hand hält, als Demütigung und Schande erscheinen? Warum mit eben diesen Händen den Straßenschmutz von den Füßen der Männer waschen? Warum nicht jemand anders anstellen, um diese erniedrigende Arbeit zu tun?

Der englische Historiker Lord Acton hat einmal gesagt: „Macht kann korrupt machen, und absolute Macht macht absolut korrupt." Je mehr Macht ein Mensch hat, desto mehr neigt er dazu, sie zum eigenen Vorteil zu nutzen. Doch Jesus, der die absolute Macht hat, entschied sich für den niedrigsten Dienst. Welche Kraftquelle gab ihm die Fähigkeit dazu? Warum fühlte er sich nicht erniedrigt? In dieser faszinierenden Begebenheit liegen die Antworten auf solche Fragen verborgen. Daraus ergibt sich die Lösung für das Geheimnis, wie wir zum Dienst am Mitmenschen befreit werden.

„Vor dem Passafest aber erkannte Jesus, daß seine Stunde gekommen war, daß er aus dieser Welt ginge zum Vater; und wie er die Seinen geliebt hatte, die in der Welt waren, so liebte er sie bis ans Ende" (Johannes 13,1).

Lassen wir die Wirkung der letzten Worte nicht verstreichen. Was Jesus tun wollte, war kein beiläufiger Gefühlsausbruch oder eine bloße Lektion zum Thema Demut. In der Bibel steht, dass er hier seine Liebe bis ans Ende zeigte! Und zwar nicht mit rührseligen Sprüchen oder teuren Geschenken, sondern im demütigen Dienst an denen, die er liebte. Damit lieferte er ein unvergessliches Vorbild.

Stellen Sie sich einmal vor, dass sie bei einem noblen Empfang eingeladen sind und den letzten Gang eines wunderbaren Menüs genießen. Sie lehnen sich gerade entspannt zurück, als der Gastgeber sich einen Kittel anzieht, sich vor Sie hinkniet und anfängt, Ihnen die Füße zu waschen. Sie würden sich genauso verblüfft und unwohl in Ihrer Haut fühlen wie die Jünger. Petrus regte sich so auf, dass er sich der Fußwaschung entziehen wollte.

„Petrus widersetzte sich: ‚Niemals sollst du mir die Füße waschen!' Jesus antwortete: ‚Wenn ich dir nicht die Füße wasche, hast du keinen Anteil an dem, was ich bringe'" (Johannes 13,8).[3]

Wie ist es möglich, sich in einer derartigen Machtposition so total zu erniedrigen? Doch trotz des demütigenden Charakters seiner Tat scheint Jesus in dieser Angelegenheit überhaupt nicht verlegen zu sein. Woher nahm er die innere Kraft, seine rechtmäßige Autorität abzulegen und zum Diener zu werden? Die Antwort findet sich in den Versen 3 und 4:

„Jesus wußte, dass der Vater ihm die Macht über alle Dinge gegeben hatte. Er wußte, daß er von Gott gekommen war und bald wieder bei ihm sein würde. Er stand vom Tisch auf, zog sein Oberkleid aus und band sich ein Tuch um" (Johannes 13,3–4).

Diese Verse zeigen, dass Jesus sich über drei Tatsachen ganz und gar im Klaren war:

Er wusste, dass ihm der Vater alles in seine Hände gegeben hatte.

Er wusste, dass er von Gott gekommen war.

Er wusste, dass er zu Gott zurückging.

Jetzt ist die Antwort auf die Frage – Wie konnte er das nur tun? – ganz klar: weil er die Autorität und Macht dazu hatte. Keine Arbeit konnte so demütigend, kein Dienst so erniedrigend sein, dass dadurch die Wahrheit Lügen gestraft wurde. Keine Aufgabe konnte seine Macht schmälern, die Herrlichkeit seines Erbes verdunkeln oder die Gewissheit seiner Zukunft bedrohen.

Jesus fürchtete nicht um seinen Status, als er seinen Jüngern die Füße wusch. Die Welt war immer noch in seiner Gewalt, in die Gott der Vater sie gelegt hatte. Gerade als er die schmutzigen Sohlen (oder Seelen?) der Männer wusch, war sich Jesus sehr bewusst, dass er von Gott gekommen war. Er schreckte nicht zimperlich vor der Berührung zurück, sondern packte fest und sanft zugleich zu. Als er die letzten Füße abtrocknete und der Geruch von Schweiß und Straßenstaub noch in der Luft hing, wusste er, dass er bald zu Gott zurückkehren würde. Sein Dienst hatte daran nichts geändert. Vielmehr war es genau dieses Wissen, das ihn zum Handeln befreit hatte. Jesus kannte die Wahrheit über seine Beziehung zum Vater, auch wenn seine Umwelt sich nicht darüber im Klaren war, und er kannte den Sinn seines Daseins. Jesus brauchte nichts zu beweisen und hatte nichts zu verheimlichen. Deshalb hatte er auch nichts zu verlieren. Wäre er im Zweifel über seine Stellung gewesen, dann hätte er von den Jüngern verlangt, dass *sie ihm* die Füße wuschen.

Und was das Beste ist: Die gleichen Gründe, die Jesus den Mut gaben zu dienen, gelten auch für uns und können uns den gleichen Mut verleihen. Erstens ist derselbe Herr, dem alle Macht über das ganze Universum gegeben ist, auch unsere Kraftquelle. Unsere Macht ergibt sich weder aus unserer Stellung noch aus unserem Status oder aus sonst einer Ursache, die von uns stammt. Unsere Kraft kommt von ihm (Apostelgeschichte 1,8). Diese Kraftquelle wandelt sich nicht mit unserer irdischen Stellung. Mit Gott können wir nicht das Gesicht verlieren. Keine noch so niedrige oder verachtenswerte Tätigkeit kann etwas daran ändern, dass wir Kinder des Königs sind. Wir haben die Freiheit, einem Kranken Erbrochenes vom Gesicht zu wischen und einen Hoffnungslosen zu umarmen. Wir haben die Freiheit dazu, weil Gott die Quelle unserer Kraft ist.

Zweitens stammen auch wir von Gott (Epheser 3,14–15; Kolosser 1,16). Gibt es denn noch eine höhere Autorität? Wenn wir wirklich seine Schöpfung und seine Kinder sind, dann gefährdet es nicht unsere Sicherheit, Männern und Frauen zu dienen, die Verbrechen begangen haben. Vielmehr wäre das eine Ehre. Die windigen Symbole von Sicherheit und Status, auf die unsere Gesellschaft so viel Wert legt, haben überhaupt keine Bedeutung für ein Volk, das von Gott stammt – und dieses Volk sind wir.

Drittens werden wir zu Gott gehen (Kolosser 3,4). Die meisten Menschen finden die Idee des Dienens wenig attraktiv, weil sie unter dem Druck stehen, ständig ihren Wert beweisen müssen. Wer das Leben so sieht, wird nie die Kraft haben, anderen wirklich zu dienen. Anders ist es aber bei allen, die wissen, dass sie unter dem Kommando des Herrn der Welt dienen, die verstanden haben, dass sie vom lebendigen Gott geschaffen, geliebt und erlöst wurden, die schließlich glauben, dass sie zu diesem Gott gehen werden, wo sie unvorstellbare Liebe und Herrlichkeit erleben werden. Sie haben die Freiheit zu dienen, ohne Angst um ihr Image zu haben. Sie wissen, dass ihr Wert schon vor dem Beginn der Zeit beschlossen und am Kreuz besiegelt wurde.

Was nun?

Bei aller Richtigkeit des Gesagten hat es doch nur dann einen praktischen Wert, wenn Gott wirklich *will*, dass wir anderen dienen. Kehren wir zur Begebenheit mit der Fußwaschung zurück.

„Begreift ihr, was ich eben für euch getan habe?", fragte er sie. „Ihr nennt mich Lehrer und Herr. Ihr habt recht, das bin ich. Ich bin euer Herr und Lehrer, und doch habe ich euch eben die Füße gewaschen. Von jetzt an sollt ihr euch gegenseitig die Füße waschen. Ich habe euch ein Beispiel gegeben, damit auch ihr so handelt, wie ich an euch gehandelt habe" (Johannes 13,12–15).

Was hat Jesus damit gemeint? Ich bezweifle, dass er damit das Einrichten von Fußwaschzellen in Restaurants gemeint hat, ähnlich den Waschstraßen an Tankstellen. Die eigentliche Herausforderung geht weit über ein gelegentliches Fußbad hinaus.

„Habt im Umgang miteinander stets vor Augen, was für einen Maßstab Jesus Christus gesetzt hat: Er war in allem Gott gleich, und doch hielt er nicht daran fest, zu sein wie Gott. Er gab es willig auf und wurde einem Sklaven gleich. Er wurde ein Mensch in dieser Welt und teilte das Leben der Menschen. Im Gehorsam gegen Gott erniedrigte er sich so tief, daß er sogar den Tod auf sich nahm, ja, den Verbrechertod am Kreuz. Darum hat Gott ihn auch erhöht und ihm den Ehrennamen verliehen, der ihn hoch über alle stellt" (Philipper 2,5–9).

So schön könnte die Welt sein

Wahrscheinlich gibt es kaum eine Vorstellung, die so schwer zu begreifen und verwirklichen ist wie die des liebevollen Dienens. Trotzdem bin ich überzeugt, dass keine so wichtig ist. Die Welt hungert danach, so eine Liebe zu sehen. Überlegen wir doch nur einmal, wie selbstloser Einsatz unsere Nachbarschaft verwandeln würde. Auch in Regierungskreisen würde man den Wandel verspüren. Das staatliche Sozialsystem würde überflüssig werden, weil die Menschen einander helfen würden, statt diese Aufgabe vom Staat zu erwarten. Es würden Gemeinschaften entstehen, die Alt und Jung helfen – denen, die kein Glück im Leben hatten.

Allerdings leben wir in einer Welt, in der man sich verkrampft an Werte klammert, die genau das Gegenteil von selbstlosem Dienen verkörpern. Persönliche Rechte werden auf Kosten aller anderen durchgesetzt. Selbstsucht, Gier und Anspruchshaltung sind selbstverständlich, weil sie dazu beitragen, dass man „vorwärts kommt". Weil die Eltern sich „verwirklichen" wollen, vernachlässigen sie die Kinder. Man steigt aus der Ehe aus, um sich „selbst zu finden". Man will um jeden Preis gewinnen, sei es im Sport, im Berufsleben oder in der Unterhaltung. Das Ergebnis: Es knackt im Gebälk der Gesellschaft. Was für eine frische Brise, was für ein Unterschied würde sich ergeben, wenn die Menschen anfingen, sich ehrlichen Herzens umeinander zu kümmern.

Wenn wenigstens das Bodenpersonal Gottes anfangen würde, konsequent so zu leben! Dann würde die Kirche von den Außenstehenden in einem ganz anderen Licht gesehen werden. Einander liebevoll zu dienen ist der beste Beweis, den wir für unsere Liebe zu Jesus bringen können.

Kurz vor seiner Kreuzigung saß Jesus bei seinen Jüngern und erklärte ihnen, dass sie ihm nicht dahin folgen könnten, wohin er ging – doch dass er ihnen etwas ungeheuer Wichtiges mitzuteilen habe. Diese Worte gehören zu den letzten, die er vor dem Gang an das Kreuz gesagt hatte. Wir dürfen ihre Bedeutung nicht überhören:

„Ich gebe euch jetzt ein neues Gebot, das Gebot der Liebe. Ihr sollt einander genauso lieben, wie ich euch geliebt habe. Wenn ihr einander liebt, werden alle erkennen, daß ihr meine Jünger seid" (Johannes 13,34–35).

Wäre Jesus nur der „gute Junge" gewesen, der seinen Freunden teure Geschenke gemacht und immer ein aufmunterndes Wort für sie gehabt hätte, dann wäre dieses Gebot leicht einzuhalten. Doch er hat seine Liebe zu uns auf so vollkommene und totale Art erwiesen, dass selbst die Fußwaschung daneben verblasst. Er erlitt um unseretwillen den Tod eines gemeinen Verbrechers. Er unterwarf sich bereitwillig dem unendlich schmerzhaften, schändlichen Tod am Kreuz, damit Sie und ich leben können.

Nun sagt er uns, seinen Nachfolgern, dass wir einander die gleiche intensive, bedingungslose Liebe erweisen sollen. Er sagt, unsere Liebe füreinander werde die Welt darauf aufmerksam machen, dass wir ihm folgen. Es geht also nicht um unseren regelmäßigen Kirchgang, Erfolg im Beruf oder das Meiden von Anstoß und Ärgernis. Es ist unsere Liebe, die die Welt aufhorchen und hinschauen lässt.

Dienen und Lebensgenuss – verträgt sich das?

Nur wer befreit ist für ein Leben ohne Beweislast, ohne Heimlichkeit und Verlustangst, wird annähernd schmecken, wie süß das Leben sein kann. Allerdings lässt sich relativ leicht darüber reden (oder auch schreiben), aber sehr schwer danach handeln. Sich von den Werten unserer Gesellschaft zu befreien und tatsächlich ein „dienstbarer Geist" zu werden ist die wahre Erprobung des Glaubens. Da macht man quälend langsame Fortschritte, doch jeder winzige Schritt bringt uns näher dahin, wohin Gott uns haben will. Erst in den letzten Jahren konnte ich überhaupt daran denken, mich darum zu bemühen. Davor war ich total gefangen in mir selbst. Und ich klammere mich immer noch an so viel Oberflächliches.

Wenn wir aber Vergängliches als höchstes Ziel des Lebens betrachten, dann werden wir niemals unser volles Potenzial entfalten und den Genuss erlangen, den wir alle mit unserem Leben doch eigentlich anstreben. Paulus hat es noch treffender gesagt: „Richtet eure Gedanken nach oben und nicht auf die irdischen Dinge!" (Kolosser 3,2).

Ein Leben voller unbegrenzter Möglichkeiten geht über alles uns Bekannte hinaus. Es lebt von der grenzenlosen Macht Gottes (Kolosser 3,1–2). Überall in der Welt gibt es Männer und Frauen, die anderen dienen und mit diesem Leben die Wahrheit und Wirksamkeit der Kraft Gottes beweisen. Bei ihnen findet sich Mut statt Angst, Zuversicht statt Hoffnungslosigkeit, Demut statt Stolz, Liebe statt Gier und Mitleid statt Widerwillen. Im nächsten Kapitel betrachten wir einige solche Menschen etwas näher.

Wenn wir doch nur den Mut fassen und Gott vertrauen könnten, dass er uns mit allem versorgen wird, was wir brauchen, um eine dienstbereite Haltung zu entwickeln! Dann würden wir nicht nur uns selbst weiterentwickeln, sondern unseren Angehörigen, Freunden und Kollegen in einem ganz anderen Licht erscheinen. Vielleicht wird dieses Verhalten nicht von jedem verstanden. Man könnte sogar glauben, wir hätten unseren Sinn für die Realität verloren. Aber tief innen wird den Menschen klar sein, was hinter diesem unerklärlichen Verhalten steht. Im Herzen werden sie wissen, dass wir es mit und für und wegen Gott tun.

Jesus, dem der größte Sieg aller Zeiten zuzuschreiben ist, errang diesen Sieg, indem er diente. Er möchte, dass wir an seinem Sieg und an seinem Lebensstil teilhaben.

„Wer sein Leben liebt, der wird es verlieren. Wer aber sein Leben in dieser Welt gering achtet, wird es für das ewige Leben bewahren. Wer mir dienen will, muss denselben Weg gehen wie ich, und wo ich bin, wird mein Diener dann auch sein. Mein Vater wird jeden, der mir dient, auszeichnen" (Johannes 12,25–26).

Anmerkungen

[1] Friedrich Nietzsche, Jenseits von Gut und Böse, Insel 1984

[2] The Zondervan Pictorial Bible Dictionary, Grand Rapids 1967, S. 288

[3] R. V. G. Tasker betont, dass es nicht nur um ein „schlagendes Beispiel für den Edelmut des Dienstes an anderen" geht. Vielmehr „illustriert Jesus mit diesem sakramentalen Handeln die reinigende Kraft seines Todes" (R. V. G. Tasker, The Gospel According to St. John, in: Tyndale Testament Commentary Series, Grand Rapids 1977, S. 154–155).

Eine Handvoll mutiger Menschen

14

Der ist kein Narr, der hingibt, was er nicht behalten kann,
um zu gewinnen, was er nicht verlieren kann.
(Jim Elliot)

Weckruf zum Leben

Als ich in den frühen achtziger Jahren Texas besuchte, lernte ich viele Leute kennen, die nach dem Sturz der Erdölpreise alles verloren hatten. Über Nacht waren Männer, die vorher über riesige Imperien und Geldsummen regiert hatten, mittellos geworden.

Auch Jim war es so gegangen. Eines Abends war ich bei ihm zum Essen eingeladen. Ich staunte, als Jim beim Gebet mit seiner Familie Gott für die finanziell schwierige Zeit dankte, die sie hinter sich hatten. Bei seinem Gebet handelte es sich nicht um frommes Geschwafel, das durch seine Geistlichkeit beeindrucken sollte. Es war auch kein erzwungenes Gebet, das manchmal gesprochen wird, weil man meint, es würden bestimmte Formeln erwartet. Es war wörtlich gemeint. Es war ein aufrichtiger Dank an Gott für das, was die Familie als „Weckruf zum Leben" beschrieb.

Nach dem Essen fragte ich Jim und seine Frau, wie sie Gott für diese absolute Katastrophe danken konnten. „Erst, als mir fast alles genommen wurde, was ich für wertvoll hielt – mein Besitz, mein Status, mein Bankkonto, meine Firma", erklärte Jim, „fiel es mir wie Schuppen von den Augen und ich erkannte, was wirklich wichtig ist. In Wirklichkeit hatte nicht ich den Reichtum zur Verfügung gehabt. Er hatte über mich bestimmt."

„Als wir unser Vermögen verloren", ergänzte seine Frau, „gab Gott mir meinen Mann zurück und den Kindern ihren Vater."

Für Jim und seine Familie wurde alles anders. Er hatte den Weg zum Leben neu entdeckt. Auf den Ölfeldern hatte er es ebenso vergeblich gesucht wie im Tagungsraum seiner Firma. Die ganze Zeit aber war es nie weiter weg gewesen, als Gottes leise Stimme reichte. Als Jim endlich ruhig genug geworden war, um diese Stimme zu hören, reagierte er darauf – und heute ist er ein veränderter Mensch.

Inzwischen arbeitet Jim am Wiederaufbau seiner Firma, allerdings diesmal nicht auf Kosten seiner Familie oder seiner Beziehung zu Gott. Er hat anerkannt, dass alle seine Besitztümer nicht ihm, sondern dem Schöpfer allen Lebens gehören. Er führt sein Unternehmen ehrlich und gut und lässt andere, die weniger Glück hatten, an seinem wiedergewonnenen Erfolg teilhaben. Vor allem aber wäre er tatsächlich bereit, das alles jederzeit aufzugeben, wenn Gott es von ihm verlangen sollte. Jim hat mehr vom Leben als je zuvor, weil er ohne Verlustangst lebt.

Mehr Mut zum Leben

Ein ganz besonders spannender und lebenssprühender Mensch aus meinem Bekanntenkreis ist der Schriftsteller Don Richardson. Gott hat Don einen scharfen Verstand, eine unbändige Abenteuerlust und das Herz eines Dieners verliehen – eine ganz schön beeindruckende Mischung. Mit seiner Intelligenz und Begabung eröffnete er sich Zugang zu aller Welt. Er hätte als Professor einer angesehenen Universität ein bequemes Leben mit jeder Menge Ansehen und einem dicken finanziellen Polster führen können. Seine Kreativität und Menschenkenntnis hätten ihm Führungspositionen in großen Unternehmen verschaffen können. Als er mich eines Abends im Schach schlug, während er mit einem anderen Freund irgendein abstraktes philosophisches Thema erörterte, erlebte ich seine Intelligenz in Aktion.

Ich glaube, er hätte mich auch locker besiegt, wenn er gleichzeitig mit links seine Steuererklärung und mit rechts ein Buch geschrieben hätte.

Statt aber auf Nummer Sicher zu gehen und einen lukrativen Posten anzunehmen, entschied Don sich, auf Gottes Stimme zu hören, der ihn zum Dienst an anderen Menschen berief. Seine Braut trug er nach der Hochzeit nicht über die Schwelle einer geschmackvollen Vorortwohnung, sondern er nahm sie mit nach Papua-Neuguinea, wo sie die ersten Ehejahre als Missionare beim Volk der Sawi verbrachten. Kurz nach der Geburt ihres ersten Kindes fanden sie ihr Haus nach einem Ausflug von Kopfjägern und Kannibalen umringt vor. Lesen Sie selbst, was dann geschah:

„Nach der letzten Windung lugten Carol und ich durch Beine und Paddel nach vorn und versuchten, einen ersten Blick auf unser Haus – und mehr? – zu erhaschen. Wir waren auf den Anblick nicht gefasst! Etwa zweihundert bewaffnete Krieger scharten sich als drohende Silhouette gegen den rot-goldenen Horizont am Ufer. Federn steckten in ihrem Haar und flatterten an den Speeren. Weiter hinten, dichter am kleinen Pfahlhaus, das John und ich drei Tage zuvor errichtet hatten, schaute uns eine gleich große Anzahl Frauen und kleiner Kinder entgegen. Sie redeten mit gedämpfter Stimme über unsere seltsame Erscheinung.

Unsere Ruderer wurden ganz still, als wir heranglitten und zu Füßen der bewaffneten Menge knirschend am Ufer anlegten."[1]

Als Don mit seiner Familie am Ufer stand, umringt von Menschen, die als feindselig und gewalttätig galten, wurde er vorübergehend von heftigen Zweifeln geschüttelt. Obwohl es zu spät zur Umkehr war, kämpfte er ein letztes Mal mit der Frage: „Warum bin ich eigentlich hier?" Inmitten der ungewohnten Situation, chaotisch und gefährlich, mit einem neugeborenen Kind und einer geschwächten Frau neben sich, hielt Don stille Zwiesprache mit Gott und ließ die Frage ein für alle Mal auf sich beruhen:

„Es war eine Frage, die ich Gott oft gestellt hatte. Jetzt stellte sie mir mein Herr, und ich konnte mich ihr nicht entziehen. Die Augen jedes Sawi-Kriegers fragten mich das Gleiche. Die Frage klang aus ihren Stimmen, die Trommeln hallten davon wider ...

Ich erwog Antworten, die ich früher verwendet hatte, und verwarf sie eine nach der anderen. Zweitrangige, zufällige Gründe zählten hier nicht mehr. Auch ehrgeizige Hintergedanken hielten nicht der Realität stand, die unsere Aufgabe jetzt gewonnen hatte.

Es dauerte Minuten, bis ich die Antwort wusste. Dann kam sie als Stoßgebet:

‚Herr Jesus, deinetwegen stehen wir hier. Das ist unsere Taufe in die Tätigkeit, die du für uns vorgesehen hast. Hilf uns, treu zu sein. Stärke uns durch deinen Geist.

Dein Wille soll unter diesen Menschen geschehen wie im Himmel. Und wenn ihnen durch uns irgendetwas Gutes geschieht, dann steht dir alles Lob dafür zu!'

Und Gott antwortete: ‚Der Friede Gottes, der höher ist als alle Vernunft, bewahre eure Herzen und Sinne in Christus Jesus.'

Jetzt war alles richtig. Unsere Beziehung war neu geworden. Ich spürte, wie in mir eine frische Quelle aufsprudelte."[2]

In diesem Augenblick hatten Don und seine Familie keine Sicherheit von der Art, an die Sie und ich uns so krampfhaft klammern. Seine Nachbarn waren kriegerische Stämme, die sich mit ihrer Heimtücke und ihren Fähigkeiten als Betrüger brüsteten. Der größte Triumph dieser Stämme lag darin, das Vertrauen des Feindes zu gewinnen, ihn dann in einem unerwarteten Moment zu töten und danach zu verspeisen. Dons schwierige Aufgabe bestand darin, einem Volk, das die Idee des Friedens gar nicht kannte, die gute Nachricht vom Friedefürsten zu bringen. Der Teufelskreis von Verrat und Gewalt zerstörte jeden Ansatz von Liebe in diesem Volk. Die Sawi hielten den in Ehre, der die hohe Kunst des Verrats beherrschte. Als Don ihnen die Geschichte vom Kreuz erzählte, wählten sie sich sofort Judas als ihren Helden.

Warum so ein talentierter Mensch wohl seine Ehe damit begann, seine kleine Familie einer solchen Gefahr auszusetzen? Warum verschwendete er seine Begabung an solch ein ignorantes, hinterhältiges Volk? Aus seinem Buch „Friedens-Kind" geht hervor, dass Don sich solche Fragen nicht leistete:

„Mit aufrichtiger Sehnsucht flehten wir zu Gott, dass sich die Botschaft von seiner Liebe schnell über alle Schranken hinwegsetzen würde, seien sie satanisch oder kulturell bedingt, und dass sich diese segensreiche, ansteckende Freude unter den unglücklichen, furchtsamen Menschen ausbreiten möge, auf die wir da gestoßen waren. Wie lange das dauern mochte, konnte ich nicht einmal raten. Ich wusste nur, dass mein Leben erst dann vollendet war, wenn das geschah!"[3]

Gott berief Don Richardson in ein dunkles Land und ermöglichte ihm dort ein Leben im Licht, randvoll mit einer Leidenschaft und Begeisterung, von denen die meisten Menschen nicht einmal zu träumen wagen. Dons Begabung und seine Fähigkeiten wurden voll ausgeschöpft. Seine Wissbegierde und sein analytischer Verstand kamen in Aktion, um ein Geheimnis zu lösen, das mehr Spannung barg als ein Spitzenkrimi. Nach Jahren der Enttäuschung, in denen er zusehen musste, wie die Stämme einander ermordeten und hintergingen, entdeckte Don den Schlüssel zu ihren Herzen: Das Geheimnis lag in den Elementen der Stammeskultur selbst.

Sogar in dieser finsteren Gesellschaft, wo Morde und Heimtücke als höchste Werte geschätzt wurden, entdeckte er eine Parallele zum Evangelium, die es ihm schließlich möglich machte, den Sawi die Botschaft von Gottes Liebe begreiflich zu machen (mehr dazu in seinem Buch „Friedens-Kind"). Als sie sich endlich das Evangelium anhörten, geschah unter diesen Ureinwohnern ein Wandel, der einem Wunder glich.

Obwohl Don heute wieder in den USA wohnt, ist sein Leben nicht weniger dynamisch geworden. Seine von Gott verliehenen Gaben werden jetzt in andere, aber ebenso wirksame Bahnen gelenkt. Dazu gibt es einen Schlüssel: Er nutzt seine Gaben immer, um anderen Menschen damit zu dienen.

Zum ersten Mal hatte ich Dons Geschichte gehört, als er sie einer Gruppe reicher Männer und Frauen auf einem Kreuzfahrtschiff erzählte. Während er redete, schaute ich mich um und sah manche Träne fließen. (Ich wollte mich überzeugen, ob ich als einziger weinte.) Ich sah wohlhabende, einflussreiche Menschen, die von Dons Geschichte mehr als nur fasziniert waren; ihre Rührung war unübersehbar. Das lag wohl kaum daran, dass irgendjemand auf diesem Schiff die geheime Sehnsucht hegte, unter Kannibalen zu leben oder sich im Dschungel eine Strohhütte zu bauen. Wir waren bewegt, weil wir alle gern den gleichen flammenden Enthusiasmus für das Leben selbst gehabt hätten wie Don.

Nachdem ich seinen Bericht gehört hatte, ging ich in meine Kabine und weinte. Hier war das Vorbild eines Mannes, der sein Leben voll ausschöpfte. Ich hatte in der ersten Reihe gesessen und fast körperlich gespürt, wie echter Lebensgenuss aussieht – und dabei war die Erinnerung an die vielen Fehlentscheidungen meines eigenen Lebens in mir hochgekommen. Ich war mir plötzlich aller Situationen bewusst, wo ich der Versuchung nachgegeben hatte, meinen Wert zu beweisen, mir Heimlichkeiten zu leisten und mich vor vermeintlichen Verlusten zu schützen. Es tat mir jetzt Leid um diese wertvollen Lebensphasen. Ich ging an diesem Abend auf die Knie und näherte mich wieder einmal meinem Schöpfer, dem einzigen, der mir ein erfülltes Leben geben konnte.

Don Richardson hatte früh angefangen, sich Gott und seiner Führung zu überlassen. So kommt es, dass seine Augen vor Freude funkeln, wenn er von den Abenteuern erzählt, die Gott ihm und seiner Familie geschenkt hat. Er bereut nichts. Stattdessen hat er das berechtigte Gefühl, etwas bewegt zu haben, und die vertrauensvolle Erwartung, dass Gott ihm noch mehr bieten wird. Wie oft stößt man auf Menschen mit so viel Leidenschaft? Wie oft ist es Ihnen selbst so gegangen?

Wenn wir zulassen, dass irgendetwas oder irgendjemand anders als unser Schöpfer lenkend in unser Leben eingreift, werden wir zu blinden Sklaven, die am Ruder von fremden

Schiffen sitzen. Wir haben keine Hoffnung darauf, je ein Ziel zu erreichen. Wir können die Chancen der Freiheit nicht sehen.

Es wird Zeit, wieder in die Arme Gottes zu laufen und alles loszulassen, was uns vom Leben abhält. Sagen Sie zu Gott: „Hier bin ich. Bring mich dahin, wohin du mich haben willst, und mach auf dieser Reise Gebrauch von allem, was ich habe."

Sieg unter allen Umständen

Wohl kaum eine geschichtliche Persönlichkeit hatte mehr durchschlagenden geistlichen Einfluss als der Apostel Paulus. Dieser Mann lebte in dem Bewusstsein, nichts zu verlieren zu haben. Daher kam seine Dynamik, die immense Auswirkungen auf einzelne Menschen und den Lauf der Geschichte hatte und noch hat. Erst hatte er die Christen fanatisch gehasst, doch durch die Begegnung mit dem auferstandenen Jesus veränderte er sich total. Wenn man bedenkt, welche ungeheure Feindschaft ihm zuerst von Seiten der von ihm gequälten Christen und später von der Gegenseite entgegengebracht wurde, muss man sich wundern, wie er das ausgehalten hat.

Mindestens fünf seiner anspornenden Briefe an die jungen Gemeinden in seinem Missionsgebiet (an die Epheser, Philipper, Kolosser, an Philemon und den zweiten Brief an Timotheus) schrieb er aus dem Gefängnis. Die anderen kamen unter lebensgefährlichen Umständen zustande. Doch weil ihm die Sache Gottes wichtiger war als alles andere auf der Welt und weil er nichts zu verlieren hatte, brachte sein Leben so viel Wirkung.

Man könnte meinen, Paulus sei zu ernst oder zu fanatisch gewesen; vielleicht ist man mit mancher seiner Aussagen nicht einverstanden – doch dass er ein langweiliges oder unbedeutendes Leben geführt hätte, würde wohl niemand behaupten. Er wurde gefoltert und ins Gefängnis geworfen. Seine Feinde hielten ihn damit nicht auf. Wie kann man denn auch jemanden einschüchtern, der nichts zu verlieren hat? Paulus selbst hat das auch so gesehen:

„Kann uns dann noch etwas von Christus und seiner Liebe trennen? Etwa Leiden, Not, Verfolgung, Hunger, Entbehrung, Gefahr oder Tod? Denn es heißt ja: ‚Weil wir zu dir gehören, sind wir ständig in Todesgefahr. Wir werden angesehen wie Schafe, die man bedenkenlos abschlachten kann.' Nein, mitten in all dem triumphieren wir mit Hilfe dessen, der uns sein Liebe erwiesen hat" (Römer 8,35–37).

Die Feinde des Paulus begriffen nicht, dass es nichts gab, womit sie ihm schaden konnten. Trotz aller Härten, die sie ihm auferlegten, machte er unverdrossen weiter. Weil Paulus wusste, dass der Wettkampf schon gewonnen war, sah er es als Privileg, sich ganz für Gott einzusetzen und alles zu riskieren. Wer ihn dafür bestrafte, dass er das Evangelium predigte, verlieh ihm praktisch eine Auszeichnung. Es war sogar zwecklos, ihm mit dem Tod zu drohen, weil er keine Angst davor hatte. Schließlich strebte er danach, das zu erfüllen, was er erkannt hatte: „Denn Christus ist mein Leben, und Sterben ist mein Gewinn" (Philipper 1,21). „Denn Leben, das ist für mich Christus; darum ist Sterben für mich nur Gewinn." (Römer 14,8)

Schließlich gelang es seinen Feinden, ihn zu töten. Sie dachten, damit sei seine Wirksamkeit beendet. Doch weil sein Tun und seine Worte vom Schöpfer des Universums gelenkt waren, werden sie die Welt wohl noch bis ans Ende der Zeit beeinflussen. Seine Feinde dachten, sie hätten ihn erledigt. Doch in Wirklichkeit war Paulus gleich nach dem letzten Atemzug in der Gegenwart seines Schöpfers gewesen. Paulus hatte im Augenblick seines Todes nichts verloren, weil er sich mit seinem ganzen Leben auf diesen Moment eingestellt hatte. Und selbst ein Paulus hat sich nicht ausmalen können, wie viel ihn auf der anderen Seite des Todes erwartete.

Ansteckend

Ich lernte Mike O'Hara in den frühen siebziger Jahren kennen. Er war von seiner Persönlichkeit her völlig anders als Paulus. Mike wäre kaum als Heiliger durchgegangen. Er hätte Paulus ziemlich verknöchert gefunden, und Paulus hätte wohl einen Brief an seine Kirche geschrieben und die Leiter aufgefordert, darum zu beten, dass Mike etwas nüchterner werde. Doch Mike und Paulus hatten etwas gemeinsam: In der kurzen Zeit, die ich Mike kannte, strahlte er etwas von dem Charisma aus, das ein Mensch ohne Verlustängste hat.

Er war Mitte Zwanzig, als ich ihn kennenlernte. Ich mochte ihn auf Anhieb. Er stand mit beiden Füßen im Leben, war etwas unangepasst und auf fröhliche Art kreativ. Seine Begeisterung war so ansteckend, dass seine bloße Gegenwart belebend war. Es steckte aber noch etwas anderes in ihm.

Ein paar Jahre vor unserem Kennenlernen war ihm eine niederschmetternde Diagnose gestellt worden: Krebs in einer äußerst bösartigen Form. Der Krebs bildete schnell Metastasen in der Lunge und auch nach einigen Operationen war die Prognose nicht gut: Der Krebs reagierte nicht auf die Therapie. Aber Mike war doch noch so jung und hatte so viel Potenzial! Man hätte meinen können, dass diese Nachricht wie ein Eimer kaltes Wasser auf diesen übermütigen Jungen wirkte. Klar, dass Mike bei der Aussicht auf einen frühen Tod manchmal weinte, besonders, wenn er an seine junge Frau dachte, die er erst vor knapp einem Jahr geheiratet hatte. Meist aber war er ungewöhnlich heiter und ließ während der ganzen Behandlung eine Lebensfreude durchblicken, die man nicht erwartete. Als er wegen der Chemotherapie alle Haare verlor, erschien er auf einer Kostümparty als Deo-Roller. Bei Mike wusste man nie, was man zu erwarten hatte. Seine besten Freunde lachen immer noch, wenn sie an solche Mätzchen denken.

Mike war Mitarbeiter bei *Jugend für Christus*. Auch während seiner Krankheit kümmerte er sich weiter um die Bedürfnisse „seiner" Jugendlichen. Als ich eines Tages eine Schule auf-

suchte, in der er tätig war, musste ich zusehen, wie ein unge-
haltener, höhnisch wirkender Junge Mike im Flur anmachte:
„Was ist mit deinen Haaren passiert, Glatzkopf?"

Ich wollte diesen unverschämten kleinen Punker am liebsten
in der Luft zerreißen, aber Mike reagierte ganz ruhig. „Ich habe
ein Problem", sagte er und ging auf den Jungen zu. „Ich sterbe. Ich
habe Krebs, und die Glatze kommt von der Chemotherapie." (Jetzt
war der Schüler ganz Ohr.) Dann nutzte Mike diesen Einstieg, um
seinem jungen Gegenüber etwas über Gott zu erzählen. Er baute
sich dicht vor dem Jungen auf, bohrte ihm den Finger in die Brust
und sagte: „Du brauchst keine Angst zu haben."

Der Junge schlug Mikes Hand weg und stieß fluchend hervor,
dass ihm gar nichts Angst machen könne.

„Klar hast du Angst", hakte Mike nach und betonte jedes
Wort einzeln, wobei er ihm noch einmal in die Brust piekste. Und
dann umriss er diesem Jungen so klar und so einleuchtend das
gesamte Evangelium im Kurzstil, wie ich es selten gehört habe.
Ich würde gern sagen können, der Junge habe darauf zutiefst
bewegt reagiert. Hat er aber nicht. Ich weiß nicht, was aus ihm
geworden ist. Wie auch immer, er hat bestimmt einen blauen
Fleck auf der Brust mitgenommen – und einen starken Eindruck
von dieser Begegnung. Er hatte in die Augen eines Mannes
geschaut, der wusste, dass er nur noch ein paar Monate zu
leben hat, und er hatte gesehen, wie sich darin Freude, Vertrauen, Begeisterung und Mitleid spiegelte. So etwas vergisst
man nie wieder.

Etwas später, am gleichen Tag, gingen Mike und ich zusammen essen. So sehr ich seine Gesellschaft schätzte, war es mir
doch ein bisschen mulmig, weil ich mir seiner Krankheit und
ihrer unheilvollen Prognose so sehr bewusst war. Mike muss
meine Gefühle gespürt haben, denn als wir uns hingesetzt hatten, fragte er mich, was mir Sorgen mache.

„Du bist nervös, wenn du mit mir zusammen bist", sagte er.
„Wieso?"

Ich konnte nur mit den Schultern zucken und murmeln:
„Weiß nicht."

Er beugte sich ganz weit zu mir vor, zeigte auf seine Glatze und fragte spöttisch besorgt: „Glaubst du etwa, das ist ansteckend?"

Wieder zuckte ich mit den Schultern.

Ich erinnere mich noch gut an das spitzbübische Glitzern in seinen Augen, als er anfing zu lachen. Er lehnte sich zurück und rieb sich mit beiden Händen langsam über den glänzenden Kahlkopf. Dann beugte er sich plötzlich vor und fuhr mit den Händen in mein Haar. „Weißt du was? Es ist wirklich ansteckend! Und jetzt kriegst du es auch!", rief er und lachte laut.

Jetzt schauten alle im Restaurant zu uns herüber. Dann fragte Mike: „Du bist nervös, weil ich bald sterbe, stimmt's?"

Mit Tränen in den Augen nickte ich.

„Du Blödmann!", sagte er und stupste mich, damit ich ihn ansah. Ich habe nie seine nächsten Worte vergessen. Er hatte einen Ausdruck völliger Aufrichtigkeit im Gesicht, als er ruhig sprach: „Ken, wir sterben sowieso beide. Der einzige Unterschied zwischen mir und dir ist, dass Gott mich wissen lässt, wann ich dran bin!" Noch einmal stupste er mich an, zwinkerte mir zu und flüsterte: „Hey, wir haben doch nichts zu verlieren."

Diese einfache Wahrheit überwältigte mich. Ja, der Tod ist unvermeidlich, aber er ist nicht das Ende. Er ist auch nicht das Schlimmste, was passieren kann. Alle Menschen, die ihr Vertrauen auf Gott setzen, haben nichts zu verlieren – nicht einmal im Angesicht des Todes.

Ich war nicht bei Mike, als seine Zeit gekommen war, aber ich weiß, dass er im Kreis seiner Familie gestorben ist. Krebs kann grausam sein, besonders in den letzten Tagen. Mike litt genauso wie viele andere. Schließlich tat er seinen letzten Atemzug, und alle, die ihn liebten, mussten weinen. Was aber danach geschah, konnte man nicht sehen: Im selben Augenblick stand Mike vor seinem geliebten Herrn, der ihn mehr liebte als jeder andere. Plötzlich war aller Schmerz verschwunden. Der vom Krebs zerstörte Körper war abgelegt und sein neuer Körper (und sein Haar!) war so herrlich wie Gottes ursprüngliche Schöpfung. Mike war frei.

In Gottes Gegenwart herrschte eine Freude, die man nicht mit Worten beschreiben kann. Wenn er je daran gezweifelt hatte, dass er Gott wirklich wichtig war, dann hatte sich das nun erledigt, weil er jetzt den ewigen Beweis für seine eigenen Worte sah: Für uns gibt es nichts zu verlieren. Garantiert hat er gelächelt. Nicht mehr lange, und alle, die er liebte, würden die gleiche unglaubliche Freude empfinden wie er in diesem Augenblick.[4]

Haben wir Angst vor den Folgen, die es haben kann, wenn man mit Gott ernst macht? Verpassen wir die Chance des prallen Lebens, weil wir uns sinnlos an das klammern, was nicht bestehen bleibt? Nach einem Leben, das von Leiden, Gefangenschaft, Demütigungen und Kämpfen gekennzeichnet war (viel mehr, als uns wahrscheinlich jemals zugemutet wird), sagte Paulus, er habe mehr als überwunden. Er meint, auch wir hätten diesen Sieg in Jesus, selbst wenn wir wie Schafe zur Schlachtbank geführt würden. Warum? Wie ist das möglich? Die Antwort: Wir haben nichts zu verlieren. Die Liebe Christi, die uns am Leben hält und die höchste Erfüllung bringen kann, kann uns niemals weggenommen werden. Durch nichts und niemanden, nicht einmal durch den Tod.

„Nein, mitten in all dem triumphieren wir mit Hilfe dessen, der uns seine Liebe erwiesen hat. Ich bin gewiß, daß uns nichts von dieser Liebe trennen kann: weder Tod noch Leben, weder Engel noch andere Mächte, weder Gegenwärtiges noch Zukünftiges, weder etwas im Himmel noch etwas in der Hölle. Durch Jesus Christus, unseren Herrn, hat Gott uns seine Liebe geschenkt. Darum gibt es in der ganzen Welt nichts, was uns jemals von Gottes Liebe trennen kann" (Römer 8,37–39).

Echter Glaube gründet sich nicht auf ein Versprechen, auf Segnungen oder sonstige Wohltaten. Echter Glaube vertraut Gott in allem, weil er schon alles getan hat. Echter Glaube besteht überhaupt im Vertrauen, Punktum. Wir glauben, dass uns, die wir Gott lieben, alles zum Besten dienen muss. Und mit Hilfe dieses Glaubens dürfen wir ein Leben frei von Ängsten führen, das sich wirklich lohnt.

Anmerkungen

[1] Don Richardson: Friedens-Kind, Liebenzell 1994

[2] Ebd.

[3] Ebd.

[4] Was sich unmittelbar nach dem Tod und vor der Auferstehung abspielt, wird in der Bibel nicht ganz genau dargelegt. Bibelwissenschaftler und Theologen können sich nur in Vermutungen über das ergehen, was hinter dem Horizont sein wird. Hier gibt es viele unterschiedliche Auffassungen und Meinungsverschiedenheiten. Bei meiner Darstellung übernehme ich den allgemein akzeptierten evangelikalen Ansatz, der sich auf biblische Texte wie Lukas 23,43 und den 2. Korintherbrief 5,6–8 stützt.

15

Gute Nachricht!

Als die Frauen sich ihren Weg durch den Hain bahnten, hing noch der Nebel in der Luft, fast, als wollte er sie an das schreckliche Ereignis erinnern. Spärliche, mühsam abgerungene Worte wurden gewechselt gegen die erstickende Stille, die auf dem Weg geherrscht hatte. Dann schwiegen sie wieder, ein Schweigen, so schwer wie der Nebel. Nur einmal hielten sie inne, um leise eine von ihnen zu trösten, die zu schluchzen angefangen hatte; dann gingen sie weiter. Je näher sie dem Grab kamen, desto enger drängten sie sich aneinander.

Sie alle fürchteten die Aufgabe, die vor ihnen lag. Es war erst der dritte Tag nach seinem Tod. Seither hatte es Augenblicke gegeben, in denen irgendein anderer Gedanke die furchtbare Tatsache überdeckt hatte – doch nur für ganz kurze Zeit. Dann drängte sich die Realität wieder in den Vordergrund: Jesus war tot. Das sprühende Leben, die Freude, die er verbreitet hatte, waren nicht mehr da. Nie wieder würde er sie lehren, mit ihnen lachen oder essen. Die Hoffnung auf Erlösung, die er versprochen hatte, war mit dem Blut aus seinen Wunden im Staub versickert.

Sie hatten doch so sehr an ihn geglaubt! Noch in seinem Todeskampf hatten sie erwartet, dass er wie durch ein Wunder vom Kreuz steigen oder die Engel zu seiner Rettung aus dem Himmel herbeirufen würde. Doch auch diese Hoffnung war mit dem großen Stein, der sein Grab versiegelte, zerdrückt worden.

Bei der Salbung des Leichnams würden sie den Alptraum neu durchleben. Unmöglich, das Geschehene zu verdrängen. Die Berührung, der Anblick und der Geruch würden endgültig beweisen, dass er tot war – und mit ihm alle Hoffnung.

Die Füße wurden ihnen schwer. Das Grab war gleich vor ihnen. Sie blieben stehen und sammelten Kraft aus ihrem gegenseitigem Verstehen. Dann gingen sie um den letzten Felsvorsprung – und schrien einstimmig erschrocken auf. Ihre Trauer machte Verwirrung und Angst Platz. Sie traten zurück, stürzten übereinander und schützten ihre Augen vor dem strahlenden Licht, das von der Gestalt am Eingang des Grabes ausging. Noch durch die geschlossenen Lider war ihr Umriss zu sehen. Eine der Frauen rappelte sich hoch, um fortzulaufen, doch eine nie gehörte Stimme gebot ihr Einhalt. Weder schrecklich noch laut oder mystisch war die Stimme, sondern voller Zuversicht und Freude, als beruhige ein liebender Vater seine Kinder: „Ihr braucht keine Angst zu haben! Ich weiß, ihr sucht Jesus, der ans Kreuz genagelt wurde" (Matthäus 28,5).

Die Frauen schwiegen verwirrt. War der Leib Jesu etwa geschändet worden? Hatte man ihn gestohlen? Waren sie am richtigen Grab? Wollte dieser Mann sie töten?

Wieder erregte die kraftvolle, zuversichtliche Stimme ihre Aufmerksamkeit. „Er ist nicht hier", sagte der Mann. Dann, noch ehe sich Fragen auch nur als Gedanke formen konnten, fuhr er fort: „Er ist auferstanden!"

Kein Nebel konnte diese Worte dämpfen. Sie hallten im Grab wider und drangen ins Freie – Jesus war nicht mehr dort. Sie wurden verstärkt von der Freude, die plötzlich in die Frauen fuhr, als sie ins Grab schauten und nur die leeren Tücher dort liegen sahen, wo vorher der Leichnam gewesen war. Die Worte verbannten den Nebel, vertrieben die Angst und brachten neue Hoffnung.

Bernie, der kleine Junge vom Jugendlager, kannte die Worte: „Er ist auferstanden!"

Der zum Tode verurteilte Mann hörte die Worte: „Er ist auferstanden!"

Das Paar, dem gerade ein Kind gestorben war, hörte sie: „Er ist auferstanden!"

Auch der Pastor, dem die Kraft ausgegangen war, hörte sie.

Der Student hörte sie, als er seinen Glauben in Frage stellte.

Ich habe sie gehört.

Die Worte durchdringen Geschöpfe und Schöpfung und füllen die ganze Erde: Gute Nachricht! Gute Nachricht! Er ist auferstanden!

Können Sie die Botschaft hören?

Jesus hat Sie geliebt, als Sie an ihrem tiefsten Punkt waren, so dass Sie nichts mehr zu beweisen haben. Er hat für die ganze Strafe gebüßt, die Sie verdient haben, und Ihnen alles vergeben, so dass Sie nichts mehr verbergen müssen. Er ist von den Toten auferstanden und hat dem Tod seine Macht genommen. Nichts kann Sie von seiner Liebe trennen.

Sie dürfen ohne Angst leben.

Sie dürfen alles auf eine Karte setzen.

Sie dürfen das Leben genießen.

Sie haben nichts zu verlieren.

„Erschrocken und doch voller Freude liefen die Frauen vom Grab weg. Sie eilten zu den Jüngern, um ihnen alles zu erzählen" (Matthäus 28,8).

Das ist die gute Nachricht!

JEDEN TAG GOTT BEGEGNEN
UND IHN IMMER BESSER KENNENLERNEN

Dennis & Barbara Rainey:

STILLE ZEIT
ZU ZWEIT

Das Andachtsbuch
für Ehepaare

Endlich ein Andachtsbuch für Paare!
Es ist gar nicht so einfach, im Ehe-Alltag die gemeinsame Zeit
vor Gott nicht zu vernachlässigen. Und dabei ist es so wichtig,
daß Sie als Ehepartner Ihre Beziehung und Ihre Familie immer
neu vor Gott bringen und seinem Schutz unterstellen.

Dieses Buch will Ihnen dabei helfen, jeden Tag einen besonderen Aspekt Ihrer Ehe, Ihrer Familie und Ihres Glaubens
gemeinsam zu betrachten und um Gottes Führung und Rat
zu bitten. In den täglichen Andachten geht es um Erziehungs-
probleme, Streitigkeiten, Ängste von Eltern, Verantwortung
und Dankbarkeit – aktuelle Themen, die Sie als Ehepaar und
Eltern bewegen.

Das macht die „Stille Zeit zu zweit" zu einer Quelle biblischer
Weisheit und wertvoller Impulse, die Sie durch den Tag
begleiten und Ihre Beziehung bereichern können.

Gebunden, 385 Seiten, Bestell-Nr. 815 514

STARKSTROM-ANDACHTEN

Ken Davis & Dave Lambert:

NEUER SAFT
FÜR MÜDE
BIRNEN

Wenn dich normalerweise schon bei
dem Wort „Andacht" das große Gähnen packt,
solltest du diesem Buch eine Chance geben. Denn so
knackfrisch, wie Ken Davis und Dave Lambert hier den
„neuen Saft für deine müde Birne" rüberbringen, hast du
das Ganze bestimmt noch nie betrachtet!

Wußtest du zum Beispiel, daß wir mit Schafen und
Chamäleons verwandt sind? Oder kennst du den
ultimativen Unterschied zwischen einer toten Ratte und
einem Stück Brot?

Witzige, traurige und abgedrehte Geschichten zu den
verschiedensten Themen bilden den Einstieg für jede
der „Starkstrom-Andachten", von denen du dir bald mit
Freuden täglich eine reinziehen wirst. Denn plötzlich
bekommen die angegebenen Bibelstellen einen ganz
neuen, logischen Zusammenhang mit deinem Leben.
Und auf einmal merkst du, wie topaktuell und
lebenswichtig der Glaube an Gott ist, und daß er dir zu
einem prallvollen, spannenden Leben verhelfen will . . .

Taschenbuch, 240 Seiten, Bestell-Nr. 815 380

EIN TAUFRISCHES BUCH FÜR TEENS:

Ken Davis:

BARFUSS IM DSCHUNGEL

Überlebenstraining für Teens in einer Welt voller Bananenschalen und Schlingpflanzen

Ken Davis erfüllt die wichtigste Voraussetzung, um ein Buch zu schreiben, das Teens beim Überlebenskampf auf dem Gewaltmarsch durch den Dschungel der Pubertät helfen will: Er hat diesen Trip selbst schon er- und überlebt! Dabei hat er zum Beispiel die Erfahrung gemacht,

- daß man einen Hockey-Puck in voller Fahrt mit dem Mund auffangen kann (wenn man es wirklich will),
- daß man Gefahr läuft, seine Badehose zu verlieren, wenn man den Haltegriff beim Wasserskifahren nicht rechtzeitig losläßt und
- daß man Küssen nur bis zu einem gewissen Grad vor einem Spiegel üben kann.

Solche und andere Herausforderungen des täglichen Teenagerlebens machen eins ganz klar: Du brauchst alle Hilfe, die du kriegen kannst!
Ken Davis geht es aber um weit mehr als nur das nackte Überleben. Er will dir helfen, daß du deine Teenie-Jahre ruhmreich hinter dich bringst und dabei auch noch so richtig auf deine Kosten kommst. Aber Vorsicht – in diesem Buch geht es knackfromm zur Sache!

Taschenbuch, 192 Seiten, Bestell-Nr. 815 494